이순신의 일상에서 리더십을 읽다

원칙과 소신의 리더, 이순신의 삶과 꿈

이순신의 일상에서 리더십을 읽다
[원칙과 소신의 리더, 이순신의 삶과 꿈]

초판 1쇄 발행일 2009년 9월 12일
초판 2쇄 발행일 2017년 9월 10일

지은이 김헌식
펴낸이 이정옥
펴낸곳 평민사
주　소 서울시 은평구 수색로 340 [202호]
　　　　전화 (02) 375-8571(代)
　　　　팩스 (02) 375-8573

평민사 모든 자료를 한눈에 —
http://blog.naver.com/pyung1976
이메일: pyung1976@naver.com

등록번호 제 251-2015-000102호

ISBN 978-89-7115-536-3　03320

값 14,000원

· 이 책은 신저작권법에 의해 보호받는 저작물입니다.
　저자의 서면동의가 없이는 그 내용을 전체 또는 부분적으로
　어떤 수단·방법으로나 복제 및 전산 장치에 저장할 수 없습니다.

이순신의 일상에서 리더십을 읽다

― 원칙과 소신의 리더, 이순신의 삶과 꿈 ―

김현식 지음

평민사

차 례

프롤로그 | 이순신과 둔(屯)의 철학 • 6

1장 | 평범한 인물에서 비범한 리더로 거듭나다 • 13
    1) 아이 셋의 아버지, 32세 이순신의 도전 • 13
    2) 1등과 12등의 뒤바뀐 운명 — 사람이 신(神)이 되다 • 21

2장 | 문과 무의 결합, 하이브리드 리더십 • 41
    1) 문반의 유풍(儒風)과 문신의 한계 • 41
    2) 이순신, 문반에 무반의 리더십을 결합시키다 • 50

3장 | 활의 리더 vs 칼의 리더 • 56
    1) 조선 민족과 활의 정신 …… 56
    2) 이순신 쌍용검의 실전 정신, 현충사 대도(大刀)의 관념 정신 …… 74
    3) 이순신 리더십 vs 사무라이 리더십 …… 84
    4) 이순신, 신체의 단점을 장점으로 바꾸다 …… 90
       — 피너츠 리더십: 두 개의 콘텐츠, 소신과 원칙 그리고 실력

4장 | 이순신은 최초의 CIO(Chief Information Officer)이었나 • 98
    — 정보 네트워크 구축과 기록의 정신
    1) 승리 전략의 첩경 …… 98
       — 상대를 똑바로 파악하고 나의 행동을 정하라
    2) 임진왜란을 정확히 예측하다 …… 103
       — 많은 정보보다 정확한 정보의 선택
    3) 「난중일기」를 쓴 까닭 — 기록이 스스로를 구한다 …… 112

5장 | 위기 속에 빛나는 탁월한 리더십 • 122
    — 냉철한 머리, 따뜻한 가슴
    1) 도망병과 기피병 그리고 단호한 조직 관리 …… 122
    2) 수군 없이 바다로 나가시오 — 조정과 맞서며 방비 경영을 하다 …… 132
    3) 공훈 평가, 부하들에게 공훈을 돌리다 — 이순신 vs 원균 …… 143

6장 | 이순신 전략 스타일과 병법 • 151
    1) 손자병법(孫子兵法)을 뛰어넘다 …… 151
    2) 거북선의 전술과 학익진이 세계 전쟁을 바꾸다 …… 159

7장 | 이순신이 보여준 수평적 리더십 • 162
    1) 겸손함은 모든 리더십을 자기편으로 만든다 …… 162
    2) 발상의 전환, 먼저 자신의 약점을 파악하라 …… 169
    3) 수평적 리더십, 연합작전 속에 인정받다 …… 175

8장 | 2인자 리더십 • 179
    1) 이순신의 2인자 전략 — 겸양의 철학 …… 179
    2) 명(明) 진린도 탄복한 2인자 리더십 …… 183
    3) 왜 원균은 실패했는가 — 죽음으로 몰고간 1인자 리더십 …… 187

9장 | 거북선을 만든 사람은 누구인가 • 191
    — 혁신 리더십의 본질
    1) 이순신, 180여 년 잠자던 거북선을 깨우다 …… 191
    2) 다중지성과 리더의 중요성 …… 202

10장 | 훌륭한 팀워크를 만드는 따뜻한 리더십 • 209
    1) 이순신을 만든 사람들 …… 209
    2) 이순신이 아낀 참모진 …… 220
    — 훌륭한 리더 밑에는 훌륭한 장수가 모여든다
    3) 격군의 한(恨)을 보듬은 이순신의 한(恨) …… 231

11장 | 사람의 향기가 나는 장수, 후마니타스 리더십 • 240
    — 공적 우상을 넘어서 일상의 사람으로
    1) 약골의 장군, 아픈 몸과 질병에도 불구하고 …… 242
    2) 술의 철학 …… 255
    3) 여인을 사랑한 남자 …… 266
    4) 이순신은 워커홀릭이었나 — 놀이와 이순신 …… 272

12장 | 바이오필리아의 리더십 • 279
    — 여림과 고독, 그 감성과 생명의 리더십

13장 | 이순신의 꿈과 영성 리더십 • 290

에필로그 | 이순신과 매트릭스 • 306

프롤로그

이순신과 둔(屯)의 철학
이순신 리더십의 유형들

　이순신의 리더십은 임진왜란이라는 절체절명의 위기 상황에서 화려하게 빛을 발했다. 이 때문인지 어려운 때마다 신드롬을 일으키면서 이순신 리더십이 부각된다. 위기상황은 언제든 훌륭한 리더, 영웅을 갈구하는 대중적 요구를 형성시키기 때문이다.
　리더십(leadership)은 집단의 일정한 목적을 위해 결속과 유지 그리고 변화를 모색하는 가운데 구성원들의 행동을 조절하는 리더의 능력이다. 조선 수군이 임진왜란에서 승리한 것은 미리 방비한 우수한 전선과 무기체계를 바탕으로 전략전술을 구사한 이순신의 리더십이 큰 힘을 발휘한 결과였다. 요컨대, 하드웨어와 소프트웨어의 결합이었다. 그동안 이순신의 리더십에 대한 여러 지적이 있었는데 이 책에서는 이를 정리해보고, 새로운 관점을 이야기해보려 한다.

　이순신은 무엇보다 백성과 부하의 아픔과 어려움을 배려하는 소통의 리더였다. 수많은 장수들과 백성을 상대로 끊임없이 소통(疏通)하려 했다. 대화와 회의는 그의 일상이었다. 즉 배려와 소통 속에서 수많은 인적 네트워크를 조직화해내었다. 각자의 장점과 단점은 상호 보완되어 시너지 효과를 냈다. 1인자를 자임하기보다는 항상 부족함을 내세우며 끊임없이 능력을 배가시켜 나갔다. 이 과정에서 중요한 것은 솔직성으로, 이순신은 어렵거나 부족한 부분을 숨기지 않고 그 점을 해결하기 위해 많은 이들의 힘을 한데 모아내었다. 그것은 투명경영을 의미하는 것이기도 했다.

그는 정보의 달인이었다. 정확한 정보에 따라 전쟁에 대비했고, 왜군의 허점과 조선 수군의 장점을 완전히 파악 활용하여 연전연승을 해냈다. 예컨대, 오수라는 부하가 청어 365마리를 잡아왔다는 기록까지 세세하게 썼다. 그는 나폴레옹, 맥아더, 롬멜 등 어느 유명한 장군이 하지 못한 일을 했는데 그것은 『난중일기』의 작성이었다. 그는 기록의 리더였다. 2570일간의 기록인 『난중일기』는 당시 이순신의 개인 신상만이 아니라 다양한 상황을 알 수 있는 정보가 가득하다.

한 매체의 조사에 따르면 우리나라 역사 인물 가운데 두뇌 활용능력이 가장 높은 '한국인 브레인 파워' 1위로 이순신이 선정된 바 있다. 거북선과 학익진을 활용한 해전술 창안, 창조적 인사관리, 파격적 인재 등용, 문무를 겸비한 능력 등 매우 다양한 두뇌재능을 이끌어낸 인물이기 때문이었다. 그는 혁신의 리더, 창조적인 리더였고 그 창조를 위해 승리할 수 있는 전문성을 갖추었다.

그는 세밀한 과학주의에 입각한 리더, 테크노 리더였으며 기업가적인 정신이 충만한 무관이었다. 새로운 것에 시도와 모험을 마다하지 않았고 새로운 병기를 개발하는 데 후원을 마다하지 않았다. 새로운 인물들을 적극 기용했다. 부족한 인원과 재원을 마련하고, 그것에 바탕을 두고 총통과 화약을 마련하는가 하면 독자적인 둔전 경영을 통해 오랜 전쟁 동안 왜군과 맞설 수 있게 했다. 하나의 독자적인 경영체를 조직화 내었다. 때로는 이러한 목적을 위해서 갈등도 마다하지 않았다,

그는 휴머니즘이 가득한 리더이기도 했다. 그는 눈물이 많은 무장이었다. 그 눈물은 인간애라는 마르지 않은 샘물에서 끊임없이 흘러나왔

다. 왜적들이 도망갈 수 있는 배는 꼭 남겨 두었다. 그렇지 않으면 육지로 도망가 백성들을 해칠 것을 염려했기 때문이다. 이 때문에 백성들이 감복하여 적극 협조했다. 그는 인문학적 통찰력과 무과 전략 마인드를 동시에 갖춘 하이브리드 리더십을 갖춘 인물이었다.

그는 윤리적이고 투명한 관리와 경영을 통해 부하들과 백성들을 이끌었다. 오늘날로 이야기하면 공정무역이나 윤리경영에 견줄 수 있는 것이다. 도덕성이 있는 리더였기 때문에 부하와 백성들이 그를 신뢰했다. 그는 끊임없이 자기반성하는 리더였다. 자기반성을 통해 신뢰를 쌓아가고 자기 스스로에게 부끄러움이 없도록 늘 신뢰어린 행동만을 했다. 리더가 신뢰를 잃어버리면 그 조직체는 절망스럽다. 그는 신뢰자본 그 자체였다.

그는 위기관리에 뛰어났다. 신상필벌의 원칙으로 위기 시의 조직을 관리하고, 공을 세운 사람은 반드시 상을 받게 해 사기진작에 힘썼다. 그는 원칙의 리더였다. 도망병이나 물자를 빼돌린 이들은 가차 없이 처벌했고, 때로는 효수도 마다하지 않았다. 그는 전쟁터의 군인이라는 본분을 잊지 않았다. 하지만 그 원칙의 종국은 백성으로 모아졌다. 백성을 위한 원칙이었다.

그는 '필생즉사, 사필생즉'(살고자 하면 죽고 죽고자 하면 산다)라는 비전과 목표로 이순신 군단의 구성원들이 지휘 고하를 막론하고 혼연일체가 되도록 만들었다. 각자의 장점을 연결시켜 효율을 최대화하고 불리한 상황도 유리하게 만들어 구성원들이 자신감을 갖도록 만들었다. 그는 사지로 부하들을 내몰지 않았다. 1대 10으로 싸우게 하지 않고, 10대 1의 상황을 만들어놓고 싸우도록 했다. 정신력만을 강조하는 무모한 리더가 아니었던 것이다. 대부분의 장수들은 자신의 부하들을 사지에도 보내지만 그는 확실하게 이길 전투에만 골라 출전시켰다.

그는 역(易)의 리더였다. 불리한 상황을 유리한 상황으로 만들어 이겼고, 열세인 상황을 우세인 상황으로 만들어 승리했다. 넬슨은 국왕의 열렬한 지지를 받았지만, 이순신은 왕과 신하들의 위협을 받으면서 이겼다. 단순히 위협이 아니라 죽음의 문턱에 이르렀다. 그는 그 죽음을 삶으로, 백성들의 절망을 희망으로 바꾸었다. '필사즉생(必死卽生)'의 정신은 결국 죽음을 생으로 변환시켰다. 무조건 죽자 살자 덤벼든 것이 아니고 치밀한 분석과 연구를 통해 움직였다. 단순히 싸움만 잘하는 무장이 아니라 학자이자 전략가였다. 한 사람의 힘이 얼마나 클 수 있는가를 보여주었다.

여해(汝諧)는 이순신의 자(字)이다. 옛날 순임금이 우임금에게 '오직 너라야 세상이 화평케 되리라'고 한 데서 나온 말이다. 새삼 리더 한 사람의 역할이 갖는 중요성도 매번 생각하게 했다. '한 사람이 길목을 지키면 천 명을 두렵게 할 수 있다(一夫當逕 足懼千夫)'는 말을 진리로 만들었다. 그렇게 한 사람의 위대함을 보여주었음에도 불구하고 자기 자신에게는 매우 엄격했다. 절제의 리더였다. '선공후사(先公後私)'의 정신에 충실했다. 공과 사를 구분하고 공을 우선했다. 직위가 박탈되어도 청탁을 받지도 하지도 않았다.

그는 절망에서도 희망을 보았다. 박해와 파면을 당했어도 다시금 자신의 자리로 돌아왔다. 백의종군에서도 결국 적진에 뛰어들어 공을 세워냈다. 그는 고문과 탄압에도 절망하지 않고 항상 희망을 품었다. 그리고 그 희망이 이루어질 때 자신을 낮추어 감사와 겸손의 태도를 유지했다. 그는 봉사와 희생을 통한 서번트 리더십을 보였다. 남들은 한 번도 하기 힘든 백의종군을 여러 번 마다하지 않은 태도를 보였다. 이 때문에 겸손이 비범으로, 부족함이 최고가 되었으며, 마침내 평범함이 비범함으로 변했다.

'상유십이(尙有十二)' 정신은 아직도 12척이 있다는 긍정적인 리더십을 상징한다. '아직 반이나 남았다'가 '반밖에 남지 않았다'는 것보다 훨씬 긍정적인 희망을 갖게 한다. 부서진 한 척이라도 고쳐서 13척을 만들어 수백 척의 적군에 대항했다. 다른 이들 같으면 12척이나 13척이나 같다며 아예 희망을 버렸을지도 모른다. 그것은 단 1%의 가능성도 배제하지 않으려는 것이다.

이순신이 보여준 이러한 리더십은 쉽게 발현되는 것들은 아니다. 오랜 세월 체화되는 가운데 형성되는 것이다. 무엇보다 이순신에게서 주목해야 하는 것은 그 인고의 세월 동안 잠룡이 비룡이 된 둔의 철학과 그에 따른 리더십이다.

둔(屯)의 철학

용이 비상을 할 때 비가 내린다. 비는 용의 눈물이기도 하다. 그 인고의 세월 때문이다. 그 인고의 세월이 짧을수록 눈물의 양은 적다. 주역의 屯(둔)은 기다릴 때와 관련된다. 큰일을 하는 사람은 조급하면 안 된다. 때를 위해 둔해야 한다. 잠룡(潛龍)은 가만히 진흙 속에서 때를 기다린다. 현룡(見龍)은 몸을 물 밖으로 드러내기 시작한다. 비룡(飛龍)은 때를 만나 힘차게 승천하는 용이다.

어려운 상황에서 오랫동안 인고의 세월을 보낸 사람은 어려운 상황이라고 해도 꿋꿋하게 버티고 견뎌내며 승리를 이룬다. 잠룡과 비룡을 같은 반열에 올리는 일은 있을 수 없는 일이다. 잠룡이라고 다 비룡이 된다면, 그것은 비룡의 권위마저 희화화 하는 것이다. 잠룡은 역량을 쌓는 시기이다. 진흙 속에서 사투를 벌여야 한다. 그것은 기약도 없는 생존의 싸움이다. 이순신은 그러한 사투의 잠룡 기간이 있었기 때문에 승천할 수 있었다. 지위 따위에 관계없이 계속 비룡이 될 수 있게 된 것이다.

역사를 주름잡던 사람들을 보면 처음부터 그들이 대성하리라 예측한 이들은 없었다. 자신의 재주를 함부로 드러내지 않았기 때문이다. 이들에게 강했던 것은 둔(屯)이었다. 적응 능력의 둔감력이다. 둔감력이 뛰어날수록 환경 적응에 성공한다. 예컨대, 둔감한 몸을 만들어 가는 것이 각종 병과 바이러스 균에서 몸을 지키는 것이다. 아이를 지나치게 청정한 환경에서 살게 할수록 오히려 그의 저항력을 떨어뜨리게 만들어서 병에 잘 걸리게 되는 것을 보면 이를 알 수 있다. 지나치게 깨끗한 환경에 민감할수록 병에 잘 걸리게 되는 것이다.

둔감력이 낮은 사람은 병 나아가 암에도 걸릴 확률이 높다. 반면에 둔감력이 높은 사람은 설령 암에 걸려도 실망을 하지 않고 암을 이겨내려 하며 재발하는 비율도 낮다. 연애에서도 한마디 행동이나 말에 일희일비하는 것이 아니라 끈기 있게 도전하고 접근하는 이가 사랑에 성공한다. 빈정거림이나 조소에도 굴하지 않고 견디는 것이 둔감력이다. 용기 있는 자만이 미인을 얻는 것이 아니라 둔감력이 높은 사람이 미인을 얻는다. 둔감력이 강한 사람들은 다른 사람들의 비판이나 쓴 소리에도 연연하지 않으며 한결 여유 있고, 느긋하게 살 수 있다는 것이다. 처음부터 연기를 잘하는 사람은 드물다. 작가도 처음부터 대작을 쓰지는 않는다. 갖은 비판을 감내한 후에야 대성한다. 이순신은 조정과 대신이 부산에 그렇게도 진격하라고 종용하는데도 불구하고 가지 않았다. 감옥에 갇혀도 움직이지 않았다. 둔의 정신이다. 그는 갖은 유혹과 감언이설에도 원칙과 소신을 저버리지 않았다. 웬만해서는 흔들리지 않는 것이 바로 둔의 정신이다. 그가 그렇게 둔할 수 있었던 것은 사안과 대상을 꿰뚫고 있었기 때문이었다.

위대한 인물은 바로 이 둔(屯)을 잘했기 때문에 가능했다. 지위는 둔(屯)을 인정하거나 그것을 감내하도록 하는 데 활용되어야 한다. 둔(屯)의 기간을 채우지 않고 잠룡을 거치지 않고 현의 단계도 건너뛰고 바로 비룡해 버리는 사람은 오래 견디지 못하고 곧 땅바닥에 떨어지고 만다. 그것은 자연의 순리가 아니고, 우발적 사건이다. 그는 미처 준비 없이 휩쓸려 올라간 것이다. 그 휩쓸림 때문에 많은 거품이 생긴다. 정작 본인도 난감해진다.

우리 사회에 지금 필요한 것은 둔(屯), 잠룡의 기간이다. 하지만 맹자의 「공손추 편」에 나오는 발묘조장(拔苗助長)을 하는 이들이 있어 문제다. 즉, 중국 송(宋)나라 때 논에 심은 모가 잘 자라지 않자 한 농부가 궁리한 끝에 모를 조금씩 잡아당겨 결국 말라죽게 했던 일은 오늘도 여전하다.

둔의 철학은 어려운 시기의 철학이다. 위기와 불안의 상황일수록 이순신의 둔의 철학에 바탕을 둔 리더십에 주목하지 않을 수 없다. 수많은 시련은 결국 뛰어난 지도자를 만들어내기 위한 과정이었다. 이순신은 기나긴 둔(屯)의 시기 동안 기본과 원칙을 지키며 감내하고 착실하게 통찰과 역량을 축적했다. 오랜 경험과 사유, 학습을 통해 마침내 누구도 흉내 낼 수 없는 리더십을 갖게 되었다. 잠룡은 현룡이 되고 마침내 비룡이 되어 날았다. 그것은 오랜 둔(屯)의 철학이 빚어낸 것이었다. 이순신의 리더십을 단순히 몇 가지 요소를 묶어 기계적으로 뽑아낼 수는 없다. 시간과 공간의 사이에서 무수한 경험과 사람들 사이에서 빚어진 것이기 때문이다. 따라서 이제부터 일상생활 속에서 이순신의 리더십을 하나하나 살펴보고자 한다. 처음부터 영웅이 아니라 인간이 둔의 과정을 통해서 영웅을 넘어 신이 되었기 때문이다. 이 때문에 앞에서 살펴본 리더십을 포괄하는 일상 속 리더십 리뷰는 철저하게 인간 이순신에서 출발한다.

※ 이 책은 2004년도에 출간했던 『위인전이 숨기는 이순신 이야기』의 개정판입니다.

1장

평범한 인물에서 비범한 리더로 거듭나다

> 인생에서 순순히 풀리기란 어려운 법. 세상에서 특출난 것은 재앙을 일으키기 쉬운 법.
> … 취고당검소(醉古堂劍掃)

1) 아이 셋의 아버지, 32세 이순신의 도전

이순신, 임진왜란에서 승승장구하던 왜군에게 치명타를 입히고 전대미문의 승리로 동아시아 판도를 바꾸며 세계 해양 전투 역사를 다시 쓴 그는 과연 몇 등으로 무과에 합격했을까? 대단한 전과와 어린 시절의 무과 자질에 대한 세간의 소문을 고려하면 우수한 성적이었을 것으로 추측된다. 장원급제라도 했을 법하지만 그렇지 않았다. 오히려 예상을 뒤엎는 그의 성적은 평범한 보통사람 '이순신'으로 연결되는지를 알 수 있는 중요한 단서가 된다.

이순신은 무예를 연마한 지 6년째인 1572년 첫 무과시험으로 훈련원 별과에 응시했으나 낙방했다. 이때 말에서 떨어져 다리가 골절되었다. 이렇게 낙방한 3년 뒤 다시 향시를 거쳐 1576년 병자 식년 무과시험에 응시하게 된다. 아이 셋의 아버지, 32세 이순신의 도전이었다.

그 도전의 의미를 되새기기 위해 먼저 이순신이 본 시험에 대해 살펴볼 필요가 있겠다. 당시 식년 무과는 3년마다 열렸고, 식년 문과와 같이 초시(初試)-복시(覆試)-전시(殿試)의 3단계 시험으로 이루어져 있었다. 초시는 식년 전 해의 가을, 복시와 전시는 식년 봄에 시행했다. 초시는 향시(鄕試)와 원시(院試)가 있었다. 원시는 훈련원에서 실시하는 별과를 말하는데 70여 명을 뽑았다. 이미 한 차례 떨어진 적이 있던 이순신은 원시가 아니라 향시에 응시했다. 향시는 각 도의 병마절도사가 주관하고 각 도마다 정해진 숫자를 뽑았는데 모두 합하면 120명(경상 30인, 충청, 전라 각 25인, 강원, 황해, 평안, 함경 각 10인)이었다. 복시는 병조에서 식년 봄에 초시 합격자를 서울로 불러 모아 병조와 훈련원이 주관하여 경서(經書講讀)와 무예(武藝)로 대개 28명을 뽑았다.

원시와 향시에 통과한 190명은 복시에서 28명으로 추려져 전시를 볼 수 있는 자격이 주어졌으나, 전시에서 떨어지는 사람은 없었으니 사실상 28명이 최종 합격자였다. 따라서 전시는 28명의 최종 순위를 가려 품계를 차등 부여하는 시험이었다. 이 시험에서 갑과 3인, 을과 5인, 병과 20인으로 나누는데 갑과, 을과, 병과는 성적순 등급을 의미한다.

이순신은 향시에 합격하고 시험을 보기 위해 한양으로 올라왔다. 그가 집에 보낸 편지에서 '이번에 합격하는 것이 결코 이상한 일이 아닙니다' 라는 말을 하면서 자신감을 피력했다. 임진왜란 과정에서 나타난 이순신의 용맹과 지략을 생각해본다면 이순신이 1등으로 합격했다 해도 이상할 것이 없었을 것이다. 어떤 위인전에서는 심지어 1등으로 합격했다고 미화시켜 놓기도 했지만, 분명히 이순신은 1등도, 차석도 아니었다. 그렇다고 1~3등이 있는 갑과도 아니었다. 을과도 아니었던 이순신은 전시에서 12등으로 합격했기 때문에 세 번째

그룹인 병과에 속했다. 금메달은 고사하고 동메달도 따지 못했다. 갑과 수석은 초임품계가 종6품이었고 갑과의 나머지 2인은 정7품이었다. 그리고 을과 합격자는 정8품, 병과 합격자는 정9품에 해당했으니 이순신은 가장 낮은 정 9품의 관직을 얻은 것이다.

집에 보낸 편지에 자신감을 피력했던 그에게 왜 이런 결과가 나왔을까. 주목해야 할 것이 당시 최종 시험인 전시의 시험과목이 말에 관련된 것이었다는 사실이다. 당시 경서와 무예로 나뉘어져 있던 무과 시험에서 경서는 총 3과목이었다. 사서오경 중 한 과목, 무경칠서에 속하는 손자병법, 오자병법, 사마법, 육도, 삼략, 율료자, 이위공문대 중 하나 그리고 육서인 자치통감, 역대병요, 장감, 박의, 무경, 소학 중 하나를 시험 보았다. 이순신에게 이 부분은 어렸을 적 소양이 있었기 때문에 어려움이 없었을 것으로 보인다. 문제는 무예시험에 있었다. 목전(木箭), 철전(鐵箭), 편전(片箭), 기사(騎射), 기창(騎槍), 격구(擊毬) 등 여섯 과목에서 목전, 철전, 편전은 모두 서서 쏘는 활쏘기로 보사(步射)에 해당하고 각각 원후, 중후, 근후 등의 거리 차를 두고 쏘았다.

목전은 말 그대로 나무로 화살을 만든 것이다. 목표물을 맞추는 능력보다 멀리 쏘는 능력을 시험하기 위해 240보의 거리에서 한 사람당 3발씩, 2인이 번갈아 가면서 한 발씩 쏘았다. 과녁에는 사방 1장 8척의 크기로 돼지머리가 그려져 있었다고 한다. 철전은 화살촉을 쇠로 만든 전투용 화살이다. 멀리 쏘아서 궁력의 강약을 평가했다. 즉 얼마나 강하게 화살을 쏘아 적을 살상할 수 있는가를 시험하는 활쏘기로 4척 6촌 크기의 화살을 사용했다고 한다. 편전은 속칭 애기살이라고 부를 만큼 길이가 짧은 화살을 통 또는 통화라 부르는 대롱살에 화살을 넣고 쏘았다. 180보의 거리에서 일인당 3발을 쏘았다. 약 1천 보(600m)에서도 갑옷이나 투구를 관통할 정도로 인명 살상 면에서 효과가 강력했다. 이순신의 『난중일기』에도 편전이 자주 언급되는데, 『임진왜란사』에 따르면 임진왜란 이후 왜군도 "명군의 창, 조선의 편전, 일본의 조총이 최고였다"고 했다.

기사(騎射)는 말과 활쏘기, 기창(騎槍)은 말 타기와 창술인데 말을 타고 두 손으로 긴 창을 휘두르거나 목표물에 맞추는 시험이다. 사용되는 창은 15척 5촌의 길이로 명중도와 함께 창을 쓰는 기술과 말을 달리는 시간을 함께 보았다. 기사와 기창은 말 타기 자체보다는 활과 창 쓰기를 더욱 중요시했다. 이순신에게 가장 어려웠던 것은 격구였을 것으로 보인다.

격구(擊毬)는 본래 기격구(騎擊毬)를 일컫는데 말을 타고 채막대기로 나무공을 구문에 쳐서 넣는 시합이다. 말을 타고 벌이는 마상 무예 연마술의 핵심으로 평가받아 고려시대에는 최고의 무예로 여겨졌으며, 조선시대에 이르기까지 성행하였다. 격구는 무과시험 중에 가장 난이도가 높았다. 성종 때 22명의 무관을 선발하는데 시험 규정에 합격한 자가 한 명도 없었다고 한다.

『난중일기』나 다른 이순신 관련 기록을 보면 이순신이 말을 타는 내용은 거의 등장하지 않는다. 그것은 이순신에게 말타기 보다는 활쏘기 과목이 훨씬 유리했기 때문이라는 짐작을 하게 한다. 그러나 전시 과목은 이 격구뿐이었다. 마상 무예 연습의 꽃이라고 하는 격구를 전시에서 본다는 것은 판가름 기준으로 볼 때 나름대로 의미가 있었으나 이순신에게는 불리하기만 했다.

다시 말에서 떨어진 이순신의 이야기로 가보자. 28세 되던 해에 낙방한 것은 잘 알려진 사실이다. 우리는 '이순신이 말에서 떨어져 버드나무가지 껍질로 부러진 다리를 묶고 다시 말을 탔다, 이순신은 말을 아주 잘 탔는데 재수 없게 말에서 떨어졌다'는 생각을 자연스럽게 한다. 그러나 미루어 짐작해보면 이순신은 충분히 말을 잘 못 탈 수도 있었다. 앞에서 이순신이 말 타는 법을 제대로 배울 수 있는 기회가 없었다는 점을 이야기했다. 사실 체계적인 말타기를 배울 수 있는 기회가 다른 사람들보다 제한되어 있었고, 시간 면에서도 늦었다. 말을 어렸을 때부터 탄 것이 아니었기 때문이다. 몇 년 사이에 월등하게 좋아질 리는 없었을 터에 더구나 말만 타야 하는 것이 아니라 다른 무예나 시험 과목을 공부해야 했기 때문에 벅찬 감이 있었다.

이런 전시의 격구에서 이순신이 불리할 수밖에 없었던 또 다른 중요한 이유는 당시 무과시험에 응시하는 사람들의 대부분이 이미 현직 군관 출신들이 많았다는 것이다. 무과는 하급군관으로 복무하는 사람들이 더 큰 출세를 위해 많이 지원했다. 이것은 오늘날 9-6급 공무원이 5급 공무원을 뽑는 행정고등고시를 보는 것과 같은 모양새였다. 행정고등고시의 경우 공무원들에게만 유리한 문제가 나오는 것은 아니지만 조선시대 무과시험에서는 달랐다. 격구의 경우는 일반 사람들은 접할 수 없었던 것이다.

당시 이순신이 합격했을 때 이순신은 보인이었다. 이순신을 포함하여 보인은 29명의 합격자 중 4명이었고, 나머지는 모두 하급군관 출신으로 이들은 격구에 대해서 누구보다 더 많이 접할 수 있었고, 실제로 해볼 기회도 많을 수밖에 없었다. 보인(保人)은 1464년(세조 10)에 보제(保制)를 실시하면서 생겨난 말인데 정군(正軍)으로 번상, 즉 복무하는 사람의 집에 남은 가족을 재정적으로 뒷받침하며 군복무를 하지 않는 사람을 가리킨다. 보통 한 달에 포목 2필을 주었다. 이순신은 군대에 가지 않은 보인이었기 때문에 군에서 이루어지고 있던 무예를 접할 기회는 물론, 격구는 말할 나위도 없는 셈이다.

이순신은 독학을 할 수밖에 없었다. 그러나 같은 보인이지만 이순신보다 뛰어난 사람도 있었는데 당시 이순신과 같이 시험을 보았던 박종남은 28세의 나이로 갑과 차석을 했다. 즉 전체 2등을 한 것이다. 당시 32살이라는 이순신의 나이가 많은 것으로 여기는 경향이 있다. 심지어는 노령의 나이에 합격했다는 식으로 말한다. 하지만 합격한 사람들의 나이를 보면 결코 그렇지 않다. 대부분 30대 중후반의 나이이고 심지어는 40대의 사람들도 낯선 것은 아니었다. 이순신은 30대 초반이므로 그래도 젊은 축에 속했다.

무과는 단지 힘이 세다거나 체격이 우람한 것의 여부가 아니라 말 타기와 창술, 경서, 활, 격구들을 모두 연마해야 하는 고난이도의 종합적인 무예를 측정했기 때문에, 28세의 나이에 합격한 박종남의 성적은 대단한 것이라고 할 수 있다. 이 순위를 보면 역시 서울에 살고 있는 이들의 성적이 좋다는 것을 알 수 있는데, 당시에도 지금처럼 사람은 서울로 보내고 말은 제주도로 보내라는 말과 같이 교육 기회와 사회적 자원 집중도를 생각하면 아무래도 서울이 유리했을 것이라 짐작할 수 있다.

그런데 이순신과 같이 합격한 사람들은 그 뒤에 어떻게 되었는가 눈여겨 볼 특이한 이력들이 남아 있다. 박종남을 비롯하여 김대기, 이경록을 제외하면 이순신의 합격 동기생들은 별 다른 관력의 기록을 남기지 못했다. 장학근의 연구에 따르면 을과의 1등 전체 4등이었던 유승경은 임진왜란이 일어나자 홍지, 용천택, 조응서 등과 임지에서 도망쳤다. 이순신보다 4순위 높았던 김대기는 낙안군수, 이순신보다 1순위 높았던 이경록은 제주목사에 이르렀다.

당시 갑과 수석은 부장(部將)의 품계를 받았으며 종사관(從事官)도 같은 품계로 현감이었다. 군수는 종4품이고 현령은 종5품이었다. 갑과

		현직	성명	현거주지	출생년도	나이
갑과	1	가복(可僕)	문명신	경(京)	1544	33
	2	보인	박종남	경	1549	28
	3	내금위	신호의	공주	1550	27
을과	1	충순위	유몽경	경(京)	1543	34
	2	정노위	송봉수	동래	1539	38
	3	충순위	원희	원주	1543	34
	4	가복(可僕)	유지영	경	1542	33
	5	내금위	김대기	경	1549	28
병과	1	충순위	황의원	경	1548	29
	2	내금위	황윤효	경	1536	41
	3	충의위	이경록	경	1549	34
	4	보인	이순신	아산	1545	32

(이하 명단 생략) 장학근의 '이순신의 관력과 전술의 관계'에서 재구성

 수석을 했던 문명신에 대한 기록은 없다. 박종남은 갑과 차석을 했으므로 정7품으로 출발했다. 이순신은 정9품이었으니 이미 박종남보다 4품계 아래였다. 그런데 박종남은 사실상 1등이나 다름없는 사람이다. 왜냐하면 박종남은 무과에 통과한 그 해에 일반 현직 무관들이 보는 중시를 다시 보고 또 급제를 했기 때문이다. 대단한 실력을 가진 사람으로 볼 수 있다. 이렇게 이순신은 1등으로 합격한 것이 아니었으며 더구나 같은 보인 출신이면서 나이가 어린데도 이순신보다 더 훌륭한 무예실력을 가지고 있었던 박종남 같은 사람도 있었다. 그러나 이런 출발에서 시작한 이순신은 종2품 삼도수군통제사에 정2품 정헌대부까지 오른다.
 흔히 이순신을 이야기하며 출중하지 못했던 그의 시험 성적을 간과하는 이유는 최고의 영웅이라는 이순신의 이미지에 걸맞아 보이지 않아서이기 때문일 것이다. 이러한 사고는 훌륭한 인물은 학교에서 반드시 공부를 잘 했어야 한다는 편견과 강박관념에서 비롯하는 것이

조선시대 품계와 직위-종6품 이하

從六品官: 주학교수(籌學敎授), 별전수(別典需), 율학교수(律學敎授), 별제(別提), 천문학교수(天文學敎授), 지리학교수(地理學敎授), 천문학겸교수(天文學兼敎授), 지리학겸교수(地理學兼敎授), 명과학교수(命課學敎授), 교수(敎授), 부수찬(副修撰), 좌찬독(左贊讀), 우찬독(右贊讀), 좌위솔(左衛率), 우위솔(右衛率), 좌장사(左長史), 우장사(右長史), 기사관(記事官), 인의(引儀), 부전악(副典樂), 사축(司畜), 사지(司紙), 의학교수(醫學敎授), 한학교수(漢學敎授), 선화(善畵), 부전수(副典需), 영(令)=능(陵)의 벼슬, 찰방(察訪), 현감(縣監), 절제도위(節制都尉), 감목관(監牧官), 종사관(從事官), 부장(部將), 낭청(郎廳=선혜청의 벼슬), 부사과(副司果), 수문장(守門將=종九품까지 있음).

正七品官: 주서(注書), 봉교(奉敎), 대교(待敎=정九품까지 있음), 박사(博士), 사변가주서(事變假注書), 사경(司經), 설저(說書), 검설서(兼設書), 자의(諮議), 전률(典律), 참군(參軍), 좌부솔(左副率), 우부솔(右副率), 낭청(郎廳), 기사관(記事官), 수문장(守門將).

從七品官: 직장(直長), 좌종사(左從史), 우종사(右從史), 사(士=호조의 벼슬), 명률(明律), 부전률(副典律), 선회(善繪), 부사정(副司正), 별회(別會).

正八品官: 사록(司錄), 저작(著作), 설경(說經), 학정(學正), 부직장(副直長), 좌시직(左侍直), 우시직(右侍直), 전음(典音), 별검(別檢=종八품까지 있음), 사맹(司猛).

從八品官: 계사(計士), 심율(審律), 봉사(奉事), 부전음(副典音), 별검(別檢), 전곡(典穀), 화리(화吏), 부사맹(副司猛).

正九品官: 주학훈도(籌學訓導), 율학훈도(律學訓導), 정자(正字), 전경(典經), 검열(檢閱), 좌세마(左洗馬), 우세마(右洗馬), 학록(學錄), 부봉사(副奉事), 전성(典聲), 천문학훈도(天文學訓導), 지리학훈도(地理學訓導), 명과학훈도(命課學訓導), 의학훈도(醫學訓導), 한학훈도(漢學訓導), 몽학훈도(蒙學訓導), 왜학훈도(倭學訓導), 여진학훈도(女眞學訓導), 사용(司勇).

從九品官: 회사(會士), 부정자(副正字), 분교관(分敎官), 학유(學諭), 겸인의(兼引儀), 가인의(假引儀), 참봉(參奉), 감역관(監役官), 가감역관(假監役官), 부전성(副典聲), 전화(典貨), 회리(繪吏), 권관(權管), 훈도(訓導), 심약(審藥), 검률(檢律), 부사용(副司勇), 초관(哨官).

다. 그러나 시험은 그 사람의 모든 것을 말해줄 수 없고 이는 이순신에게도 마찬가지였다. 무엇보다 중요한 것은 1등과 12등 — 그 이후의 삶이다. 시험이 모든 것을 정한다면 1등은 더 앞서서 나가야 되는 것 아닌가. 1등 한 사람이 훌륭한 지위에 올라가고 높은 자리에 앉는 것이 정상이니 말이다. 하지만 세상은 시험 성적만으로는 되지 않는다. 행복은 성적순이 아니듯이 무관의 앞날도 성적순이 아니었던 것이다. 이를 박종남의 사례에서 볼 수 있다.

2) 1등과 12등의 뒤바뀐 운명
― 사람이 신(神)이 되다

박종남은 이순신과 같은 무과시험 보인 출신일 뿐 아니라 이순신과 임란 중에 유일하게 인연을 다시 맺게 되는 인물이다. 이순신보다 좋은 성적으로 앞서 출세가도를 달렸던 박종남, 이는 나중에 뒤집어지게 되는데 이것은 무엇을 뜻하는 것일까? 이러한 점을 보려면 우선 그의 관직 생활과 어떻게 이순신과 만나게 되는지를 알아야 하겠다.

박종남(朴宗男, ?~1601)의 자는 윤가정(胤嘉靖)이고 본관은 밀양 박씨다. 아버지의 이름은 호(虎)며 무과에 급제했지만 관직에는 나가지 않았다. 그렇지만 아버지가 무과 급제자였으니 이순신과는 달리 무예를 일찍부터 접했을 가능성이 크다. 그래서인지 28세의 박종남은 1576년 식년 무과에 2등으로 급제했지만, 같은 해 또 중시에 도전했다. 중시(重試)는 고려 때부터 있던 제도로 이미 과거에 급제한 사람이 거듭 보던 시험으로, 성적에 따라 관직의 품계를 특진시켜 당상관(정3품)까지 올려 주었다.

박종남이 본 중시는 현직 무관을 승진시키기 위해 10년마다 초시와 전시로 나누어 실시해 그 결과에 따라 성적 우수자를 승진 시켜주었다. 시험 과목은 목전, 철전, 유엽전, 편전, 기추, 과녁, 격구, 기창, 편추(鞭芻), 강서(講書)로 무과시험보다는 과목 수가 많았고, 임진왜란 이후에는 조총 과목이 추가되었다. 이 중시에서 박종남은 다시 급제를 하고 종 5품에 해당하는 선전관이 된다. 정7품에서 다시 종5품으로 승진한 것이다. 평인이었던 사람이 1년 사이에 종품 되어 엄청난 신분 상승을 한 것이다. 10여 년 뒤인 1583년(선조 16), 박종남은 다시 여진족인 니탕개(尼湯介) 무리를 칠 때 공을 세워 절충장군(折衝將軍, 정 3품)에 오르고 이듬해인 1584년 부령부사, 이어서 길주, 온성부사를 지냈다.

한편 이순신은 1576년 무과 합격 첫해에 가장 변방인 함경도 동구비보의 권관으로 근무했다. 권관은 대개 종9품 하위직이었고, 동구비보는 평북 삼수군 압록강 상류다. 1577년 훈련원 봉사를 거쳐 충청도 병마절도사의 군관에 임명되고 이어 1580년 36세에 전라도 발포(전라남도 고흥군)수군의 만호가 되었다. 만호는 조선 초기 종3품관에 해당했으나 뒤에 종4품이 되었다. 만호는 고려 때 무관이 지키는 민가의 호수에 따라 천호, 만호라고 이름 지은 것인데 이후 민호에 상관없이 외적 침입을 막는 변방 무관이었다. 이제 이순신에게 본격적으로 관직길이 열릴 참이었다. 하지만 이러한 직위에서 원칙과 소신을 고집하던 이순신은 밀려다니게 된다. 그것이 바로 오동나무 사건이었다. 전라좌수사 성박이 오동나무를 함부로 베어 사사롭게 쓰려하자 이순신이 반대하고 나선 것이다. 이때 미운털이 박혀서 1582년 이순신이 38세때 군기경차관으로 내려온 서익의 모함을 받아 만호직에서 파직 당했다. 서익은 이순신이 훈련원 봉사 시절의 상관이었고, 당시 자신의 인사 청탁을 거절한 이순신에게 좋지 않은 감정을 가지고 있었다. 당시 정황을 유성룡은 다음과 같이 기록했다.

> 병조 정랑兵曹正郎 서익徐益이 자기와 친한 사람이 훈련원訓練院에 있었는데, 그 차례를 뛰어 넘어 추천하여 보고하려고 했다. 이순신은 훈련원장무관掌務官으로서 그 불가함을 고집하니, 서익은 이순신을 패초牌招하여 뜰아래 세워놓고 이를 힐책하였다. 그러나 이순신은 말씨와 낯빛을 조금도 변하지 않고 바르게 설명하며 굽히지 않으니, 서익은 크게 노하여 기승을 부리며 임하였으나, 이순신은 조용히 응수하여 끝내 굽히지 않았다.

어쨌든 짧은 기간이나마 발포만호의 수군 경험이 나중에 수군절도사의 직무 수행에 도움을 주었다.

이순신은 1582년 다시 복직되어 종8품인 훈련원 봉사가 되었다. 1583년 북쪽 변방인 함경북도 건원보 권관으로 근무하게 되었다. 이순신의 관직은 1577년 수준과 같아진 것이니 좌천된 것이다. 11월에는 훈련원 참군(종7품)직에 올랐는데 이때 이순신은 여진족의 수괴 울지내(鬱只乃, 于乙其乃)를 사로잡아 공을 세운다. 이 사실을 서애 유성룡(柳成龍)은 그의 『징비록(懲毖錄)』에서 "일찍이 순신이 조산보 만호로 있을 때 북쪽 국경지방에서 소란한 일이 많았다. 순신이 계략을 써서 배반한 우을기내(于乙其乃)를 유인하여 묶어서 병영에 보내 베어 죽이게 하니 오랑캐에 대한 근심이 없었다"라고 적었다. 이에 조정에서 상을 내리려 했지만 북병사 김우서의 반대로 무산되었다. 상부의 명령 없이 단독으로 움직였다는 것이 이유였다. 그 뒤 이순신은 사복시 주부(종6품)를 지냈다. 사복시는 고려시대에 이어 조선시대에 병조 산하에 여마, 구목 및 목장에 관한 일을 관장하던 관청인데 말에 대해 모든

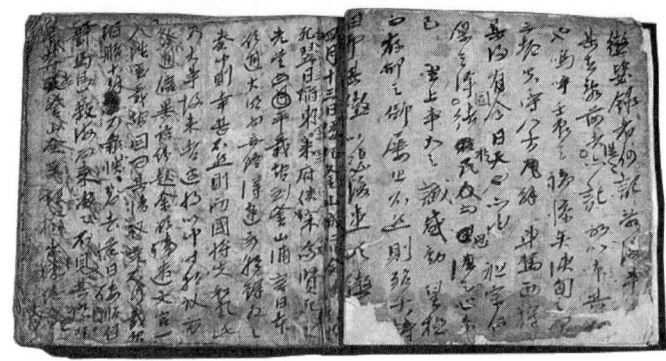

징비록 (懲毖錄) _도 1

이 책은 조선 중기의 문신인 서애 유성룡(1542~1607)이 임진왜란 때의 상황을 기록한 것이다. 징비란 미리 징계하여 후환을 경계한다는 뜻이다.

유성룡은 퇴계 이황의 문인이며, 김성일과 동문수학하였다. 명종 21년(1566) 문과에 급제하여 승문원권예문관검열, 공조좌랑, 이조좌랑 등의 벼슬을 거쳐 삼정승을 모두 지냈다. 왜적이 쳐들어올 것을 알고 장군인 권율과 이순신을 중용하도록 추천하였고, 화포 등 각종 무기의 제조, 성곽을 세울 것을 건의하고 군비확충에 노력하였다. 또한 도학·문장·글씨 등으로 이름을 떨쳤으며, 그가 죽은 후 문충이라는 시호가 내려졌고, 안동의 병산서원 등에 모셔졌다.

이것을 저술한 시기는 자세히 알 수는 없으나 유성룡이 조정에서 물러나 향리에서 지낼 때 전란 중의 득실을 기록한 것이다. 내용을 보면 임진왜란 이전에 일본과의 관계, 명나라의 구원병 파견 및 제해권의 장악에 대한 전황 등이 가장 정확하게 기록되어 있다. 또한 이 책에는 이순신에 대해 어느 기록보다 많은 내용을 담고 있어 이채롭다.

필사본 『징비록』은 조수익이 경상도 관찰사로 재임하고 있을 때 필자 손자의 요청으로 인조 25년(1647)에 16권 7책으로 간행하였다. 또한 이것은 숙종 21년(1695) 일본 경도 야마토야에서도 간행되었으며, 1712년에는 조정에서 『징비록』의 일본 유출을 금할 정도로 귀중한 사료로 평가 받았다.

이 책은 임진왜란 전후의 상황을 연구하는 데 귀중한 자료로 『난중일기』와 함께 높이 평가되고 있다.

것을 관장하던 기관인 셈이다. 주부는 1466년(세조 12)에 종6품으로 체계화 했다. 종9품에서 종6품으로 승진했던 것이다.

 유성룡의 천거로 이순신은 42살(1586년)에 조산보 병마 만호 즉, 조산보 만호(造山堡萬戶)가 되었다. 다시 만호의 지위에 오른 것이다. 조산보는 함북 경흥군에 있었고, 여진족의 침입이 잦았다. 울지내를 잡은 공 때문에 함경북도 순찰사 정언신은 이순신을 녹둔도(鹿屯島)의 둔전관(屯田官)도 겸하게 했다. 정언신은 임란 때 이순신 함대에서 중요한 역할을 했던 전라우수사 이억기도 부하로 두었던 인물이다. 녹둔도는 함경도 경흥에서 60리 떨어진, 두만강이 바다로 가는 어귀에, 조산보에서는 20리나 떨어져 있었다. 녹둔도 둔전관이란 이 지역의 농장을 관리하고 이 섬을 개척해 사는 주민들을 보호하는 일을 했다. 여러 가지 사정을 파악한 이순신은 상관인 북병사 이일(李鎰)에게 원군 요청의 공문을 보냈다.

현충사 10경도 중 하나
조산보 만호 시기는 이순신에게 아픈 추억과 함께 기록의 중요성을 깨닫게 한다.

녹둔도는 강을 사이에 두고 오랑캐들이 호시탐탐 쳐들어올 기회를 엿보는 곳인데, 지키는 군사의 수가 너무 적으니 군사를 더 보내 주십시오.

하지만 이일은 이 같은 이순신의 요청을 무시했다. 이일은 1586년 니탕개 침입을 막아낸 공으로 함북 병마절도사가 된 인물이다. 이순신은 조산보 만호가 된 이듬해인 1587년 녹도 둔전(鹿島屯田)을 관리하던 중 여진족의 침입을 맞게 된다. 유성룡은 이때의 사정을 다음과 같이 기록했다.

하루는 안개가 가득 끼었는데 병사들이 모두 추수하러 나가서 성안에는

10명의 병사밖에 없었다. 그런데 갑자기 오랑캐의 기마병이 사방에서 쳐들어왔다. 순신이 재빨리 문을 닫고 안에서 유엽전(버들잎 모양의 화살)을 잇달아 쏘아 적 수십 명을 말에서 떨어뜨렸다. 그러자 이것을 본 오랑캐들이 깜짝 놀라 도망쳤다. 순신이 다시 방책을 열고 고함을 치며 혼자 그들을 추격하니 오랑캐 무리가 크게 패하여 달아났다. 순신은 그들이 약탈해 간 물건들을 모두 빼앗아 돌아왔다.
— 『징비록』

이때 이순신은 이운용, 이경록과 함께 반격했다. 이순신은 인질로 잡혀간 60여 명을 구해냈고, 잡혀가는 사람들을 구출하다가 화살을 맞고 좌고(座股), 즉 넓적다리에 상처를 입기까지 했다. 군사들의 사기를 생각해서 나중에 화살을 뽑았다고 한다. 하지만 이순신이 이기기는 했으나 많은 부상자와 10여 명의 병사가 죽고 105명의 백성이 잡혀갔다. 결국 이순신은 투옥되었고, 이일은 이순신을 형틀에 묶고 책임을 추궁했다. 근본을 따지면 그 책임은 북병사 이일이 수비 군사를 더 보내달라는 이순신의 원군 요청을 거절했던 것이지만, 이일은 이것을 은폐하기 위해 이순신을 옥에 가두고 거짓으로 이야기를 꾸며 조정에 장계를 올렸다.

조정에서는 여진족의 침입을 막지 못한 책임을 물어 이순신을 죄주려 했고 이순신은 여진족 침입의 원인이 이일의 군사 증원 요청 거부에 있다며 자신의 정당성을 끝까지 주장한다. 최종 판결에서 중형은 면했으나, 함경도 순변사 밑에서 백의종군하게 되는데, 이것이 이순신의 첫 백의종군이었다. 최유해(崔有海)의 행록(行錄)에 따르면 이때 여진족 시전(時錢)부락을 정벌할 때, 공을 세워 백의종군을 면하고 아산집으로 돌아오게 된다.

이순신을 괴롭힌 지휘관 이일은 어떻게 되었을까? 이일은 임란 때 경상도 순변사가 되지만 제대로 방비를 못하고 탄핵을 받게 된다. 이때 이순신은 일기와 장계 등에서 경상도의 방비 태세를 비판한다. 이일이 총관할하고 있던 경상도에서 제대로 하지 않았기 때문에 왜군이 한반도에 상륙했다는 것이었다. 이순신답지 않은 맹비난을 한 것은 이일이 어떤 인물인지 잘 알고 있었기 때문이다. 그렇지만 무엇보다 녹둔도에서 일어난 이 사건은 이순신에 대한 부정적인 첫인상을 선조에게 심어주어 이순신을 판단하는 중요한 요인이 되어 버린다. 사람의 첫인상은 끝까지 간다고 하지 않는가. 이러한 점은 선조의 말에서 드러난다.

> 상(선조)이 이르기를, "이순신은 조금도 용서할 수 없다. 무신이 조정을 가볍게 여기는 습성은 다스리지 않을 수 없다. 이순신이 조산 만호로 있을 때 김경눌 역시 녹둔도에 둔전 일로 마침 그곳에 있었는데, 이순신과 김경눌은 평소 사이가 좋지 않았다. 이순신이 밤중에 여진족 하나를 잡아 김경눌을 속이니, 김경눌은 바지만 입고 도망하기까지 했다. 김경눌은 허술한 사람이어서 그처럼 위태로운 곳에서 계엄을 하지 않았고, 이순신은 같은 변방의 장수로서 그를 희롱하지 말았어야 한다. 내가 그런 일을 일찍이 들었다. 김경눌은 매양 공을 세우는 데 뜻을 둔 사람인데, 지금은 어디에 있는지 모르겠다. 평일에 자부하던 기개를 어찌 난시에 시험하지 않고 있는가" 했다.
> — 1597년 (선조 30) 1월 27일

선조의 논지는 무신인 이순신이 능력 있는 문신 김경눌을 속였고, 희롱했다는 것이다. 선조는 조산보 만호 시절의 이순신에 관한 부정적인 정보를 전체 사람 됨됨이로 여기고 만다. 이후로도 선조는 이순신에 대해 끊임없이 의심하고 경계한다. 하지만 녹둔도의 일 때문에 백의종군했던 이순신을 본 전라순찰사 이광은 이순신의 성품과 지략, 실력을 인정하여 아산 집에 있던 그를 발탁하여 군관겸 전라도 조방장(助防將, 종4품)으로 삼았다.

"이순신이 그 같은 영재를 지니고도 제대로 능력을 펴지 못하니 안타깝다."

이광은 이순신의 군비 확보와 임란 당시 작전 수행에 결정적인 도움을 준 인물이다. 이순신은 조방장으로 근무하다가 11월에는 선전관을 겸하게 되고, 12월 정읍 현감(정6품)이 된다. 1590년 7월 고사리진(평북 강계군) 첨절제사로 발령되지만, 대간의 반대로 불발된다. 8월에도 만포진 첨절제사로 천거되지만 역시 불발되어 정읍 현감에 머문다. 대간의 반대 이유는 정읍 현감 재직 기간이 8개월밖에 되지 않았다는 것이다. 이때 뒤늦게 왜적의 침입을 감지한 동인 계열은 바빠지게 되는데, 1591년 이순신은 진도 군수에 임명되고, 진도 군수로 임명 전에 가리포진(전남 완도) 첨절제사로 다시 임명된다. 드디어 1591년 2월, 47살의 이순신은 정탁과 유성룡의 천거로 전라좌수사의 위치에 오른다. 오동나무 사건으로 다투었던 성박이 있던 자리였으니, 이순신의 감회라는 것은 이루 말할 수 없었을 것이다. 임진왜란을 14개월 앞둔 시점이었다. 부들과 버들나무는 가을로 접어들수록 쇠락하지만, 소나무와 백양나무는 서리를 맞아야 더욱 울창해지는 법이다. 역경 뒤의 이순신은 더욱 빛을 내게 된다.

그동안 박종남은 어땠을까? 그는 계속 정3품 부사의 직위에 있었다. 별다른 위기 없이 직무에 있었던 것이다. 그러다가 임진왜란이 일어난 1592년 분조(分朝)의 동부승지·병조참의를 지내며 세자 광해군이 함경도에서 활동할 때 호위대장으로 광해군을 호종했다.

『조선왕조실록』 1592년 7월 2일의 기록에는 박종남을 병조참의에 제수했다고 되어 있다. 참의는 정3품 상(上)에 해당하는 직위이다. 이때 남해안에서 한참 싸우고 있던 이순신은 절도사로 종3품이었으니 여전히 박종남이 높은 품계였다. 다시 1592년(선조 25) 8월 1일의 실록을 보면 박종남을 회양 부사에 제수하였다고 되어 있다. 회양군은 지금의 북한 지역, 행정구역상으로는 강원도 회양군인데, 1413년(태종 13) 도호부가 되었고, 세조 때에 진을 두어 북방 방비의 요지로 삼았다. 1895년(고종 32)에 회양군이 되었다. 이후에 다시 박종남은 춘천부 방어사가 되었다.

> 호민(好閔)이 아뢰었다. "박종남은 본래 지략이 없는 사람입니다. 춘천의 실패는 차마 말할 수 없습니다." 이 말을 듣고 선조가 말했다. "춘천에서 일어난 사실을 자세히 말하라." 호민이 아뢰었다. "춘천 전투에서 적이 궁지에 몰려 모두 자살하려는 지경에 이르렀는데, 박종남이 군사가 굶었다고 하면서 잠깐 퇴군하는 바람에 적이 도리어 칼을 빼어 들고 추격하여 전군이 모두 강에 빠져 죽었습니다. 그리하여 춘천 사람은 지금까지도 종남의 일이 언급되면 화를 내며 욕을 합니다."
> −1596년 (선조 29) 1월 17일

비변사가 아뢰었다. "강원도는 처음부터 어떻게 해볼 도리가 없는 지역이 아니었는데 감사 유영길이 그 직을 제대로 수행하지 못해 동궁께서 체차시켜 강신(姜紳)이 대신하게 했습니다. 강신은 처음에는 일을 하는 것 같았으나 지금은 영서(嶺西)의 매우 요긴한 지역을 포기하고서 멀리 영상(嶺上)으로 가 있어 형적이 분명하지 않습니다. 방어사 박종남과 별조방 장원신·이방필도 그의 거처를 알지 못합니다. 이는 모두 강신이 도망하여 멀리 피신해 벌어진 일입니다. 강신을 추고하소서." 선조가 이를 따랐다.

― 1592년 (선조 25) 10월 12일

실록의 두 번째 인용문에 등장하는 유영길(柳永吉, 1538~1601)은 1592년 당시 강원도 관찰사로 박종남과 강원도를 방어해야 하는 위치에 있었다. 유영길은 여주에서 왜군의 도하를 막고 있었던 조방장 원호에게 격서를 보내어 춘천으로 오게 하는 바람에 왜적이 도하하게 하는 등 방어를 제대로 하지 못했다.

강신(姜紳, 1543~1629)은 당시 함경도 순찰사였고, 유영길을 대신해 다시 방어하도록 했는데 강원도를 방어하지 않고 영남에 가 있었던 것이다. 아울러 박종남도 방어 지역을 제대로 지키지 않고 있었다. 무엇보다 첫 번째 인용문에 나와 있듯이 박종남은 춘천 전투에서 잘못된 지도력을 보여 뼈아픈 패배를 당했다. 일련의 전투 상황에서 박종남의 능력이 본격적으로 시험되고 있었지만 박종남과 여러 장수들은 체계적으로 방어하지 못했다. 그 당시 박종남의 행적은 원주 부사였던 김제갑(金悌甲, 1525~1592)의 비문에서도 찾아볼 수 있다.

서울에서 온 박종남이 성 안에 있기에 공소·김제갑이 나가 경계하여 말하기를, "적이 반드시 가리령加里嶺·강원 정선과 평창 사이의 가리령산을 넘을 것이오, 이 고개가 험한 것은 하늘이 만든 것으로, 말이라도 둘이 서로 통래를 못하고 사람도 두 사람이 나란히 갈 수 없어, 만약 천병일지라도 그 요새지를 장악하고 있으면 아무리 수가 많은 적이라도 여기는 능히 지나지 못할 것이니 공 또한 힘써야 하오"했다. 박종남이 응낙하고 가서 한 군사를 보내 적을 정탐했다. 그러나 그 병사가 가기를 꺼려 중도에서 돌아와 보고하기를 "적이 아직 멀리 있으니 천천히 하여도 늦지 않습니다"라 했다. 이 말을 믿은 박종남이 안장을 내리고 갑옷을 벗고 강에서 쉬다가 적이 뒤로 역습하여 들어오는 것을 몰랐다. 겨우 이 사람은 몸을 빠져나와 죽음을 면하였지만 적은 드디어 고개를 넘었다. 성중 사람은 황황하여 사람의 얼굴빛이 없었다.

— 김제갑의 '毅齋公碑文' 중

여기에서 말하는 성이란 원주에 있는 영원산성을 말한다. 이 비문의 기록대로라면 박종남은 쉽게 방심하고 단단히 경계하지 못한 결과로 패했던 것이다. 부하 병사가 제대로 된 보고조차 하지 않았다는 것은 제대로 부하를 통솔하지 못했다는 것을 말한다. 박종남의 행적에 대한 공식 기록은 다음 해로 넘어간다. 곧이어 명나라 지원군과 조선군이 연합하여 왜군을 밀고 내려오자 경북 지방의 왜군 공격에 참가한 것으로 보인다.

경상좌도 병사 권응수가 보고를 올렸다. "대구부에 남아 있던 적은 5월 15일에 한 명도 남김없이 모두 물러갔고, 그날 명군의 선봉 이총병이 군사를 거느리고 대구부로 들어갔으며, 청도의 적은 5월 16일에 도망하였는데 평안좌방어사 박명현, 의병장 조호익, 별장 박종남이 군사를 이끌고 추격하고 있습니다."

— 1593년 (선조 26) 6월 6일

별장이었던 박종남은 1593년 다시 진주 목사가 되었다. 부산 지역의 왜병에 대응하여 조치한 것으로 보인다. 하지만 관찰사와 생긴 의

견 충돌로 파면되었다. 반면 이순신은 1592년 5월 이후 해전에서의 연전연승 낭보를 울리며 1593년 이미 삼도수군통제사로서 정2품 정헌대부에까지 오른다. 이렇게 되기까지 이순신에게는 피와 눈물의 세월이 있었다. 이제 이순신이 박종남을 앞지르게 되었다. 한편 진주목사에서 파면된 박종남은 어떻게 되었을까? 『조선왕조실록』에서 그의 행적을 살펴보면 다음과 같다.

> 좌도에 있는 자는 박진·김응서·정희현·박명현·박종남·권응수 등 약간 명뿐입니다. 그런데 지금 만약 이빈 등을 좌도로 이동하게 한다면 진주가 더욱 어려워져 왜적의 충돌을 막을 수 없게 될 것입니다. 호남의 어려운 지경이 사소할 수가 없습니다. 그러니 다만 박진에게 좌도에 있는 여러 장군인 이시언 등과 함께 적의 소굴을 무찌르게 하는 일을 해내게 하는 것만 못합니다.
> — 1594년 (선조 26) 7월 11일

박종남은 여전히 경상좌도 지역에 있었다. 경주진(慶州鎭), 안동진(安東鎭), 대구진(大邱鎭)에 속한 37군을 좌도라고 했다. 이때 직위가 응양도 별장이었고, 도원수 권율의 휘하에 있으면서 특히 해안 경계에 많은 공을 세웠다. 1594년 여름까지 박종남은 경상남도 합천군 초계면 지역을 지키고 있었는데 이곳은 명나라 장수 오유격이 왜적의 길을 차단하고 있었던 지역이다.

> 독포사 박진, 조방장 박명현, 별장 박종남은 다만 지친 군사 5~6백 명을 거느리고서 명장 오유격과 함께 초계를 차단해 수비하고 있고, 최원·이빈·이시언은 진주가 함락되었다는 소식을 듣고 거창·함양 등

지에서 떠났다고 합니다.
― 1594년 (선조 26) 8월 1일

진주가 함락되었기 때문에 박종남이 초계에서 후퇴한 것으로 보인다. 그러면서 찾아든 곳은 다름 아닌 이순신이 있는 한산도 진중이었다. 같은 무과시험 응시생 내지 무과 합격 동기생이었던 이순신과 박종남, 그런 두 사람이 드디어 사천에서 다시 만나게 된 것이다.

- 1594년 8월 17일 원수가 오정에 사천에 이르러 군관을 보내어 이야기하자고 했다. 그래서 곤양의 말을 타고 원수가 머물고 있는 사천현감기직남이 맞아주는 곳으로 나아갔다. 교서에 숙배한 뒤 공사 간의 예를 마치고, 그대로 함께 이야기하니 오해가 많이 풀리는 빛이다. 원균元均 수사를 몹시 책망하니, 원 수사는 머리를 들지 못했다. 우습다. 술을 가지고 마시자고 청했다. 여덟 순을 돌리니 원수가 몹시 취하여 상을 물리고 헤어져 숙소로 돌아오니, 박종남과 윤담이 와서 봤다.

이순신이 한산도 진중이 아니라 육지인 사천으로 도원수 권율을 보러 갔을 때 아마도 그 휘하에 있던 박종남은 삼도수군통제사인 이순신에게 인사를 했던 모양이다. 하지만 이때의 만남이 단순한 인사는 아니게 되었다. 왜냐하면 한 달여 뒤에 박종남은 자신의 군사를 이끌고 첨지 이경로와 함께 이순신의 진영으로 이동하기 때문이다. 『난중일기』를 보면 다음과 같은 대목이 있다.

- 1594년 9월 25일(양력 11월 7일) 첨지 김경로는 군사 일흔 명을 거느리고 들어왔다. 저녁에 첨지 박종남은 군사 육백 명을 거느리고 들어왔

다. 조붕도 와서 같이 자면서 밤에 모여 앉아 이야기했다.

'밤에 모여 앉아 이야기했다'는 부분이 눈길을 끈다. 무슨 이야기를 나누었을까? 1576년 이후 약 20여 년 만에 만났으니 과거 무과시험에 관한 이야기도 한 자락 있지 않았을까. 이후 이순신이 장계를 올려 박종남을 천거해 주사 조방장(舟師助防將)으로 삼았다. 박종남은 연해 5읍의 흩어진 군병의 수습을 맡게 된다. 어떻게 되었든 간에 이순신과 같이 시험을 보았고 훨씬 어린 나이에도 우수한 성적으로 합격했을 뿐만 아니라 무과에 합격한 그 해에 다시 중시를 쳐서 급제해 하루아침에 출세 가도를 달리던 박종남이 무과 12등 출신인 이순신의 휘하에서 근무하게 된 것이다. 이순신은 경상우도를 구원하기 위해 출동한 1592년의 연이은 해전에서 엄청난 공을 세워 박종남을 한꺼번에 추월하는 결과가 되었다. 1595년의 『난중일기』를 보면 이순신이 조방장으로 삼은 박종남과는 사이가 좋았던 것으로 보인다.

- 1592년 3월 초 10일(양력 4월 19일) 조방장 박종남과 함께 이야기했다. 보성 군수 안홍국이 아뢰고 돌아갔다.
- 1592년 3월 12일(양력 4월 21일) 조방장 박종남과 우후 이몽구가 장기를 두었다.
- 1592년 3월 13일(양력 4월 22일) 흐리고 바람이 세게 불었다. 아침에 자윤 박종남을 불러 같이 밥을 먹었다. 저녁에 식사를 한 뒤에 조형도가 와서 보고 돌아갔다.
- 1592년 3월 27일(양력 5월 6일) 식어둘 무렵 조방장 박종남에게 가서 발포 만호, 사도 첨사, 녹도 만호를 불러 같이 이야기하다 헤어졌다.
- 1592년 6월 18일(양력 7월 24일) 저녁나절에 조방장 박종남과 함께 활

열다섯 순을 쏘고 헤어졌다.

『난중일기』에는 박종남을 비롯한 세 명의 조방장과 자주 어울려 이야기하고 활을 같이 쏘는 장면이 빈번하게 묘사되어 있다. 같이 밥을 먹는가하면 말을 타고 함께 지역을 순찰했던 기록도 보인다. 『난중일기』에서 조방장과 말을 타고 지역을 순시하는 기록은 박종남을 비롯한 세 명의 조방장이 처음이다. 한편 그 즈음 박종남은 조정에서 이순신과 원균의 사이를 해결하는 구원 투수로 거론되고 있었다.

1594년은 원균과 이순신의 사이가 매우 좋지 않은 시기였다. 특히 원균은 이순신이 삼도수군통제사가 되어 자신을 통제하자 불만을 가지게 된 것이다. 원균은 공을 세우기 위해 부산 지역으로 출전을 종용하고 이를 위해 여러 가지 계획을 짜며 이순신의 골머리를 아프게 하고 있었다. 두 사람은 성격으로나 리더십 스타일 면에서 서로 맞지 않았다. 이러한 사실은 조정에서도 익히 알고 있었고 대책에 부심하고 있었다.

김응남이 아뢰었다. "두 장수가 화목치 못하니 형세상 서로 용납하기 어렵습니다. 원균을 부득이 체직(遞職)시켜야 하겠는데 대신할 사람을 아직 얻지 못했으니, 선거이와 서로 바꾸는 것이 어떻겠습니까?"(이때 원균이 경상수사로 있으면서 통제사 이순신과 사이가 안 좋았기 때문에 충청도 병사로 있는 선거이와 서로 바꾸자는 것이다.)

선조가 일렀다. "비변사에서 추천한 사람은 누구인가?" 김응남이 대답했다. "곽재우·이광악·배설입니다. 충청수사도 차출해야 하겠는데, 적합한 사람이 없습니다. 박종남이 비록 진주 일로 계파되기는 하였지만, 이 사람이 적합할 것 같습니다." 선조가 말했다. "박종남은 성질이

느슨한 것 같으니, 이런 때에 그러한 사람으로 장수를 삼아서는 안 된
다. 그리고 그에게 수사까지 제수하는 것은 마땅한 바가 아닌 듯싶다.
이 밖에 쓸 만한 다른 사람이 없는가?"
— 1594년 (선조 27) 12월 1일

유성룡이 아뢰었다. "지금 인재가 극히 부족합니다. 박종남·원유남·
임발영 같은 무리는 비록 단점이 있기는 하지만 이들 모두를 아주 버릴
수는 없는 일입니다. 이런 때에는 마땅히 그 단점을 버리고 장점만 취해
야 할 것입니다."
선조가 성룡의 말을 듣고 일렀다. "종남의 사람됨은 내가 알고 있는데,
필시 느슨한 사람일 것이다."
— 1596년 (선조 29) 1월 17일

이순신과 사이가 나쁜 원균을 대체할 만한 인물로 박종남을 고려하지만, 선조는 박종남은 느슨한(弛緩) 성격의 사람일 것이라고 단정짓고 있다. 이완된 것은 바짝 조였던 정신이 풀려 늦추어짐을 이른다. 절도와 엄격, 리더십과 무관의 조직 장악력이 떨어진다는 의미다. 부하의 말만 믿고 갑옷을 벗고 쉬다가 패했던 행적과 조금 더 밀어붙이면 완전하게 승리할 것인데 굶었다고 잠시 퇴각하였다가 오히려 반격을 받아 군사들이 모두 전사했던 춘천에서와 같은 이력들은 박종남의 철저하지 못하고 엄격하지 못한 면을 드러내주는 것이다. 어찌되었든 그는 이순신 휘하에 있으면서 한산·장문·영등포·견내량 등의 해전에서 공을 세웠다. 이순신이 그를 포용한 것은 분명했다. 그런데 박종남은 그 뒤에 이순신 곁을 떠나는데, 상주·광주의 목사를 거치며 다시 여러 가지 문제를 일으킨다. 무예 실력과는 달리 정책집행자,

행정가 혹은 목민관으로서는 여전히 의문이었던 모양이었다.

> 사헌부가 아뢰었다. "광주 목사 박종남은 어리석고 일을 처리하지 못하여 부임한 뒤로 백성을 돌보는 일을 생각하지 않고서 크고 작은 정령을 오로지 부하에게 맡겼고, 지난번 헌릉의 기신제 때에는 쓸 기물을 전혀 유의하지 않고 있다가 임시하여 민간에게 거두어 모아 결국 거칠고 더러운 물건으로 구차히 채워 진배하였으니, 그 불경한 죄도 큽니다. 파직하도록 명하소서." 선조가 "아뢴대로 하라" 했다.
> ─ 1596년 (선조 29) 5월 29일

광주 목사 시절에 박종남이 일으킨 문제는 단순히 전략적인 오판은 아니었던 모양이다. 도덕성과 목민관 소양의 부족이 엿보인다. 박종남은 그렇게 광주 목사에서 또 파직이 되었다. 몇 달이 지나서 회령부사 보직 임명에 대한 조정의 논의가 있었다. 여기에 박종남이 천거되었다. 그러나 『조선왕조실록』의 선조 발언을 통해 여전히 박종남이 미덥지 못한 사람임을 확인 시킨다.

> 우부승지 우준민이 비변사의 말에 따라 아뢰었다. "회령 부사는 관방의 매우 중요한 지위일 뿐더러 절도사가 되는 계제인 벼슬이므로, 신들이 극진히 가려서 천거하려 하지 않는 것은 아니나, 요긴한 지위에 있는 자는 옮기기 어렵고 현재의 무신 중에서도 끝내 합당한 자를 얻지 못했습니다. 박종남을 매우 합당하다고 생각하는 것은 아니나, 전일 관직에 있을 때 근신하다는 이름이 자못 있었으므로 의논하여 이 사람을 천거하거니와, 그를 시키지 않는다면 이광악이 있을 뿐인데 오직 예재하시기에 달려 있습니다."

선조가 전교했다. "이광악이 마땅한 사람인지 모르기는 하나 혹 회령에 쓸 수도 있겠다. 그러나 이 사람을 남방에 쓸 만하다면 또한 시킬 수 없으니, 어쩔 수 없다면 정문부가 어떠한가? 어떤 사람은 정문부가 북도北道에서 이긴 것은 남 때문에 일을 이룬 것이고 본디 그의 지용智勇이 아니라 하니, 또한 어떨는지 모르겠다. 다시 헤아려서 아뢰라" 했다.

— 1596년 (선조 29) 11월 19일

선조는 박종남이 미덥지 않았다. 그런데 논의 끝에 박종남은 선조의 회의적인 반응에도 불구하고 회령 부사로 부임했다. 가토 기요마사의 군대를 물리친 북관대첩의 주인공 정문부도 제치고 말이다. 하지만 대사헌 홍여순의 탄핵을 받아 다시 면직되었고 사후에 형조판서로 추증되었다.

박종남과 이순신의 비교는 시험 성적과 실제 현실은 얼마든지 다를 수 있다는 것을 보여준다. 박종남은 무과시험에서 차석을 했다. 그 해에 대하 중시를 보아 다시 합격을 해서 또 여러 품계를 올랐지만 그의 무예실력에 비해서 실제 군사를 움직이는 데 있어서는 내실 있고, 용의주도한 전략가는 아니었다. 느슨한 사람이라는 평가가 여러 번 기록에서 나타난다.

무과라고 해서 단지 무술만 잘하는 수준이 아니라 맹장, 덕장, 지장의 세 가지 요소가 함께 있어야 한다. 이러한 점들은 몇 가지 시험 성적으로는 측정할 수 없는 것인데 바로 이순신이 이러한 요소에서 앞서 있었던 것이다. 시험 성적으로 승진이 완벽하게 이루어진다면 이보다 비현실적인 일은 없다. 시험과 실제 군사를 움직이는 것이 다른 것은 비단 무과에만 그런 것이 아니라 다른 분야에도 마찬가지일 것이다. 여기에서 클라우제비츠가 『전쟁론』에서 했던 말을 기억해야 할 듯싶다.

> 낮은 지위에 있을 때는 매우 훌륭한 활동력을 과시한 지휘관이 일단 최고의 지위에 올라앉게 되면 정신적, 지적 능력의 부족 때문에 수준 이하의 능력자로 낙착되어 버린다.

기록상으로 볼 때 박종남의 경우가 그렇다. 낮은 지위에 있을 때 아무리 무예나 활동력이 뛰어나다고 해도 그가 훌륭한 최고 지휘관이나 정책집행가가 되는 것은 아니다. 이 점이 박종남과 이순신의 사례에서 드러나는 점이기도 하다. 무엇보다 당시 뛰어난 입시성적을 보인 박종남이라는 인물을 지금 역사는 거의 기억하지 못한다. 한 가지 기억해야 할 것은 인물이 뛰어나기만 해서는 안 된다는 사실이다. 유성룡, 정탁, 정언신, 이광 같은 사람들이 이순신을 인정해주었기 때문에 빛을 발할 수 있었기 때문이다. 어쩌면 구슬이 흙에 묻혀 있을 때 그것을 구별해내는 사람들이 더 중요하다고도 할 수 있다. 무엇보다 모진 풍상에서 둔(屯)하며 어느새 흙속에서 진주가 되어 있었다.

한편, 박종남과 이순신의 차이는 어디에서 비롯한 것일까를 생각해보면 유전적이거나 개인의 능력 외에 환경의 조건을 생각해볼 수도 있다. 박종남의 아버지는 오위도총부사였던 박호(朴虎)였다. 박종남은 문신보다는 무신의 환경에서 자랐다. 이순신이 문신의 집안에서 무신의 리더십을 익힌 것과는 대조된다.

러-일 전쟁에서 취약한 저력으로 당시 천하무적 러시아의 발틱 함대를 무찌른 일본 해군 영웅이며, 일본 해군제독 도고 헤이하치로는 이순신을 흠모하며 다음과 같이 말했다.

"나를 이순신 제독에 비교하지 말라. 그 분은 전쟁에 관한 한 신의 경지에 오른 분이다. 이순신 제독은 국가의 지원도 제대로 받지 않고, 훨씬 더 나쁜 상황에서 매번 승리했다. 나를 전쟁의 신이자 바다의 신이신 이순신 제독에게 비유하는 것은 신에 대한 모독이다."

이순신은 오랜 기간의 수난과 고통, 번민과 갈등 속에서 비룡이 되어 있었다. 인간에서 마침내 신이 되었다. 그러나 그는 신으로 모셔지기에는 너무 인간적이었다.

이순신은 오랜 기간 인고의 세월을 버텨냈기 때문에 위기의 상황에서 그 진가를 마침내 발휘할 수 있었다. 중요한 것은 한 사람의 위대한 리더가 나오기 위해서는 단순히 개인의 노력만이 아니라 더 오랜 전통의 시공간이 필요하다는 것이다. 세종대왕이 존재할 수 있었던 것은 태종의 리더십이 확고하게 성립했기 때문이다. 정조가 문화적 르네상스를 이끌어낼 수 있었던 것은 어쨌든 영조의 장기간 치세가 있었기 때문이다. 장수왕이 고구려 최대의 영토를 차지할 수 있었던 것도 광개토대왕이 그 기반을 닦아놓았기 때문이다. 이순신도 이미 집안의 시공간이 새로운 리더의 탄생을 품고 있었고, 그 위에서 시대와 상황에 필요한 리더십을 갖추게 된 것이다. 그것이 문과 무의 결합, 하이브리드 리더십이었다.

2장

문과 무의 결합, 하이브리드 리더십

*hybrid : 특정한 목표를 달성하기 위해 두 개 이상의 요소가 합친 것.

1) 문반의 유풍(儒風)과 문신의 한계

내가 할아버지 앞으로 불려가 꿇어앉아 안절부절 학질 떼듯 구경을 그녀는 무엇보다도 재미있어 했으니까.

"숭헌, 그런 상것들 허구 붓해 놀았더란 말이냐? 그리 그짓말을 허려면 글은 뭐 하러 배웠더런 말이냐?"

"……"

"그저 틈만 있으면 밖으루 내달으니 한심한 일이로고 색거한처(索居閑處) 산려소요(散慮逍遙)라고 배웠으면 배운 만두 알 만두 허련마는……."

"애덜이 대이구 놀자구 오던디 워칙 헌대유."

"그런 잡인 애덜 하구 동무해 놀면 사람 베리는 법이여 다 저더라 사람 되라고 이르는 소리거늘 페에앵—"

— 이문구, 『관촌수필』

이문구의 소설 『관촌수필』을 인용한 이유는 이순신의 어린 시절을 상상하도록 만들기 때문이다. 이문구는 소설에서 대대로 문신 집안이라는 자부심이 있는 할아버지가 동네 아이들과 어울리며 놀기만 하는 손자를 질책하는 장면을 그리고 있다. 이순신은 어렸을 때 아이들하고 전쟁놀이를 했으며 대장을 도맡아 했다고 알려져 있다. 그렇게 산으로 들로 쏘아 다니는 이순신을 이순신 친할아버지가 보았다면 어떻게 했을까? 우선 이순신의 집안 내력이 어떠한가를 살펴보자. 유성룡은 『징비록』에서 이순신을 다음과 같이 언급했다.

> 순신의 사람됨은 말과 웃음이 적고 용모가 단아하고 조심스럽다. 마치 마음을 닦고 몸가짐을 삼가는 선비와 같았고 마음속에 대담한 기운이 있어 자신을 잊고 나라를 위해 갔으니 본래부터 수양하여 쌓아 온 까닭이라 하겠다.

유성룡의 표현대로라면 이순신을 보면 전혀 무장 같은 풍모가 느껴지지 않는다. 오히려 무장이라기보다는 문신의 이미지가 상상된다. 이러한 풍모는 겉으로 드러나는 외모 이전에 모두 집안 내력에서 비롯한다. 유성룡은 "이씨의 조상은 대대로 유교를 숭상하여 문관을 지냈는데, 이순신에 이르러 비로소 무과(武科)에 올라 권지훈련원봉사(權知訓練院奉事)에 보직되었다"라고 적었다.

이순신의 집안 내력은 이미 이순신을 비롯한 형제의 이름에서도 드러난다. 두 형의 이름은 희신(羲臣), 요신(堯臣)이었고, 아우는 우신(禹臣), 셋째가 순신(舜臣)이었다. 모두 신(臣)이라는 글자가 들어간다. 일부 위인전에 보면 돌아가신 할아버지가 꿈에 나타나 순신이라 지으라 했다지만, 그것은 이순신의 탄생에 신비함을 주기 위한 위인전식 기술 장치라고 알려져 있다. 형제들의 이름은 돌림자인 신(臣)자 위에 삼황오제(三皇五帝) 중에서 복희씨(伏羲氏)·요(堯)·순(舜)·우(禹) 임금을 시대 순으로 따서 붙인 것이기 때문이다. 이 이름을 보면 집안이 유가적 집안임을 짐작하게 한다. 이순신은 불행인지 다행인지 집안에서 유일한 무신이었다.

이순신은 고려 때 중랑장을 지낸 이돈수(李敦守)를 시조로 한 문반(文班) 덕수 이씨 가에서 태어났다. 고려보다는 조선에 들어와서 관직에 들어간 선조가 많았다. 5대조인 이변(邊)은 영중추부사(領中樞府事)와 홍문관 대제학을 지냈다. 증조할아버지인 이거는 병조참의에 이르렀다. 『징비록』에서 이순신 집안의 내력을 이렇게 말했다.

> 이순신의 자는 여해요 본관은 덕수이다. 그의 선조 중 변이라는 이는 벼슬이 판부사에 이르렀으며 강직한 것으로 유명했다. 증조부는 거라고 했는데 성종을 섬기었다. 연산군이 동궁으로 있을 때 거는 강관이 되었는데 엄격하기 때문에 사람들이 꺼려했다. 일찍이 장령이 되었을 때는 탄핵하는 일을 회피하지 않았기 때문에 백관이 무서워하여 호장령이라는 칭호가 붙었다. 조부는 백록인데 가문의 덕으로 벼슬을 했다.

이순신의 집안은 이른바 아주 뼈대 있는 문신 가문이었다. 이변(李邊)은 이순신의 현조부(고조부의 아버지)로 외교 전문가였다. 이순신이 어렸을 때 아이들하고 전쟁놀이에 치중하고 무예에만 관심을 가졌다면 집안 어른들은 어떤 태도를 보였을지 상상이 간다. 아마도 『관촌수필』에 나오는 할아버지처럼 이순신의 할아버지도 손자인 이순신을 꾸짖었을 것이 분명하다. 문신의 집안 자제가 동네 아이들과 전쟁놀이나 하고 다녔으니 말이다. 일찍부터 아이들과 서당 공부에 충실한 모습이 바람직할 것이다. 과연 좋은 문신 가문의 아이가 전쟁놀이하며 무신이 되겠다고 했을 때 좋아할 집안 어르신이 누가 있을까 싶은 것이다. 무신보다 문신을 우대했던 조선 사회에서는 대대로 뼈대 있는 집안이라면 더욱 집안에서 무신으로 관직에 나간다는 것은 많은 반대가 있었을 법하다. 그렇지만 결국 이순신은 무관시험을 통해 관직에 들어섰다. 이순신의 집안 배경에 대해 알아볼 필요가 있겠다.

이민웅 교수의 연구에 의하면 충무공의 집안은 유서 깊은 문반(文班) 가문이었다. 현조부 변(邊)은 외교 전문가로서 세종대 이후 50년 이상 관직에 있으면서 가세를 일으킨 인물이고, 증조부 거는 연산군의 스승이었으며 20여 년 동안 관직에 있었다. 그러나 할아버지 이백록 때에 집안이 기울게 되면서 이순신의 장래에 많은 영향을 미치게 되는데, 이백록이 조광조의 사상에 동조해 참화를 당했기 때문이다. 가난하고 어려운 삶을 살아야 했기 때문에 할아버지가 동조했던 조광조의 사상은 이순신에게 많은 것을 생각하게 했을 것으로 보인다.

이순신의 조부였던 이백록(李百祿)은 조광조(趙光祖) 등 지치주의(至治主義)를 주장하던 소장파 사림들의 뜻에 동의하고 같이 움직였다. 이 때문에 이백록은 결국 사화에 연루되었고, 이 사화가 기묘사화(1519년, 중종 14)다. 이 과정을 보면 지치주의와 조선 사회, 그리고 그 속에서의 이순신 집안은 '이순신 리더십' 과 모두 연결되어 있다.

우선 지치주의는 하늘과 사람은 분리될 수 없다는 '천리불리인사(天理不離人事)' 의 성리학적 세계관에서 비롯한다. 하늘의 뜻을 사람이 이끄는 세상에서 실현하여 하늘과 같은 이상 세계가 되도록 해야 한다고 보는 것이다. 조선에서는 하늘의 뜻이 실현된 이상 사회의 건설을 목표로 하는 정치적 실천운동으로 구체화되었고, 이 시작이 조광조였다.

조광조는 지치의 이상 사회를 이루기 위해 수양으로 깨끗해진 임금의 마음이 조정과 정사(政事)에 미치고, 그 결과 나라 전체가 맑은 상태로 돌아간다고 주장했다. 도학(道學)은 이념적인 도덕의 강조를 중심에 두는데 이를 강조한 것이다. 그러나 이러한 원칙이 너무 추상적이라고 판단한 조광조는 이상 사회의 실현을 의식적으로 시도할 경우 맑지 않은 현실적인 장애물들을 개혁하는 유신 운동을 만들어야 된다고 주장한 것이다. 맑은 기운을 해치는 현실적 장애물들은 무엇을 가리키는 것일까? 그것은 유교와 성리학적 질서에 반하는 것이다. 그 대표적인 것이 소격서(昭格署)다. 소격서는 도교(道敎)의 보존과 도교 의식을 거행하기 위해 예조에 속하여 하늘과 별자리, 산천에 복을 빌고 병고침을 위해서나 비를 내리게 기원하는 나라의 제사를 맡았던, 이른바 도교 관련 사당이었다. 조광조의 끈질긴 상소 끝에 소격소와 같은 현실적인 모순이라고 생각한 것들을 폐지하게 되지만, 소격서는 1518년(중종 13) 조광조를 필두로 한 사림파의 요구로 없어졌다가 기묘사화로 사림파가 실각한 다음해 1520년에 다시 세워졌다.

　기묘사화란 1519년(중종 14) 남곤, 홍경주 등의 훈구파가 조광조 세력을 축출하려 일으킨 사화다. 이 사화는 결국 조광조 식 지치주의의 약점인 맑고 더러움, 소인과 군자라는 이분법 때문에 빚어진 것이다. 물론 조광조 등의 행동이 모두 부정적인 결과만을 낳은 것은 아니다. 초기에 조광조를 비롯한 신진 사림은 향약(鄉約) 설치를 주도하고, 서적을 국가에서 간행토록 하며 현량과(賢良科)를 통해 유능한 인재를 등용하도록 하기도 했다. 특히 현량과는 당시 과거 제도가 학식만 시험하므로, 수양과 수신을 강조하는 지치주의를 실현할 수 없다는 명분에서 비롯한 것이었다. 그러나 이러한 개혁의 과정에서 조광조는 자신들과 다른 견해를 가진 문인의 사장(詞章)을 무가치한 것, 즉 없애야

할 깨끗하지 못한 것으로 보며, 오직 도학 사상만을 강조하기에 이른다. 유능한 인재를 뽑는다던 현량과는 사림계열의 인물로 채워졌다. 사림파 위주의 사회질서를 구축하려 했고, 나아가 정도전 계열인 훈구파를 소인으로 규정하며 철저히 배격했다. 조광조는 정몽주·길재(吉再)·김숙자(金叔滋)·김종직(金宗直)·김굉필로 이어져 내려온 사림파의 학통과 도통을 정치적으로 확립하려 했다.

결정적으로 사화의 기화가 된 것은 공신명단이었다. 조광조는 중종반정 공신들 가운데 76명은 뚜렷한 공로 없이 공훈이 주어졌으니 삭제해야 한다는, 이른바 위훈삭제(僞勳削除)사건을 일으켰다. 이것은 상대 정치세력이었던 훈구 세력에 대해 정치적 공세를 가하는 정면 도전이었다. 그는 훈구파가 세력을 확장하기 위해 자격 없는 이들까지도 위훈대상에 포함시켰다고 보았다. 당연히 명단 삭제 대상의 훈구파는 반발할 수밖에 없었고, 갈수록 더해가는 조광조의 위협적 행동에 불안을 느낀 훈구파는 그의 제거를 모색한다. 이때 훈구파의 핵심인사 중 한 명이던 홍경주는 주초위왕(走肖爲王) 사건을 일으킨다. 자신의 딸이었던 중종의 후궁을 시켜 궁중 안 나뭇잎에 꿀로 '走肖爲王'의 4자를 쓰게 하고, 그 잎을 벌레가 갉아먹도록 해 글자 모양이 나타나게 했다. '走·肖' 두 자를 합치면 조(趙)자가 되기 때문에, 주초위왕은 곧 "조(趙)씨가 왕이 된다"는 뜻이었다. 이를 들어 홍경주, 남곤, 심정(沈貞) 등이 중심이 된 훈구파는 반역을 알려주는 하늘의 계시라며 모함하기에 이르고, 결국 조광조는 능주(綾州)로 귀양 가서 사약을 받게 되고, 김정, 한충, 기준, 김식 등은 귀양 갔다가 사형 또는 자결하였다. 이때 김구 등 수십 명도 귀양을 가거나 이들을 두둔한 김안국, 김정국 등은 파직되었다. 위훈삭제 사건을 일으킨 지 나흘만에 조광조의 세력은 사라지게 된다.

하지만 조광조가 중심이 되어 전개했던 지치주의는 이후 조선 성리학의 근간이 된다. 도덕적 순수성을 강조했던 그의 주장은 일견 도덕적 엄격성을 통해 윤리적인 가치의 강조를 강화하기도 했지만, 한편으로는 많은 문제점을 낳게 되는데 대표적인 것이 다양성을 용인하지 않는 이분법적 사고였다. 성리학 아닌 모든 학문에 배타적인 태도를 취하게 했고, 500년 조선 사상계가 성리학 하나로 점철되었다. 또한 맑음과 맑지 않음의 구분은 사람을 군자와 소인으로 나누어 군자를 정(正), 소인을 사(邪)로 파악하는 흑백 논리로 발전하여 소인은 악인이므로 제거되야 할 대상으로 단정짓게 된다. 이러한 현상은 조선시대 후기 당쟁 발발의 확고한 사상적 근거가 되었으며, 무엇보다 지치 실현을 위하여 전개된 유신이라는 개혁운동은 현실적인 요구에 따른 것이 아니라 관념적인 사상에 따른 것이므로 현실과 유리되는 결과를 낳았다. 지치주의가 폭넓게 자리잡은 조정 대신들은 이념적 도덕원칙에 몰입해서 현실적 행동들을 이단시까지 하기에 이른다.

그런데 조선 사회가 이렇게 고착되어 가는 중에 일본은 대략 1493년부터 1573년까지 약 100년간 전국시대를 이룬다. 각 지역간 다양한 세력들의 경쟁과 전쟁으로 많은 사상이 탄생하고, 새롭게 발굴된 인재들이 활발하게 활동했다. 오랜 전쟁으로 전략과 전술 그리고 무기들이 발달하기에 이른다. 1543년 포르투갈의 난파선이 일본에 표착했으며 이들은 두 자루의 조총을 얻는데, 전국 시대 말기가 되면 일본제 조총을 서양으로 수출하기에 이른다. 16세기 말, 유럽 전역의 총기가 4만 정이었던 것에 비해 일본 전국에 있던 총기는 80만 정이었다.

왜군 30만은 이 조총으로 무장하고 있었다. 웬만한 총탄도 막아낸다는 왜군의 갑옷 또한 오랜 기간 각 세력의 피나는 전투의 결과였고, 이후 설명될 사무라이의 칼도 그러한 다양한 세력들의 각축 속에서

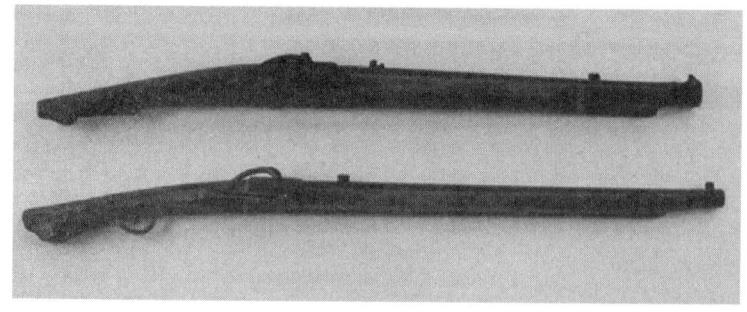

조총(鳥銃)_도 2
일본명 화승총으로 임진왜란 당시 위력을 떨쳤던 일본군의 개인화기로 이 총의 특징은 총신이 길며 탄환이 장거리에 미칠 수 있고 또한 발사과정에서 화승(火繩) 물림인 계두를 방아쇠로 당겨 화명(火皿)에 떨어지게 되어 있어 총신이 움직이지 않아 명중률이 좋은 편이다.

현실적 대안으로 탄생한 것이다.

　문신들의 관념적인 논쟁은 현실적인 제도 마련을 방해하고, 소모적인 사색당쟁의 원인의 빌미가 되어버린 조선의 상황에서 무신의 길을 선택한 이순신이 왜군의 전력을 이미 잘 파악하고 있는 상태에서 임진왜란에 임했다는 것은 그가 처한 시대적 상황을 순응하지 않고, 현실을 직시한 이순신의 면모를 더욱 두드러지게 한다. 그런데 이러한 주변 정세와는 상관없이 조선은 임진왜란에 대한 경고가 있었음에도 전란에 대한 방비를 소홀히 한 것은 물론, 계속된 현실과 동떨어진 논쟁 속에서 이순신은 모함을 받아 죽음의 고비까지 이르게 된다. 이러한 상황에서 일본의 침략을 당하게 된 것이다.

　1592년(선조 25) 4월 13일 발발한 임진왜란에서 왜군은 부산에 상륙한 후 파죽지세로 북진하여 1592년 5월 3일, 20일 만에 한양 입성에 성공한다.

　항상 당쟁(붕당정치)에 대해 부정적인 견해를 견지했던 이순신은 임진왜란 이전부터 당쟁을 비판하고 있었다. 다음 글은 아마도 1592년

(선조 25)에 작성한 것으로 보이는데 다음 해 일기 뒷장에 첨가되어 있다.

- 1593년(계사) 9월 15일 나라는 갈팡질팡 어지러운데, 충신으로 나설 이 그 누구인고! 서울을 떠난 것은 큰 계획이요, 회복은 그대들께 달려있나니, 국경이라 달 아래 슬프게 울고, 압록강 강바람에 아픈 이 가슴, 신하들아! 오늘을 겪고 나서도, 그래도 동인 서인 싸우려느냐!

이순신이 비판하고 있는 것은 동인, 서인 간의 싸움이다. 선조 대의 동인과 서인의 싸움은 훈구파와 사림파 간의 싸움이 아니라 사림파 즉, 조광조의 맥을 잇는 신진 사류 내에 붕당(朋黨)이 나뉘어 경쟁과 대립이 심화된 것이다. 이러한 대립에서 문벌 귀족과 훈구파의 과도한 권세에 불안을 느낀 왕권은 점차 이학, 도학을 강조하는 사림파와 손을 잡았고, 선조 대에 이르러 사림파는 훈구파가 일으켰던 사화를 극복하고 권력을 장악하게 된다. 그런데 지치주의 시각에서 보면 붕당 정치는 견제와 균형을 위한 당연한 것이었다.

이런 붕당 정치는 1575년(선조 8) 이조전랑직(吏曹銓郎職)을 둘러싼 김효원과 심의겸의 대립에서 비롯되었다. 전랑직은 직위는 낮으나(정5품) 인사권을 담당하는 중요한 직책이었다. 게다가 전랑직은 자신의 후임을 스스로 추천하는 자천권이 있어 전임자가 후임자를 추천하면 공론을 통해서 선출될 수 있었다. 바로 그 전랑직의 후임을 두고 동인(김효원)과 서인(심의겸)으로 나뉘게 된다.

임진왜란의 가능성을 보고할 때도 동인과 서인으로 나뉜 것은 잘 알려진 사실이다. 동인은 다시 서인에 대해 강건하냐, 온건한 태도냐에 따라 북인과 남인으로 나뉘게 된다. 서인 계열이었던 황윤길이 침입 가능성을 말했고, 동인 계열이었던 김성일은 반대로 이야기했다. 이순신은 동인, 그중 남인 계열인 유성룡과 그 세력의 지지를 받게 된다. 물론 이순신이 어떠한 정치적 견해를 가지고 유성룡과 어울린 것은 아니지만, 자신의 의지와는 상관없이 남인의 지지를 받은 이순신은 서인과 동인 중 북인의 배척을 받는가 하면, 모함 받아 죽을 위기에 처하기도 한다.

조부대에 일어난 기묘사화의 영향은 이렇게 자신의 뜻과는 상관없이 이순신을 옥죄었고, 이순신의 사후까지도 그가 세운 공을 두고 계파의 이해관계에 따라 대우 정도가 달라진다.

기묘사화(1519년)에 관련된 할아버지는 관직의 길이 막혔다. 이러한 때문인지 이순신의 아버지 이정(李貞)도 벼슬에 뜻을 두지 않았다. 조광조는 사후 50년만인 1568년(선조 1)에 복권되지만 조광조 계열의 사람들은 명종 때까지 끊임없이 수난을 당하게 된다. 복권 이전까지는 사화에 연루된 자손은 과거를 볼 수 없었으니 이순신 역시 문신으로의 출사길은 어려웠을 것이다. 물론 이순신에게 이런 배경이 당쟁을 부정적으로 바라보게 된 이유일 수도 있었을 것이다.

2) 이순신, 문반에 무반의 리더십을 결합시키다

이순신이 어렸을 때부터 무예의 자질이 월등하고 전쟁에 대해 관심이 많았기 때문에 당연히 무과시험을 보았을 것이라고 생각하면 옳지 않다. 이순신은 1566년, 늦은 나이인 22살에 이르러 본격적으로 무과 준비를 했고, 그 이전까지는 형들과 같이 문과 준비를 했다. 양반 사대부가였기 때문에 일찍부터 무예연습을 하지 못한 것으로 보인다.

1567년 명종에서 선조로 왕위가 이동하고 있던 시기로 조광조 일파에 대한 복권을 추진하고 있던 시기였으나 여전히 조광조는 복권되지 않았기 때문에 이순신이 문과가 아닌 무과를 보겠다는 명분을 삼을 수 있었는지 모른다.

　　이순신은 무예에 자질이 있고 관심이 많았던 것으로 보이지만 개인적으로 관심이 있는 것과 무과시험 준비는 구분해서 보는 것이 합당하다. 이는 법에 관심이 있는 것과 사법고시에서 요구하는 수준이 다른 경우와 비슷하다. 그런데 이순신이 마음은 있어도 무예 연습을 본격적으로 하지 못했을 이유는 또 있었다. 무과시험을 보려면 시험에서 요구하는 상당한 전문적 수준의 무예를 닦아야 했는데, 문신 집안에서 이것을 수련하기는 쉽지 않을 수밖에 없었을 것이다. 더구나 무과에서 요구하는 중요한 무예에는 기마(騎馬)가 있었다. 기마술을 익히려 죽마(竹馬)만 탈 수는 없는 노릇이다. 또한 여러 무예를 체계적으로 가르쳐주는 스승도 필요했으나 당시에는 지금처럼 학원이나 과외가 없을 뿐만 아니라 인적 네트워크도 제한 될 수밖에 없었다.

　　2008년 한 세미나에서 이민웅 교수는 이순신의 가세가 가난하지 않았다는 내용의 연구 논문을 발표 했다. 모친 변씨(卞氏)의 문기(文記 · 땅이나 집의 소유권을 증명하는 문서)에는 모친에게서 형 요신(堯臣)과 함께 외거노비 6~8명씩을 증여 받았으며, 충남 은진(恩津) 지방의 가옥과 토지도 받았다는 기록이 있다는 것이다. 여기에서 핵심은 왜 아버지가 아니고, 어머니가 물려주었는가 하는 점이다. 외가의 재산을 어머니가 증여받아서 이순신에게 물려주었을 가능성이 있고, 이것을 바탕으로 본격적인 과거 준비에 나섰을 수도 있다. 조선 전기만 해도 출가한 여성에게 재산을 물려주기도 했다. 이순신 집안의 재산인지, 어머니의 친정에서 나중에 받은 것인지 더 밝혀 보아야 하는 문제이다. 더구나 경제적인 여력이 되었다면 애써 데릴사위로 갈 이유가 있었는지 의문이 든다. 앞서 무과시험 과목의 비중에서 살펴보았듯 설령 이것이 옳다고 해도 경제적인 기반이 있다 해서 단순히 경제적인 요소에 무과 시험이 좌우되는 것은 아니기 때문이다.

송강 정철(鄭澈, 1536~1593)은 집안이 을사사화(乙巳士禍)에 연루된 유배가(流配家)의 자손이었기 때문에 16세까지 다른 사대부 자제들처럼 제대로 된 학문을 배우거나 과거 준비를 할 수 없었다. 김윤제(金允悌, 1501~1572)가 정철에게 경제적 뒷받침을 해주고 자신의 집에 있는 환벽당에서 10년간 공부시켰기 때문에 과거에 합격할 수 있었다. 이러한 후견인이 있지 않고서 서당에 다녀야 했다면, 적어도 1년에 세 가마 정도의 쌀이 필요하다는 연구 결과가 있다. 15년을 공부하려면 45가마의 쌀이 필요한 셈이 되는데, 당시 경제 개념으로 본다면 큰 부담이 아닐 수 없다. 문과시는 생원시, 진사시를 보고 성균관에 입교한 뒤에 그곳에서 공부하고 다시 대과를 치러야 관직에 갈 수 있었다. 보아야 할 책도 많고 시간도 많이 걸렸다. 무과는 원시와 향시를 보고 전시를 보면 관직에 나갈 수 있었다. 경쟁률도 문과만큼 높지 않았고, 합격만 한다면 문과보다 상대적으로 시간과 비용이 적게 들었다. 이러한 점 때문에 문과 합격자들이 무과 합격자들을 경시하기도 했던 것이다.

그렇다면 이순신은 어떻게 무과를 통과할 수 있는 무예 실력을 익힐 수 있었을까? 그것은 정철에게 김윤제와 같은 후견인이 있었던 것과 같은 이유이다. 이순신이 무예를 익힌 것은 1565년과 1566년으로 의견이 갈리기는 하지만 이순신이 결혼과 함께 무예를 닦은 것은 틀림없다. 이순신에게 데릴사위제는 무예에 관한 한 집안의 눈치를 보지 않아도 된다는 점, 경제적 측면, 무예 공부의 효용 측면에서 큰 도움이 되었다. 무엇보다 다음의 내용에서 보는 것과 같이 장인이었던

현충사 내, 이순신 생가

방진과의 만남은 이순신이 무신이 된 이유에 대한 큰 의구심을 해소시켜 줄 만한 근거가 된다.

> 방진은 무변(武弁) 출신으로 여력이 과인하고 기사에 능하였다. 방진은 누대로 아산 백암리에 살아 가세도 가난하지 않았다. 을축년 8월 모일에 성혼했다. 이로부터 순신은 방진의 아들겸 사위가 되어 처가인 아산 백암리에 향수단을 묻고 묘예의 악장인 방진에게서 전수 받았다.
> ― 김기환, 『이순신 세가』

무변이란 무과 출신의 벼슬아치를 말하며 여력은 완력(腕力), 근육의 힘을 뜻한다. 방진은 무과 출신의 무관이었고, 보성 군수를 지내기도 했는데 그는 전형적인 무관의 체격과 체력을 지녔던 것으로 보인다. 묘예(苗裔)는 어떤 가문의 여러 대를 걸친 먼 후손을 말하며 악장(岳丈·嶽丈)은 '장인(丈人)'을 높여 이르는 말이다. 이순신에게 장인은

2장. 문과 무의 결합, 하이브리드 리더십 • 53

경제적 지원뿐 아니라 무예에 있어서 좋은 스승이 되었을 것이다. 이러한 이유 때문에 데릴사위도 마다하지 않았을 수 있었을 것이다.

　방진과 이순신의 만남을 생각해보면 문신집안과 무신집안이 결합한 것이 된다. 이순신에게는 무과와 문과의 리더십, 이른바 '하이브리드(hybrid) 리더십'을 함양할 수 있는 좋은 계기가 된 것이다. 이것이 훗날 이순신을 다른 무과 출신들과 차별화 시키는 중요한 원인이 된다.

　새옹지마였다. 불행이 행운이 되고, 행운이 불행이 된다. 할아버지가 사화에 연루되어 앞날이 불투명하지 않았다면 장인 방진과의 만남으로 데릴사위가 되어 집을 떠나지도 않았을 것이다. 무과시험을 준비할 계기를 마련하게 되고, 임진왜란의 영웅을 넘어 오늘날까지 신화로 남는 이순신의 삶은 그래서 더욱 '새옹지마'라는 표현이 맞을 수 있을 듯하다. 다만, 이순신에게 사화의 그늘은 그를 끝까지 자유롭지 못하게 했다. 할아버지가 동조했던 조광조의 그늘은 이순신이 떠난 뒤에도 당파의 득세에 따라 이순신을 바로 평가하지 못하게 했다.

　자, 하이브리드 리더십 이야기로 돌아가 보자. 무과 무경 강독시간에 시관이 황석송 대목을 들어 이순신에게 물었다.

　"장량이 적송자를 쫓아 놀았다고 했으니 장량은 과연 죽지 않았는가?"

　"사람이 나면 반드시 죽는 것이 정한 이치요, 통감강목 임자 6월에 유후(留侯) 장량이 죽었다고 되어 있으니 어찌 신선을 따라 죽지 않겠습니까. 다만 꾸며진 말에 지나지 않습니다."

　무과 응시생이라 낮게 보고 있던 시관이 깜짝 놀라 이순신을 다시 보게 된다.

문관과 무관을 관통하는 리더십은 선비의 리더십이라고 할 수 있다. 선비는 지성을 위해 역사와 철학, 문학을 기본적으로 공부하고, 품성을 위해 시, 서, 화, 가(歌), 무(舞)같은 예술의 소양을 쌓았을 뿐 아니라 무사학의 3과목인 마, 궁, 검도 익혔다. 선비는 혼자만의 영달을 추구하지 않고 공동선을 추구했다. 수기치인(修己治人)이었다. 나라와 왕을 위한 것이 아니라 백성을 위하는 나라와 왕이 우선이었다. 그렇지 않은 왕이라면 맹자의 말처럼 갈아치워야 한다고 여겨 반정을 도모하기도 했다. 선비는 단순히 갓 쓰고 책이나 뒤적거리며 헛기침을 하는 존재가 아니라 행동하는 존재이다. 그렇지 않은 이들은 선비가 아니라 책상물림에 불과했다.

특히 선비는 위기 시에는 분연히 일어나 행동부터 보여주는 존재인 것이다. 언행이 일치했고, 학행이 일치했고, 심신이 일치했다. 그들은 외유내강, 선공후사(先公後私)했다. 또한 인의예지, 효, 충, 경을 품었으며, 그것을 잘 보여준 것이 이순신이다. 모든 사람을 긍휼히 여기는 인, 하늘을 우러러 부끄러움이 없는 행동하는 의, 자연 이치와 인간의 도리를 다하는 것에 지혜와 혜안을 갖춘 통찰을 실천하는 지, 이웃과 공동체, 사회, 나라에 대한 극진함과 책임의 충, 사람에 대한 존중과 배려의 경, 모든 관계에서 소통을 통한 신뢰의 신을 보여주는 것이다.

특히, 한국 선비의 리더십은 칼의 리더십이 아니라 활의 리더십이다. 따라서 이순신을 소설 『칼의 노래』와 같은 칼의 관점이 아니라 활의 관점에서 볼 필요가 있다.

3장
활의 리더
vs
칼의 리더

1) 조선 민족과 활의 정신

　1인칭 시점을 통해 이순신의 심리를 대변하는 듯이 보이는 김훈의 소설 『칼의 노래』는 칼의 관점에서 이순신을 바라보고 있다. '칼의 노래' 라는 상징적인 기호가 담고 있는 의미를 대표할 수 있는 명 구절은 다음 대목들인 모양이다. "칼로 베어지지 않는 것들을 칼로 벨 수는 없었다.", "칼로 적을 겨눌 때, 칼은 칼날을 비켜선 모든 공간을 동시에 겨눈다. 칼은 겨누지 않은 곳을 겨누고, 겨누는 곳을 겨누지 않는다. 칼로 찰나를 겨눌 때 칼은 칼날에 닿지 않은, 닥쳐올 모든 찰나들을 겨눈다." 칼을 마주 대하고 있는 이순신의 실존적 고민에서 나올 듯한 말들이다.
　독자들은 선명한 감성의 떨림을 칼날을 느끼듯이 선뜩하게 받아들일지도 모르겠다. 순결하고 한없는 단순성, 그것이야말로 세상을 모두 깨끗하게 베어버릴 수 있을 것이고, 복잡한 이론이나 사상보다 원칙과 소신의 단순성을 이른다면 더 할 말이 있을까. 임금은 칼로 적군을 베고, 적군을 베지 않으면 살아 돌아오지 말라고 할 법하다. 어쩌면 그 논리를 가장 잘 받아들인 것은 이순신이 아니라 원균이 아니었을까? 그는 끝까지 적군의 머릿수에 집착해 전투보다 죽은 채 바다에 떠다니는 왜병의 목을 베러 돌아다녔으니 말이다. 적을 베어오지 않았으니 너는 공적이 없는 게 아니냐는 왕의 불호령에 마음 졸인 것은 이순신이 아니라 원균이었을 게다.

그런데 소설 『칼의 노래』에서 그려진 것처럼 이순신이 그렇게 칼에 의미를 부여했을까. 김훈의 소설만 아니라 수많은 영상매체들이 칼에 의미를 부여하지만, 이순신은 칼보다는 다른 것을 통해 실존적 자유를 구했을지 모른다. 광화문의 이순신이 차고 있는 큰 칼, 그 칼을 이순신의 분신으로 생각할 수 있다. 심지어는 그 거대한 칼로 왜적을 베고 나라를 지켰을 것이라고 생각한다. 이러한 생각에 어떤 이들은 이순신이 칼의 달인이라고 생각한다. 동상과 같이 엄청난 체격의 거친 무장 이순신이 항상 칼을 차고 있는 모습을 그린다면 말이다. 칼을 뽑으면 모든 적들이 그 칼에 추풍낙엽이 되는 환상이 그려지기도 한다. 더구나 이순신은 다음과 같은 말도 하지 않았는가.

三尺誓天 山河動色 (삼척서천 산하동색)
一揮掃蕩 血染山河 (일휘소탕 혈염산하)
석자 되는 칼로 하늘에 맹세하니 산과 물이 떨고,
한번 휘둘러 쓸어버리니 피가 강산을 물들인다.

하지만 이순신의 정체성은 칼에 있지 않았다. 활에 있었다. 활은 민족의 정체성과도 맞물려 있는 것이었다. 활쏘기는 정(靜)과 동(動)의 예술이다. 정과 동이 하나가 되는 순간에 화살은 과녁을 꿰뚫는다. 이렇듯 활은 음양의 조화의 상징이자 행동 매개체로 조선민족에게 딱 맞는 것이었다. 전쟁무기, 사냥도구, 나아가 신체 단련과 오락도구였고, 공동체 정신과 정신 수양의 매개체였다.

앞서 무과시험 과목에 대해서 살펴보았다. 그 과목에서 도(刀)나 검(劍)에 대한 시험 과목이 있었는지 생각해 보자. 각종 활에 관한 시험만이 있었을 뿐이다. 무엇보다 이순신은 활 속에서 성장했다. 유성룡은 『징비록』에서 다음과 같이 이순신의 어린 시절을 기록했다.

> 이순신은 어렸을 때 영특하고 활달했다. 그는 여러 아이들과 함께 놀 때에도 나무를 깎아 활과 화살을 만들어 길거리에서 놀았는데, 그 마음을 거스르는 사람을 만나면 그의 눈을 쏘려고 하였으므로 어른들도 혹은 그를 꺼려 감히 그 군문 앞을 함부로 지나가지 못했다. 이순신은 자라서는 활을 잘 쏘았으므로 무과武科를 거쳐서 출세했다.

유성룡은 이순신이 화살을 잘 쏘았다고 말하는데, 칼을 다루었다는 것에 대해서는 언급하고 있지 않다. 이순신은 어렸을 때부터 칼을 쓰지 않았고 청년시절, 무예 연습하는 과정에서도 사용하지 않았다. 무과시험에 칼 쓰기가 없었기 때문이다. 그렇다면 활은 단지 무과시험에만 있었기 때문에 애용되었을까? 문화적 맥락에서 보아도 조선 민족은 칼의 역사가 아니라 활의 역사를 가진 민족임을 우리는 잘 알고 있다. 영화에서는 흔히 활극 장면에 칼이 등장한다. 멋진 칼을 들고 화려한 몸 사위를 통해 액션의 진수를 보여주지만 실제 전투에서 칼은 많은 살상을 하지 못한다.

우리가 액션 영화에서 보는 흔한 장면 중 하나는 칼을 화려하게 휘두르는 동양인을 가만히 기다렸다가 총 한 방으로 쏘아 끝내는 것이다. 뭔가 잔뜩 공격할 자세로 화려한 검술을 보이면서 주인공을 위협하는데 주인공은 권총으로 쏘아 간단하게 처치한다. 대표적으로 〈인디아나존스 1〉에서 이러한 장면이 나오는데 비단 할리우드 영화뿐만 아니라 많은 영화에서 구도는 다르지만 변형하여 단골로 쓰는 장면이다. 이 총에 해당하는 것이 활과 화살이다.

동북아에서의 활과 화살은 역사적으로 서양과는 다른 문화적 의미를 지닌다. AD 4세기 후반, 흉노족이 초원길을 따라 서쪽으로 이주했는데 서구에서는 이주라기보다는 침입이라고 이른다. 375년 흉노족의 압박으로 말미암아 흑해 연안에서 살고 있던 게르만족의 일파인 서고트족이 이동하면서 국경 수비가 소홀해진 로마 제국에 침입하게 되었다. 서고트족은 남프랑스와 에스파니아 북부에 자리를 잡기 시작했고 동고트족은 이탈리아에, 반달족은 아프리카에, 프랑크족은 라인 강의 중하류 왼쪽 기슭에, 앵글로 색슨족은 브리튼으로 이동하여 각기 그들의 나라를 세웠다. 이들은 그렇게 서유럽에 골고루 퍼져 나갔고, 게르만족은 날이 갈수록 세력이 커져 당시 거대 제국인 로마 군대를 위협했다. 점차 로마 군대는 게르만의 용병으로 채워졌고 로마 제국의 세력은 게르만의 손으로 넘어가기 시작했다. 결국 476년 게르만 장군 오도아케르의 반란으로 서로마 제국은 멸망했고 서양의 고대 시대는 끝났다. 이로써 오늘날의 독일, 프랑스, 이탈리아 등의 나라가 형성되었는데 흉노족의 영향은 이렇게 서양 역사에 엄청난 흔적을 남기게 된다. 그 흉노족의 지도자가 아틸라(Attila, 406?~453)다. 그는 동쪽은 카스피해에서 서쪽은 라인강에 이르는 지역을 지배하는 대제국을 건설했다. '니벨룽겐의 노래' 등의 전승문학(傳承文學)에는 에

첼·아틸리 등으로 나타난다.

지배자로 불리는 무시무시한 흉노족이 사용했던 무기는 무엇이었을까, 게르만족이나 로마 군대처럼, 전차나 창, 칼을 사용했을까? 그렇게 무지막지한 무기를 휘둘러대는 것은 엄청난 힘을 필요로 하는데, 체구가 작은 흉노족에게는 적합하지 않았다. 흉노족의 주요 무기는 활과 화살이었고, 놀랍게도 그들은 말에서 화살을 자유자재로 쏘아댔다. 빨리 달리는 말에서 화살을 쏘는 흉노족, 기마술 중에서도 기전(騎箭)은 낮게 뜬 비행기에서 기관총을 쏘는 것과 같은 것이다. 기병들이 한번 지나가면 순식간에 수십 명의 병사들이 우수수 땅에 떨어진다.

아틸라와 그가 속한 훈족이 한반도의 한(韓)민족과 민족 계통이 같다는 주장이 제기되기도 했다. 역사학 전문잡지인 「백산학보」 66호에서 이종호 박사는 훈족이 조선 민족과 같은 몽골리안이라고 주장했다. 그는 세 가지를 주목했다. 훈족에게 몽골리안 반점이 발견되고, 훈족이 그들 특유의 활인 복강궁을 사용했으며, 그들의 머리 골상이 편두(偏頭)라는 사실이다. 특히 훈족이 사용한 복강궁(예맥각궁, 濊貊角弓)이 고구려 고분벽화인 무용총 수렵도에 나타난 고구려의 활과 똑같아 이것이 중국 고대문헌에서 확인되는 예맥족 특유의 활이라고 했다.

말을 잘 타기로 소문이 난 몽골족, 그들이 세계를 제패할 수 있었던 것은 단지 말을 잘 탔기 때문이 아니라 자유자재로 말 타기를 하면서 활을 쏠 수 있었던 덕분이다. 특히 초원 지대에서 살았던 유목, 기마민족들은 시력이 밝아서 더 활을 잘 쏘았다. 조선도 활의 문화였다. 사실 조선은 쥬신을 한자로 옮긴 것에 불과하다. 쥬신에는 넓게 훈족과 몽골족이 모두 포함된다. 동이족은 한족이 쥬신족을 그렇게 부른 것이다. 잘 알려져 있듯이 동이(東夷)는 동쪽에 사는 큰 활을 차고 다

고구려 고분벽화인 무용총 수렵도에 나타난 고구려의 활

니는 오랑캐라는 뜻이다. 이(夷)는 대(大)와 궁(弓)자를 합쳐놓은 글자다. 동이는 결국 동쪽의 큰 활잡이 곧 대궁인(大弓人)이란 뜻이다. 동이족 자체가 활을 잘 쏘는 사람들이라는 뜻이 된다.

고구려의 추모(주몽)는 활을 잘 쏘는 사람이라는 뜻이며, 조선을 새롭게 연 이성계도 활을 잘 쏘았던 장수로 유명하다. 이성계는 왜구와 싸울 때 깃을 단 화살로 왜적의 왼쪽 눈만 쏘아 맞혔고, 송도 성문 밖에서 사냥할 때 꿩을 날아가게 한 뒤 고도리살(화살촉을 피나무로 둥글고 뭉뚝하게 만든 나무 화살)로 쏘아 잡았다. 시, 서, 화 삼절의 문예부흥군주 정조도 신궁(神弓)이었다. 50대의 화살을 쏘면 49대를 명중시켰다. 마지막 화살은 언제나 허공으로 날려버리거나 풀숲을 향해 쏘았다. 그때마다 이런 말을 했다.

"활쏘기는 참으로 군자의 경쟁이니, 군자는 남보다 더 앞서려 하지 않으며 사물을 모두 차지하는 것도 기필(期必)하지 않는다."

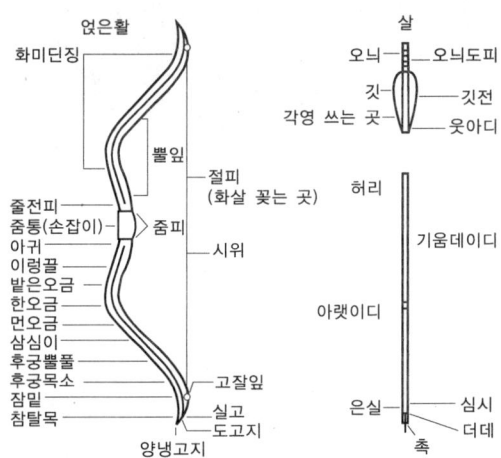

한민족은 활의 문화를 가졌고 무신의 역사도 활에서 비롯됐다. 활과 화살의 각 명칭 _도 3

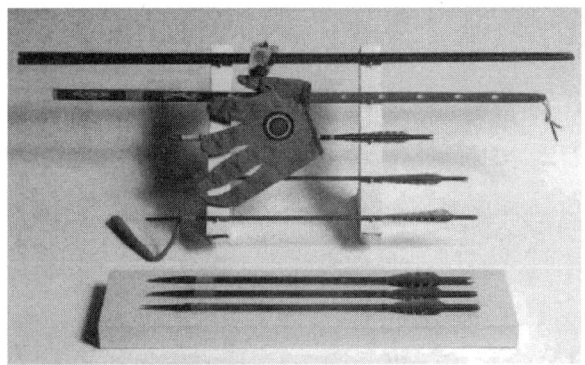

편전 _도 3

임진왜란 전투에 사용되었던 가장 중요한 화살중의 하나는 편전이다. 고려전 아기살 통전이라고 불리는 매우 작은 이 화살은 통아(덧살)이라는 보조기구를 사용하여 발사하는 것으로 사거리가 매우 멀며, 작고 날아가는 속도가 빨라서 적이 보고 피하기 어렵고 적이 줍더라도 돌려쏘지 못하는 장점으로 조선조에서는 발사법을 비밀로 여겨 왜인 야인이 많은 곳에서는 편전의 발사를 금지하였던 비밀병기였다.

정조에게 활쏘기는 기술이 아니라 예술이요, 깨달음의 길이었다. 이는 정조에게만 해당하는 것이 아니라 조선민족의 모든 궁사에게 해당하는 것이었다. 예로부터 칼을 잘 쓰는 사람이 아니라 활을 잘 쏘는 사람을 더 쳐주었던 것은 활에 상무정신뿐만 아니라 선비정신이 담겨 있기 때문이다. 실학자인 이익은 우리나라의 활 솜씨가 뛰어난 것은 명절에 노소 관민 등 할 것 없이 활 솜씨를 겨루는 향사가 국속으로 되어있기 때문이라고 했다. 특히 아녀자들도 향사에는 참여했고 함경도서에서는 부녀자들이 말을 달리며 활을 쏴 과녁을 맞히는 마상재의 전통이 있다는 점을 지적했다.

독일 철학자 헤겔은 활에 대해서 조예가 깊었고 저작도 많이 남겼는데, 그는 서양과 동양의 활쏘기에 대해 비교했다. 외관사와 내관사의 차이라는 것이다. 서양인은 눈을 과녁에 조준한다. 즉 외관사(外觀謝)다. 이에 반해 동양인은 눈을 마음에 조준한다. 즉 내관사(內觀射)다. 한국인이 활을 잘 쏘게 된 이유는 내관사의 조건인 심신을 합일시키는데 능하기 때문이다.

궁사는 허공을 가르며 자신의 마음을 쏘는 것이다. 이순신도 결국 자신의 마음에 화살을 쏘았다. 활을 당기는 팔은 동(動)이고, 땅을 버티고 선 두 다리는 정(靜)이다. 또 날아가는 화살은 동이고, 과녁은 정이다. 정중동의 예술인 것이다. 모든 시름, 모든 시간, 모든 공간이 '사라진' 삼매경의 시공간이다. 이러한 지적은 흔히 나오지만 가만히 앉아서 쏘는 것이 최고의 경지는 아니었다. 움직이면서 쏘는 것 그것은 바로 동정중이니, 결국 활쏘기는 정중동이나 동정중의 기예이다. 더구나 화려한 검술로 전장에서 큰일을 했다는 위인 이야기는 한국 역사에서 찾아볼 수 없다. 임진왜란 때 전장에 참여했던 실학자 이수광은 창은 명나라, 칼은 왜, 활은 조선이라고 했다.

일본은 사무라이, 칼의 역사이지만 우리나라는 활의 역사이기 때문에 검(劍)은 상징적인 의미로 많이 남아 있다. 검은 근거리의 적을 살상하거나 두 사람의 결투에서는 적합하지만 치열한 전투가 벌어지는 전장에서는 그 위력을 발휘하기가 힘들다. 또한 수많은 외침의 역사에서는 근거리전보다는 공성전과 성을 중심으로 한 전투가 많아 칼보다 활쏘기를 무과시험에서 중요하게 여겼던 것이다. 더구나 장수라면 지휘를 해야 하기 때문에 직접 칼을 들고 적을 베는 일은 드물었다. 이렇게 칼에 대한 상대적인 배제의 결과로 조선 군사가 왜군보다 칼을 못 쓰는 결과를 낳았고, 그나마 잘 쏘는 활도 조총에 밀리고 말았다. 이순신은 1593년의 한 편지에서 다음과 같이 말하고 있다.

> 하나, 오랑캐의 근성은 언행이 경박하고 거칠며, 칼과 창을 잘 쓰고 배에 익숙해 있으므로, 육지에 내려오면 문득 제 생각에, 칼을 휘두르며 돌진하고, 우리 군사는 아직 정예롭게 훈련되어 있지 않은 무리이므로, 일시에 놀라 무너져 그 능력으로 죽음을 무릅쓰며 항전할 수 있겠습니까.

조선군이 왜군에 비해 칼을 사용해야 하는 육지전에 약했음을 지적하고 있다. 이는 활 중심의 군사 훈련 결과였다. 임진왜란 중 왜군의 활은 대나무로 만든 것이었고, 조선군은 각궁(角弓)과 편전(片箭)을 사용했다. 각궁은 뿔을 깎아 만들어서 탄력성이 뛰어나 사거리에서 일본 활을 능가했고, 편전은 속도가 빠를 뿐만 아니라 사정거리도 길고 관통력이 뛰어났다. 비행거리가 300m 이상으로, 50m밖에 되지 않던 조총을 뛰어 넘었다.

『난중일기』를 비롯하여 어디에도 이순신이 검술 훈련을 했다는 이야기는 없다. 장수들이나 병사들이 검을 가지고 무엇을 했다는 말도 없다. 그러나 혼자 있을 때나 사람들과 어울릴 때, 훈련을 할 때 활을 쏜 이야기는 무수하게 등장한다. 『난중일기』에 등장하는 이순신의 활쏘기는 250여 회에 이른다. 한 번에 쏜 화살은 다섯 순에서 열다섯 순, 많게는 스무 순에 이르기도 한다. 대개 열 순을 쏘았다고 기록한 것이 많다. 1순(巡)은 5대이므로 한번 쏘면 보통 50대의 화살을 쏜 것이 되는데 『난중일기』에 기록된 것만 합해도 1만 2천여 발을 쏜 것이 된다. 누락된 일기들을 생각해보면 훨씬 더 많은 화살을 쏘았음을 미루어 짐작할 수 있다.

『난중일기』에 따르면 1592년 1월부터 4월까지는 활 쏘는 모습이 자주 보이는데 임진왜란이 일어난 1592년 5월부터 연이은 해전이 벌어지면서 전투하느라 따로 활쏘기를 하거나 1592년 5월의 사천 해전에서 입은 어깨 관통상으로 활을 쏠 여력이 없었던 듯 5월 이후에는 기록이 없다. 또한 1592년의 후반부 일기가 누락되어 1593년까지 활을 쏜 기록을 더는 찾아볼 수 없다. 이순신은 주위 사람들에게 보낸 편지에서 옥포 해전에서 입은 상처가 쉽게 낫지 않는다고 했는데, 어깨 부상은 상당한 기간 활 쏘는 데 영향을 준 것으로 보인다. 다음은 『난중일기』에 섞여있는 편지글이다.

> 접전할 때에 조심하지 않아 적탄을 맞았으나 죽음에 이를 만큼 다치지는 않았습니다. 연일 갑옷을 입고 있는데다 다친 구멍이 넓게 헐어 궂은 물이 줄줄 흘러 아직도 옷을 입을 수 없으며, 밤낮을 잊고서 혹 뽕나무 잿물로 혹 바닷물로 씻어 보지만, 아직 별로 차도가 없으니 민망합니다.
> — 1592년 사천 해전 이후의 편지

어깨뼈를 깊이 다쳐 아직도 활시위를 당길 수 없어 버린 몸이 되었습니다. 활을 쓸 수도 없고 또 활시위를 당길 수 없어 민망스럽습니다. 임금에게 충성하는 일에는 생각만 바쁘며, 몸의 병이 이 지경까지 이르렀으니, 북쪽을 바라보며 길이 탄식할 따름입니다.
— 1592년 사천 해전 이후의 편지

1593년까지 한동안 활을 쏜 기록이 뜸했던 가장 큰 원인은 이러한 상처 때문이었고, 그 뒤 1594년으로 들어서면서 본격적으로 활을 많이 쏘는 모습이 보인다. 활터에서 사람들을 만나든지 죄인을 심문하거나 곤장도 치고 문서를 결재하는 등의 공무를 본다. 1594년 7월 17일에는 명나라 장수 파총 장홍유(張鴻儒)를 활터에서 맞기도 한다. 활터는 이순신의 일상생활 공간이자 공적 공간이기도 했던 것이다.

정유재란이 일어난 1596년 12월 전후로 활을 쏜 기록이 거의 없는데 투옥, 백의종군, 질병, 전투 등과 함께 무술(1598년) 일기의 많은 부분이 소실되었기 때문이다. 진중에서의 활쏘기 생활은 어떠했을까? 이순신은 별 다른 일이 없는 맑은 날이면 어김없이 활을 쏘았다. 공무를 보고 나서 남는 시간에 활을 쏘아 거의 유일한 낙이 활쏘기가 아닌가 싶을 정도다.

이순신의 활쏘기는 여러 유형으로 나누어 볼 수 있다. 대개 공무를 끝낸 후 혼자 활을 쏘고는 했는데, 임란 발발 이후 혼자가 아니라 둘 또는 여럿이 함께 활을 쏜 것이 눈에 들어온다. 군관들이나 다른 사부(射夫)들에게 시합이나 활쏘기를 하게 하는가 하면 직접 편을 갈라 시합을 하고 이야기를 하거나 여흥을 즐기면서 술이나 떡 같은 음식을 내기했던 장면도 확인할 수 있다.

[혼자 쏘기]

- 1592년 4월 14일(양력 5월 24일) 동헌에 나가 공무를 본 뒤에 활 열 순을 쏘았다.
- 1594년 1월 26일(양력 3월 17일) 아침에 활터 정자로 올라가서 활 열 순을 쏘았다.

[둘이 쏘기]

- 1593년 3월 17일(양력 4월 18일) 우수사와 함께 활을 쏘았다. 모양이 형편없으니 우습다.
- 1593년 6월 16일(양력 8월 2일) 충청 수사와 함께 활을 쏘았다.

[여럿이 같이 활쏘기]

- 1593년 9월 초9일(양력 10월 3일) 식사를 한 뒤에 모여서 산마루에 올라가서 활 세 순을 쏘았다.
- 1593년 5월 초4일(양력 6월 2일) 우수사 및 군관들과 함께 진해루에서 활을 쏘았다. 순천 부사도 모여서 약속했다.
- 1594년 2월 15일(양력 4월 5일) 순천 부사, 우조방장, 우수사의 우후, 발포 만호, 여도 만호, 강진 현감 등이 함께 와서 활을 쏘았다.
- 1595년 3월 24일(양력 5월 3일) 공문을 결재했다. 저녁나절에 세 조방장과 함께 활을 쏘았다.

[활쏘기 시합시키기]

- 1592년 1월 12일(양력 2월 24일) 식사한 뒤에 객사 동헌에 나갔다. 본영 및 각 포구의 진무들에게 우등을 가리는 활쏘기를 시합했다.
- 1592년 3월 15일(양력 4월 26일) 흐리며 가랑비 오다가 저녁나절에 개

있다. 다락 위에 앉아서 활을 쏘고, 군관들에게는 편을 갈라 활을 쏘게 했다.

[직접 편 갈라 활쏘기]

- 1593년 3월 15일(양력 4월 16일) 우수사가 이곳에 왔다. 여러 장수들이 관덕정에서 활을 쏘는데, 우리 편의 장수들이 이긴 것이 66푼이다. 그래서 우수사가 떡과 술을 장만해 왔다.
- 1593년 3월 16일(양력 4월 17일) 여러 장수들이 또 활을 쏘았다. 우리 편 여러 장수들이 서른 푼 남짓 이겼다. 원균도 왔다. 많이 취해서 돌아갔다.

[여흥과 활쏘기]

- 1592년 3월 16일(양력 4월 27일) 순천 부사가 환선정에 술자리를 베풀었다. 겸하여 활도 쏘았다.
- 1592년 7월 5일(양력 8월 20일) 우수사 충청 수사가 같이 왔다. 여도 만호는 술을 가져와 같이 마셨다. 활 열여섯 순을 쏘았다. 너무 취해서 수루에 올랐다가 밤이 깊어서야 헤어졌다.

1594년 1월 22일과 25일의 기록을 보면 "아침에 전라우수사 우후(이정충)가 와서 같이 아침밥을 먹고 저녁나절까지 활을 쏘았다"라며 하루 종일 밥만 먹고 활을 쏜 적도 많음을 짐작할 수 있다.

자주 활을 쏘았던 사람으로는 충청우수사 정걸 이외에 전라우수사 이억기, 순천 부사 권준, 여도 만호 김인영, 녹도 만호 정운, 가리포 첨사 이응표, 사도 첨사 김완, 발포 만호 황정록 등이 언급되었고, 정걸은 당시 진중에서 가장 활을 잘 쏜 것으로 여겨진다. 1594년 6월

14일 일기를 보면 "충청 수사, 사도 첨사, 여도 만호, 녹도 만호와 함께 활 스무 순을 쏘았는데 충청 수사가 가장 잘 맞혔다"고 되어 있다. 그렇게 앙숙지간이었던 경상우수사 원균과도 여러 차례 활을 쏘았고 함께 술도 잘 마셨다.

이순신은 업무의 스트레스와 고민의 응어리를 활을 통해 풀었으며 지휘관들과 활을 통해 인간적인 관계를 맺었다. 그리고 활을 통해 자신의 수양을 쌓아 나갔으며 휘하의 사람들을 단결하게 만들고 우의를 다지게 했다. 활터에서 하루가 시작되고 하루가 마감되었다. 이러한 일련의 활쏘기를 보면 이순신이 무슨 칼을 썼느냐가 아니라 무슨 활을 썼느냐가 더 중요해 보인다. 그러나 이순신이 직접 사용한 활에 대해서는 남아있는 자료가 거의 없는 실정이다.

이순신의 기마 훈련에 대해서는 활쏘기에 비해 『난중일기』 두 곳에서만 말하고 있다.

- 1596년 5월 15일(양력 6월 10일) 식사를 한 뒤에 나가서 앉아 있다가 들으니 한산도 뒷산 마루로 달려 올라가 다섯 섬과 대마도를 바라보았다고 했다. 그래서 혼자 말을 타고 올라가서 이를 보니 과연 다섯 섬과 대마도가 보였다.
- 1596년 8월 초1일(양력 8월 24일) 오후에 활터로 가서 말을 달리다가 저물어서 돌아왔다.

8월 1일의 일기에서 직접 말을 타고 달렸다는 것은 일종의 개인적인 기마 훈련을 가리키는 것으로 보인다. 이러한 모습은 『난중일기』에서 유일하게 등장하는 말타기이다. 1596년에는 말에 대한 기록이 많이 나오지만 그 기록은 모두 말 타는 것을 지켜보거나 아들들의 말

타기와 활쏘기를 지도한 것으로 보이며, 자신이 직접 말을 탔다는 이야기는 없다.

- 1596년 8월 11일(양력 9월 3일) 조방장 배흥립과 함께 아침 식사를 하고 저녁나절에 그와 같이 활터에 가서 말 달리는 것을 구경하고서 저물 무렵에 영으로 돌아왔다.
- 1596년 8월 21일(양력 9월 13일) 식사를 한 뒤에 활터 정자에 가서 아들들에게 활 쏘는 연습과 말 달리며 활을 쏘는 것을 시켰다.
- 1596년 윤8월 5일(양력 9월 26일) 활터 마루에 가서 아이들아들들이 말 달리고 활 쏘는 것을 구경했다.
- 1596년 윤8월 6일(양력 9월 27일) 아침밥을 먹은 뒤에 경상 수사 및 우수사와 함께 활터 마루로 가서 말 달리고 활 쏘는 것을 구경하고 저물어서 돌아왔다.
- 1596년 윤8월 8일(양력 9월 29일) 식사를 한 뒤에 활터 마루로 가서 말 달리고 활 쏘는 것을 구경했다.

중요한 무예의 척도인 말타기도 활에 밀린 듯 보인다. 이순신을 첫 시험에서 떨어지게 하고 전시에서 좋지 않은 성적을 나오게 했던 말타기, 그 말타기는 이순신에게 이제 결정적으로 중요하지 않게 된다. 말타기를 하면서 기창이나 격구 또는 어떠한 무예 훈련을 했다는 기록이 『난중일기』에 역시 보이지 않은 이유는 이순신이 근무했던 지역의 특수성과도 연관이 된다. 바다와 해안에서 벌어지는 해전은 육지의 전투와는 확연하게 다를 수밖에 없다. 이 점을 들어 이순신은 진중의 무과시험을 다르게 쳐야 한다고 주장하기에 이른다.

먼 바다와 외딴 섬에서는 말 달릴 만한 땅이 없으니 말을 타고 달리면서 활을 쏘는 것은 편전을 쏘는 것으로 바꾸는 것이 편리할 것으로 생각되어 품의 합니다.

— 1593년 12월 29일 장계

당시에 부족한 병사와 군관의 수를 채우기 위해 진중에서 자체 시험을 치르며, 지형에 맞는 전법을 모색하여 달리는 말에서 쏘는 활을 편전으로 바꾸는 것에 대해 장계를 보낸다. 그렇다고 이순신이 해전에 대해 전략을 세우느라 말을 등한시 한 것은 아니다.

왜적이 만약 배를 이용하여 본 전라도로 온다면 신이 해전에서 목숨을 바쳐 이들을 막아내겠습니다. 그러나 육지로 침범해 오면 본도인 전라도의 군사들은 전투마가 한 필도 없으니 대응할 방법이 없습니다.

— 1592년 5월 10일 장계

1592년 첫 승첩을 알리는 옥포승첩 장계에서 전투마를 기르기 위해 섬이나 해안에 우수한 말들을 기를 수 있는 방안과 이의 중요성을 보고하고 있다. 수전은 기마가 아닌 활과 총통을 사용했다. 물 위에서 배를 타고 전투를 해야 하기 때문에 정확하게 활을 쏘는 것이 더 중요했다. 병사가 부족했으므로 진중 무과시험을 통해 바로 전투에 배치할 수밖에 없었다. 그 결과 진중 무과시험 과목은 모두 활쏘기였다.

철전은 다섯 발씩 열 발을 쏘아 두 번 맞추는 것 이상으로 하고 편전은 다섯 발을 한 순에서 한번 맞추는 것으로 하되 모두 군관들이 활 쏘는 예에 따라 나누어서 시험을 보게 하여 합격자 100명을 1,2,3등으로 구분하고 사는 곳, 하는 일, 이름 및 아버지의 이름과 나이 등을 아울러 별지에 기록하여 올려 보냅니다.
― 1594년 4월 11일 장계

시험을 실시하고 그 결과를 보고한 장계에서도 활쏘기만 있을 뿐 검술이나 검법에 관한 내용은 없다. 역시 조선 무과의 쌍벽 중 하나인 말타기는 생략하고 활쏘기 결과로 1,2,3등을 구분했을 뿐이다. 특히 일반 화살보다 당시에 명나라도 깜짝 놀랐다는 편전이 중요했다. 그러나 칼에 비해 활은 일정한 거리를 유지하지 않으면 근거리 육박전에서는 화살 한 대로 입힐 수 있는 치명상에 한계가 있었지만 해전에서는 적과 바로 육박전을 하는 일이 적었기 때문에 활쏘기, 그중 편전의 사용은 더욱 중요했다. 문제는 배에서 활을 쏘는 것은 보통 실력으로는 감당하기 힘들었다는 것이다. 달리는 말을 타고 활을 쏘는 육지에서의 전투도 힘들지만 그에 못지않게 파도와 바람에 심하게 흔들리는 배를 탄 채 바다에서 화살을 쏘는 것 역시 보통의 실력을 뛰어넘어야 했기에 활쏘기 훈련을 더욱 강화해야 했다.

수군통제영이 있던 한산도의 활터 한산정은 이순신이 바다를 사이에 두고 활을 쏘도록 만든 곳이다. 배에서 배를 향해 활을 쏘아야 하는 병사들에게 거리감각을 익히게 하려는 뜻이 담겨있다. 칼을 잘 사용하는 왜적들은 주로 배가 부서지면 바로 육지로 달아났는데 이에 비해 근거리 전투에 약했던 조선 수군은 육지로 쫓아갈 필요 없이 화살을 쏘아 살상하고 마지막으로 칼로 확인사살을 했다. 현대전에서 보병이 살아 있는 패잔병을 칼로 확인 사살하는 수준인 것이다. 물론 이렇게 하면 이제는 제네바 협약 위반이지만 말이다.

요컨대, 당시의 활과 관련한 여러 정황을 보면, 광화문의 이순신 동

[이순신의 활 쏜 기록(1592~1596년)]

1592년
1월 14, 25, 30일 — 3회
2월 2, 3, 5, 8, 12, 16, 21, 28일
     — 8회
3월 1, 7, 10, 12, 15, 16, 25, 26일
     — 8회
4월 1, 10~14, 17일 — 7회

1593년
2월 15일 — 1회
3월 15~17일 — 3회
5월 4, 13, 15일 — 3회
6월 3일 — 1회
9월 9일 — 2회

1594년
1월 22, 25, 26일 — 3회
2월 1~3, 5, 9, 11, 15~18, 28일
     — 11회
3월 2일 — 1회
5월 28일 — 1회
6월 1, 2, 5, 6, 8~11, 14, 16, 20, 21,
     24~27, 29일 — 17회
7월 2~5, 7, 11, 12, 15, 17,
     22~25일 — 13회
8월 3~6, 12, 20, 23, 25~27일
     — 10회
9월 4, 6, 9, 10, 14, 17, 18, 21일
     — 8회
10월 24일 — 1회
11월 22일 — 1회
　　 —10월과 11월 12월은 가장 추운
　　 겨울에 해당하므로 활을 잘 쏘지
　　 않았던 것으로 보인다.

1595년
1월 17, 18일 — 2회
2월 6, 12일 — 2회
3월 15, 19, 24, 26~29일 — 7회
4월 3, 4, 8, 9, 11, 17, 18, 21,
     26~28일 — 11회
5월 3~10, 16~19, 21, 23, 24, 27일
     — 16회
6월 1, 3, 4, 14, 15~18, 23, 26, 27,
     29, 30일 — 13회
7월 2~6, 8, 11~15, 20일 — 12회
8월 11, 12, 17일 — 3회
11월 1일 — 1회

1596년
1월 17, 21, 26, 28, 29, 30일 — 6회
2월 1, 4, 5, 9, 11, 16, 20, 22일
     — 8회
3월 18, 23, 26, 27일 — 4회
4월 11, 12, 18, 21~23일 — 6회
5월 3, 6, 8, 13~15, 18, 21, 22, 24,
     26일 — 11회
6월 2, 4~9, 11~20, 24~27, 29일
     — 22회
7월 2, 3, 5, 7~9, 11~13, 15, 16, 24,
     27~29, 30일 — 16회
8월 1, 3, 9, 11~13, 21일 — 7회

상이나 『칼의 노래』를 생각하여 이순신의 칼에 대해서만 대단한 의미 부여를 하는 것은 옳지 않다. 이순신이 세상을 베고 적을 벤 것은 칼날이 아니라 화살촉의 날카로움이었다. 이순신 동상의 모습은 활을 들고 화살통을 어깨에 맨 모습이 옳다. 이순신과 칼과는 거의 관련이 없기 때문이다. 단지 칼은 실제적 의미가 아니라 상징의 의미일 뿐이다. 『칼의 노래』가 가진 허구성도 여기에 있다. 이순신은 언제나 어느 시간이나 화살의 과녁을 겨누고 있었다. 화살이 허공을 가르는 단순한 소리. 그 속에 이순신은 모든 실존적 고민을 실어 보내고 실어오고 있었다고나 할까. "화살로 꿰뚫지 못하는 것들을 화살로 꿰뚫을 수는 없었다.", "화살로 적을 겨눌 때, 화살은 화살촉을 비켜선 모든 공간을 동시에 겨눈다. 화살은 겨누지 않은 곳을 겨누고, 겨누는 곳을 겨누지 않는다. 찰나를 겨눌 때 화살은 화살촉에 닿지 않은, 닥쳐올 모든 찰나들을 겨눈다." 이렇게 활만 이야기하면 그럼 아산 현충사의 이순신 칼이란 것은 무엇인가? 이제 이 점을 살펴보자.

2) 이순신 쌍용검의 실전 정신, 현충사 대도(大刀)의 관념 정신

조선시대 사용한 실제적 무기인 활과 화살. 그것을 사용한 이순신의 자취를 좇다보면 이순신이 옆에 차고 있던 검, 아산 현충사에 있는 칼은 무엇이냐고 반문할 수 있을 것이다. 현충사에 보관되어 있는 이순신의 칼은 검(劍)이 아니라 도(刀), 그것도 일본도이다. 이 칼에 대해서는 아시는 분들이 더 많기 때문에 짧게 언급하는 것이 좋을 듯싶다. 광화문의 동상을 생각한다면 이순신의 칼은 당연히 커야 한다. 그래

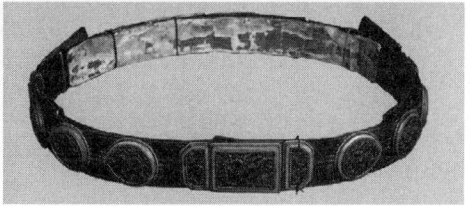

도배구대(桃盃俱臺) _도 4

충청남도 아산시 현충사에서 보관하고 있는 충무공 이순신의 유품 가운데 남아 있는 한 쌍의 술잔과 받침이다. 모습이 복숭아와 같아서 이름 붙여졌으며, 겉면에는 복숭아 3잎이 붙어있고 꼭지 쪽에는 둥근 손잡이가 달려 있다. 잔 받침은 테두리가 있는 쟁반 모양으로 별다른 장식은 하지 않았다.
둘 다 동으로 만든 다음 금을 입힌 것으로, 지금은 잎 근처에 도금했던 흔적만 남아 있다. 『난중일기』를 보면 1589년 명나라 장군 진파종으로부터 화주배(잔)를 선물로 받았다는 기록이 있는데, 이것이 아닌가 추정된다.

옥로(玉鷺) _도 4

충청남도 아산시 현충사에서 보관하고 있는 충무공 이순신의 유품 가운데, 높은 관리들이나 외국에 가는 사신들이 갓머리에 달았던 장식품인 옥로이다. 이 옥로는 하얀 옥으로 만든 것으로, 연꽃잎에 싸여 있는 3마리의 백로가 조각되어 있다.

요대(腰帶) _도 4

충청남도 아산시 현충사에서 보관하고 있는 충무공 이순신의 유품 가운데 관복 위에 두르던 허리띠(요대)이다. 금속 테두리를 두르고 그 안에 구름과 호랑이를 조각한 사각형 모양의 장식과 금속으로 만든 꽃무늬 장식들이 달려있다. 이 허리띠는 명나라 장수인 왕원주가 이순신 장군의 용맹과 숭고한 인격을 높이 여겨 선물한 것이라 전한다.

서 남해안의 적들을 그 큰 칼로 다 베었을 것으로 생각한다. 그리고 항상 그 칼을 지니고 다녔을 것으로 생각된다. 더구나 아산 현충사에 그런 칼이 남아 있다고 하지 않는가. 그 긴 칼을 과연 항상 가지고 다녔을까. 한산도 달 밝은 밤에 큰 칼 옆에 차고 수루에 홀로 앉았을 때의 칼은 어떤 칼일까. 현충사에 전해지는 칼은 두 자루인데, 한 자루에는 삼척서천 산하동색(三尺誓天 山河動色), 또 한 자루에는 일휘소탕 혈염산하(一揮掃蕩 血染山河)라고 새겨져 있다. 이 칼들은 이순신 종가에 대대로 전해지던 옥로(玉鷺), 요대, 도배(桃盃) 및 구대(俱臺)와 함께 1963년 1월 21일 보물 제326호로 지정되어 지금까지도 현충사에 전시되어 있다. 칼에 새겨진 내용과 비슷한 문장이 1593년(계사) 9월 15일 『난중일기』 뒷부분에 기록되어 있다.

> 군사의 예리함의 정도가 바람과 비와 같고, 흉물들의 나머지 넋들이 달아나 숨는데, 칼로 하늘에 맹세하니 산과 강 떠는도다. 만 번을 죽일지라도 한 목숨 살 죄를 생각지 않는도다.

이 때문에 이순신이 직접 새긴 것이라는 주장이 일찍부터 제기되어 왔다. 장검에 새겨진 문구를 두고 이순신다운 기개를 잘 말해준다는 극찬이 쏟아지기도 했다. 하지만 이 칼은 이순신의 전투와는 관련이 거의 없다. 왜냐하면 이순신이 이끌었던 많은 전투에서 실제 사용한 검이 아니기 때문이다. 만들어진 시기도 치열한 전투 전후가 아니라 소강상태를 보이고 있던 시점이었다. 이순신이 치열한 전투에서 실제 사용한 칼에 대한 언급은 1592년 임진왜란이 일어난 지 얼마 되지 않은 때에 올린 장계에 나타나 있다.

> 흉악하고 더러운 왜놈들이 벌써 세재를 넘어 곧 경기도 안으로 바싹 다가오게 되니 본도의 겸 관찰사(이광) 홀로 정의를 부르짖으며 삼군을 거느리고 곧장 서울로 향하여 왕실을 보호할 계획이라 하는 바 신은 이 말을 듣고는 흐르는 눈물을 감당하지 못하고 검(劒)을 어루만지며 혀를 차면서 탄식하였습니다.
>
> — 1592년 4월 30일 장계

이순신이 어루만지는 칼은 이순신이 임진왜란 초기부터 가지고 있었던 칼인데, 여기에서 검(劍)은 양날 칼을 말한다. 도(刀)와 칼의 구분은 양날이냐, 한날 칼이냐에 따라 나뉘는데 양날이 검이고 한날이 도이다. 그런데 현충사에 있는 검은 양날이 아닌 한날의 도(刀)다. 그렇다면 이 칼은 언제 만들어진 것일까? 칼에는 [갑오(1594년) 4월 태귀련, 이무생 작(甲午四月日造太貴連 李茂生作)]이라 새겨 있다. 태귀련(太貴連)과 이무생(李茂生)은 1594년(선조27) 4월 진중에서 칼 만들기로 이름 높았던 사람들이다. 그런데 1595년『난중일기』에 태귀련이 아닌 태구련의 이야기가 나온다.

- 1595년 7월 14일(양력 8월 19일) 군사들에게 휴가를 주었다. 녹도 만호 송여종으로 하여금 사망한 군졸들에게 제사를 지내도록 쌀 두 섬을 주었다. 이상록(李祥祿), 태구련(太九連), 공태원(孔太元) 등이 들어왔다.
- 1595년 7월 21일(양력 8월 26일) 우후가 들어온다고 들었다. 식사를 한 뒤에 태구련(太九連) 언복(彦福)이 만든 환도를 충청 수사 두 조방장에게 각각 한 자루씩 나누어주었다.

여기에서 한 가지 주목할 만한 사실은 어떻게 이순신 자신의 칼을 만들어준 사람의 이름을 제대로 모를 수 있을까 하는 점이다. 분명하게 칼 제작자가 태귀련으로 새겨져 있는데 이순신은 일기에 잘못 적고 있다. 이것은 이순신이 자신의 칼을 면밀하게 살펴보지 않았거나 평소 몸에 지니며 사용하지 않았기 때문이라는 것으로 생각해볼 수 있다. 항상 칼을 가까이 했다면 그 칼을 만든 사람의 한자 이름을 모를 수 있을까. 그러나 일부에서 양날의 검은 사람을 베기보다 찌르는 데 유리하기 때문에 이순신의 칼은 한날의 도가 될 수밖에 없다고 주장하기도 한다.

이런 점을 인정한다고 해도 이순신을 영웅 이순신으로 만든 해전은 1592년에서 1593년에 걸쳐 벌어졌다. 옥포, 합포, 적진포, 사천, 당포, 당항포, 울포, 한산도, 안골포, 부산포는 모두 1592년의 해전이고 웅천 해전은 1593년이다. 당항포 해전은 1594년 3월 4일의 것이다. 칼이 만들어지기 이전이다. 그러므로 그 유명한 해전에서 이순신이 대도를 사용했다는 일설은 설득력이 떨어진다.

또한 장계에서도 봤듯이 이순신이 가지고 있는 칼은 양날의 검이었다. 여기에서 칼의 구분을 검과 도로 나눈다는 점을 생각해야 한다. 그것은 이순신의 큰 칼을 한산도 진중에서 만든 태귀련과 이무생의 인생 역정과도 관련이 있다. 태귀련과 이무생의 칼 만드는 기술과 방법은 조선에서 숙련된 것이 아니다. 그들은 임진왜란이 일어나기 전 왜적의 연안 노략질 때 포로로 붙들려 일본으로 끌려갔다. 당시 일본은 칼 제작지로 유명한 비젠(오카야마(岡山) 현 동남쪽 지역)에서 10년 동안 풀무질과 매질을 하면서 도검 제작기술을 배웠던 것이다. 그렇게 두 사람은 한 많은 삶을 왜국에서 칼을 만들면서 보낼 처지에 있었다. 비젠(備前)에는 천인비총(千人鼻塚)이 있는데, 비젠의 성주로 임진왜란에 참가한 우키타 히데이가 조선인의 코를 베어 가져다 만든 것이다.

1592년 임란을 일으킨 왜군은 조선 사람을 길 안내잡이와 통역원 삼아 한반도 정벌 길에 올랐는데, 태귀련과 이무생도 임란 초기에 길잡이로 조선에 올 수 있었다. 그러던 중 왜적 수십 명과 함께 이순신의 포로가 되었고, 이순신은 잡힌 포로 속에 조선인이 있다는 것에 격분해 반역자라며 즉시 참수하라고 하지만 두 사람은 엎드려 억울함과 그간의 사정을 호소하게 되었다. 심문 결과 두 사람이 10년 전 강제로 일본으로 끌려갔던 사실이 밝혀졌다. 이순신은 그들을 참수하는 대

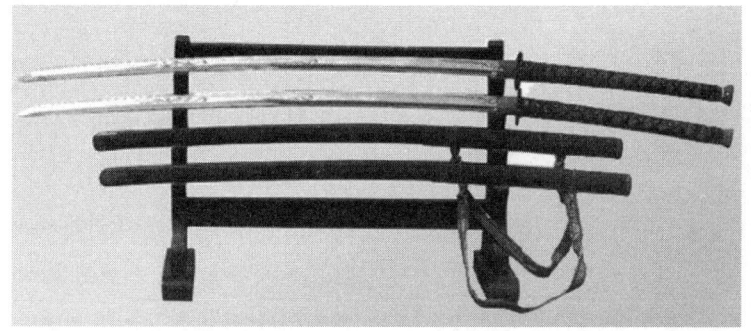

대도 _도5

충청남도 아산시 현충사에서 보관하고 있는 충무공 이순신의 유품이다.

이 대도는 각각 길이 197.5cm로 손잡이에는 남색의 천을 十자로 감고, 칼날 끝에 덩굴무늬를 새겼다. 칼등에는 홈이 파여있고, 손잡이는 두 손으로 잡을 수 있게 매우 길고 약간 휘어져 있다. 칼집 끝에는 은으로 만든 장식이 있고, 찰 수 있게 끈이 달려 있다.
특히 칼날에는 '三尺誓天 山河動色. 一揮掃蕩 血染山河'라고 새겨져 있다. 또한 이 칼은 당시의 명수로 이름난 태귀련과 이무생이 임진왜란 중인 1594년 만든 것임을 검신(劍身)에 새긴 글을 통해 알 수 있다.

신 진중에서 칼을 만들게 했다. 그렇게 두 사람이 1592년부터 1594년 4월에 이르기까지 칼을 만들게 되었고, 모든 기량을 발휘해 대도 두 자루를 만들었는데 그것이 현충사에 있는 이순신의 큰 칼이다.

이순신의 칼은 일본 기술을 바탕으로 한, 장검이라기보다는 대도(大刀)이며 일본도다. 이를 나타내주는 것이 칼자루를 감은 방식이다. 일본도에서 가장 흔히 발견되는 X자 매기 방식이라는 점이 단적으로 이를 말해주고 있다. 대도의 코등이는 일본의 키쿠(菊花) 양식과 유사하며 코등이의 양쪽에는 일본식 궤혈(櫃穴) 두 개가 뚫려 있다. 일본도는 전투용, 살상용이다. 사람을 찌르기 위한 것이 아니라 베기 쉽게 하기 위한 한날의 도인 것이다. 그러나 조선의 칼은 도가 아니라 검이 많았다. 이순신의 칼이 검이었다는 것이 이를 말해준다. 호신용 내지 수급을 베는 데 사용할 뿐이었다. 따라서 일본도와 같이 살상용으로

『선데이 서울』
(1969년 10월 26일
제57호)
두 사람이 각각 들고 있는 칼이 이순신 대도이다. 칼이 천정에 닿아 비스듬하게 세웠다. 이 칼을 휘두르려면 적어도 3m 이상의 키가 되어야 할 것이다.

발달하지 않았던 것이다.

다시 이 글의 주제로 가보자. 이순신이 이 칼을 실제로 사용했는가의 문제이다. 우선 칼의 크기부터 보자. 한 연구에 따르면 임진왜란 때 조선 군사들의 평균 신장은 155cm였다고 한다. 이 키에 비례해서인지 조선시대의 보통 검은 1m 내외의 길이, 1.3kg 내외의 무게로 만들었다. 장검이라고 해도 1.3m, 1.7kg 내외였다. 그런데 이순신의 칼이라고 알려진 대도는 길이가 자그마치 197.5cm, 5.3kg이나 된다. 발견 초기 녹슨 칼을 가는 데만 60일이 걸렸다고 한다. 1999년 육군 박물관은 이순신 장검을 실제 측정(實測)했다. 이 당시 실측된 장검 두 자루의 길이는 각각 1,970mm와 1,968mm였다. 칼집을 뺀 칼날만의 무게는 각각 4,320kg와 4,205kg이다. 2m에 이르는 초대형 검이다. 이 정도의 검을 자유자재로 사용하려면 키가 최소한 3m의 엄청난 거인 장사여야 한다. 앞서『징비록』에서 보았듯 "순신의 사람됨은 말과 웃음이 적고 용모가 단아하고 조심스럽다(舜臣爲人 寡言笑 容貌雅飭)"라고 했다. 용모가 단아하다고 했는데 3m의 거인을 이렇게 표현하지는 않을 것이다. 이순신이 이 칼을 들고 실제로 왜적을 베었다고 볼 수는 없다. 널리 알려진 이순신의 시를 읊어본다.

한산도가(閑山島歌)
한산섬 달 밝은 밤에
수루에 홀로 앉아 큰 칼 옆에 차고

깊은 시름하던 차에

어디서 일성호가는 남의 애를 끊나니

閑山島月明夜 (한산도월명야)

上戍樓撫大刀 (상수루무대도)

深愁時何處 (심수시하처)

一聲羌笛更添愁 (일성호적경첨수)

시에서 '큰 칼 옆에 차고'라는 부분이 있는데, 원문을 보면 칼을 찼다는 뜻이 아니다. 무(撫)는 "차다"의 뜻이 아니라 "어루만진다"는 뜻이다. 애무(愛撫)라고 할 때 이 무(撫)자를 쓴다. 따라서 '큰 칼을 차고'가 아니라 '큰 칼을 어루만지며'가 된다. 그 동안 장수의 이미지를 강하게 나타내기 위해서 칼을 찼다고 번역해온 것이다. 더구나 검(劍)이 아니라 도(刀)로 적혀있다.

진중야음(陣中夜吟)

한바다에 가을빛 저물었는데

찬바람에 놀란 기러기 높이 떴구나

가슴에 근심 가득 잠 못드는 밤

새벽달 창에 들어 칼을 비추네

水國秋光暮 (수국추광모)

驚寒雁陣高 (경한안진고)

憂心輾轉夜 (우심전전야)

殘月照弓刀 (잔월조궁도)

잔월조궁도(殘月照弓刀)에서도 검(劍)이 아닌 도(刀)자를 쓰고 있다. 결국 새벽달이 벽에 걸어둔 활과 대도를 비춘 것으로 볼 수 있다. 그런데 전투에서 사용하지 않을 칼을 왜 진중에서 만들도록 했을까? 당시의 조선 장수들은 왜군의 칼에 대해서 상당한 관심을 가졌던 것으로 보인다. 일본 칼(도: 刀)은 상당한 수준에 이르러 있었으며, 그것은 실제로 많은 살상을 할 수 있는 뛰어난 기능까지 갖추고 있었기 때문이다. 조선에서는 칼에 대해서 신경을 쓰지 않고 있었으니 우수한 일본 칼을 본 장수들이 이에 관심을 두는 것은 자연스러워 보인다.

- 1593년 3월 초2일(양력 4월 3일) 이영남이 왜놈의 작은 칼을 두고 갔다.
- 1596년 1월 3일 갑사 송한(宋漢)이 배 위에서 이번에는 환도 4자루, 왜놈 칼 2자루를 만들었다.
- 1596년 1월 8일(양력 2월 5일) 일찍 투항한 왜놈 다섯 명이 들어왔다. 그래서 그 온 까닭을 물으니, 자기네 장수가 성질이 모질고 일을 또 많이 시킴으로 도망하여 와서 투항하는 것이라고 했다. 그들이 가진 크고 작은 칼을 거두어 수루 위에 감추어 뒀다.

일기에서 보듯 이순신이 일본 칼을 만들라고 시키거나 일본 칼을 수루에 감추어둔 것을 보면 그 우수성을 인정하고 있었던 것으로 보인다. 따라서 일본에서 일본 칼을 만들던 이들에게 칼을 만들도록 한 것은 이해가 가는 일이다. 그렇다면 이순신이 전투에서 적을 상대할 때마다 지니고 있던 刀(도)가 아닌 劍(검)은 지금 어디에 있을까? 안타깝게도 현재는 전해지지 않는다. 현충사의 대도는 상징적 의미로 장수의 권위를 높여주는 의전용으로 제작된 것이기에 칼을 만들어준 태귀련의 이름을 태구련으로 잘못 적게 되었던 것이다. 의전용일뿐만

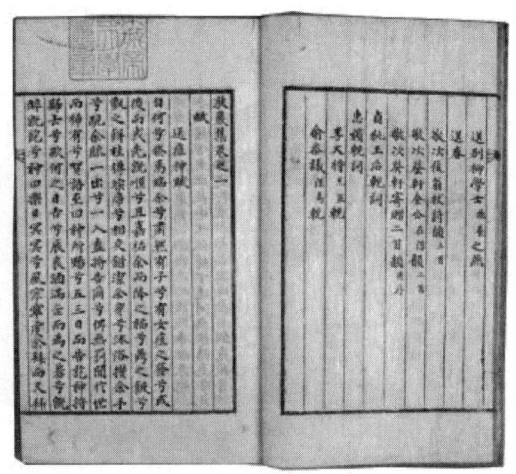

돈암집(敦巖集)_도6
조선 후기 문신·학자 박종경(朴宗慶)의 시문집으로 10권 6책이다. 〈원융검기(元戎劒記)〉는 저자가 훈련대장으로 있을 때 심상규(沈象奎)로부터 이순신(李舜臣)이 쓰던 칼을 얻었는데, 그 칼에 "쇠 부어 만든 쌍룡검, 천추토록 기상이 뛰어나리. 산과 바다에 맹세한 뜻이라네, 나라 위한 일편단심 언제나 같으리(鑄得雙龍劒 千秋氣尙雄 盟山誓海意 忠憤古今同)."라는 시가 새겨져 있었으며 나머지 짝을 얻은 내력을 적은 것이다.

아니라 다른 용도, 심기일전용으로 사용했다고 지적하는 것이 일반적이다. 아이러니하게도 일본 刀를 바탕으로 만든 대도를 통해 심기일전했던 셈이 된다. 한편으론 적의 칼로 왜적을 부순다는 것이 이순신의 대도에 담긴 의미가 아닐까. 항상은 아니라고 해도 그 칼을 바라보며 때로는 어루만지면서 왜를 생각하고 섬멸시킬 생각을 했으니 말이다.

三尺誓天 山河動色 一揮掃蕩 血染山河

석자 되는 칼로 하늘에 맹세하니 산과 물이 떨고, 한번 휘둘러 쓸어버리니 피가 강산을 물들인다.

이순신이 수많은 전투에서 항상 몸에 차고 다니면서 실제로 썼던 검은 조선의 환도인 '쌍룡검'이다. 훈련도감 대장 박종경(朴宗慶, 1765~1817)의 『돈암집(敦巖集)』 원융검기(元戎劒記)를 보면 병조판서 심상

『조선미술대관』에 있는 이순신의 쌍룡검

규(沈象奎)에게 이순신이 쌍룡검(雙龍劒)을 받았다는 기록이 있다.

쌍룡검은 1910년까지는 분명히 존재했던 것으로 보인다. 1910년 일본에서 발행된 『조선미술대관』에 이순신의 쌍룡검이 조선 왕실의 궁내부 박물관에 있다는 설명과 사진이 있다. 하지만 궁내부 박물관을 이은 국립중앙박물관이나, 광복 뒤 조선 왕실 유물을 소장한 궁중 유물전시관에도 쌍룡검은 찾아볼 수 없다. 많은 이들의 끈질긴 추적에도 불구하고, 결국 이순신의 피와 땀이 배어있는 쌍룡검은 아직 발견되지 않은 채 일본에 있을 것이라는 추측만 있다.

3) 이순신 리더십 vs 사무라이 리더십

'우리가 위인이라고 여기거나 강자라고 생각하는 이들 중 누가 힘이 셀까?'라는 물음은 아이들에게 매우 중요한 문제다. 마징가Z와 그랜다이저 중 누가 이길까? 로봇뿐만 아니라 동물도 마찬가지다. 사자와 호랑이가 싸우면 누가 이길까? 대개 이런 내기는 목소리 큰 아이들이 이기기 마련이다.

일본의 무사 집단을 사무라이라고 생각할 때 이순신과 대결시키면 누가 이길까? 이순신은 거북선을 타고 왜군을 격파했는데 거북선을 타지 않고 한마디로 맞짱을 뜬다면 어떻게 될까? 사실 이런 질문은 민족 감정을 떠나 추운 지역의 호랑이와 더운 지역의 사자가 맞부딪칠 일이 없음에도 누가 이길까 라는 질문과 비슷하다. 사무라이는 칼에 능수능란했고, 이순신은 활을 더 잘 쏘았다. 만약 이순신과 사무라이가 맞붙게 된다면 아마도 이순신은 싸우기 전에 활을 쏘아버리지 않을까. 이순신이 마주했던 왜군은 분명히 조선의 군대와 많은 차이를 갖고 있던 침략자였다. 이것을 비교해 봄은 이순신이 처했던 억울한 많은 역경들을 이해하는 데 도움이 될 것이다.

우선, 가등청정이나 소서행장과 같은 사무라이와 이순신을 같은 무장이라고 할 수 있을까? 자칫 일본의 사무라이를 이순신과 같은 무장이라고 생각하는 경우가 있지만 이순신과 사무라이는 전혀 다르다. 우선 소속부터 다른데 이순신은 중앙정부 소속이고, 사무라이는 막부 출신이다. 일본의 막부(幕府)체제는 일종의 봉건 영주제도로 이 제도는 일부 유럽, 주나라, 일본 등 몇몇 나라에만 존재했다. 일부에서는 봉건시대라는 말이 맑스 사관의 오류라고 지적한다. 일부 몇몇 국가에서 존재했던 것을 시대적으로 세계의 대부분 국가에서 그런 것이라고 확대 적용하니 말이다. 우리나라는 봉건제라는 것이 있어 본 적이 없다. 전통적으로 중앙에서 관리나 벼슬아치를 보내는 중앙집권제도였으며 조선은 중앙집권적 엘리트 관료체제로 그 안에 무신과 문신이 있었다. 이순신은 중앙정부에서 지방으로 직접 파견, 임명한 무반 관리, 즉 무신 엘리트였다. 이순신이 국방 공무원이라면 사무라이는 막부 체제 각 실력자의 사병인 사설 경호원과 같은 것이다. 조선에서의 무관이 되는 과정은 이순신의 경력을 통해 알아보았으므로 사무라이의 형성과정을 잠시 살펴본다.

본래 일본인들의 생활 근거지는 지금의 교토가 아니라 규슈였다. 그러나 고대에서 중세로 이어지면서 수도와 생활 중심지는 동쪽인 교토 쪽으로 이동했다. 이동했다는 뜻은 사람들이 그 지역을 개발했다는 것을 말하는데 교토 지방에 수도를 정하고 지금의 간토 평원을 개척하며 점차 동쪽으로 일본인들이 이주했던 것이다.

헤이안 시대(平安時代 794~1192)는 간무왕(桓武王)이 헤이안쿄(平安京: 京都)로 천도한 때부터 미나모토노 요리토모(源賴朝)가 가마쿠라에 바쿠후(幕府)를 개설한 약 400년 동안의 일본 정권 시기이다. 오사카, 교토 등지가 수도로서 정치의 중심지였다. 그러나 간토 평원인 지금의 동경 지역은 당시 복속되지 않았기 때문에 토착세력과 개척민들 간의 다툼이 있었다. 이미 개간을 통해 부를 쌓고 토지를 점유하고 있었던 세력들은 헤이안 정권이 지역 관리의 명분으로 과도한 세금을 거두며 막부 정부에서 보낸 관리들의 횡포가 심해지자 이를 방어할 방법을 모색하게 되었다. 자체 군사들을 모집하여 군대를 조직하는 한편으로 농민이나 마을 단위 자체 무장을 하기 시작했다. 그런데 시간이 지날수록 이러한 자체 무장 방어 수준의 군사 규모가 커져만 갔다. 이것은 간토 평원의 규모가 크고 비옥했기 때문에 군사 규모가 커지는 것을 뒷받침할 수 있었던 것이다. 마침내 거꾸로 간토 지역의 군대가 교토 지역의 군대보다 월등한 수준에 이르게 되었고 오히려 중앙정부를 압도하여 위협하는 수준에 이르게 된다. 잘못하면 정권과 나라가 바뀔 판이었다. 그래서 천황은 이들을 자신들의 편으로 끌어들이면서 저항을 못하게 그들 중 몇몇을 영주로 임명했다. 이때 영주가 된 사람

중에는 순전한 무사 출신도 있었지만 대부분의 무사들은 자신들의 무예 능력을 기반으로 교토 등지의 귀족, 지배 세력의 개인 군사 부대(私兵)에 소속되었다. 그들은 독자적인 신분의 하나를 이루었고 일본만의 특수한 개념을 만들어 내는데 그것이 바로 사무라이(さむらい, 侍)다. 속어로는 '기골 차거나 장대한 사람'을 가리키기도 하는데 이들은 국가의 정규군이 아니었고 개인 소속의 사병들이었다. 따라서 이순신과 같이 왕이 명령을 하여 직위에 임명하는 것은 있을 수 없었다.

일본은 칼의 역사이고 이 칼의 역사는 각 막부에서 나왔다. 천황은 명목적으로 모셔두고 전국의 각 실력자들은 자신들의 힘으로 정권을 장악하고 통치하였다. 이러한 권력 경쟁에서 그 경쟁과 실력의 중심이 사병 집단, 사무라이였던 것이다. 이렇게 사무라이의 힘이 중앙으로 이동하며 정치적인 실권을 쥐었던 무장 세력과 그 체제를 막부라고 했고 사무라이는 막부의 힘이 되었다. 곧 막부 수장이 사무라이였다. 이러한 제도적 배경이 다르기 때문에 조선의 장수들은 그 근본이 사무라이와 다를 수밖에 없었다.

사무라이는 국가 정규군이나 무장이 아니었지만 막부가 정권을 잡았기 때문에 그들이 중앙정부의 군사인 것처럼 인식된다. 천왕과 정부는 사실상 허수아비에 불과하기 때문에 중앙군은 움직일 일이 없었고 실제로 천황이 직접 중앙군을 움직인 일은 거의 없었다. 나중에는 사무라이들이 직접 통치하기에 이르자 우리나라와 같이 무반과 문반의 역할을 모두 했다. 따라서 중앙에서 파견, 임명한 이순신과는 전혀 다른 맥락을 지니고 있었던 셈이다. 이순신은 중앙에서 월급을 받았고 임금에게 장계를 올려야 했지만 사무라이들은 각 영주나 막부의 수장에게 월급을 받았고 보고도 왕이 아닌 실력자에게 했고 명령 또한 그들에게서 받았다. 사무라이들은 때에 따라서 권력 찬탈에 동원

되는 등 사적인 용도로 활용되기도 했다. 그러나 이순신은 오로지 왕의 명령에만 움직일 수 있을 뿐 이외 권력자의 사적인 목적에 의한 명령에 움직일 수는 없었다. 사무라이는 나중에 문반과 무반의 역할을 동시에 했지만 이순신은 끝까지 무신으로 남게 된다. 또한 이순신이 뛰어난 실력을 갖춘 지휘관이었으나 자신의 개인 병력을 가질 수 없는 무신 관료로 정2품에 오르는 것에 그치며 정치 권력의 1인자는 될 수 없는, 어디까지나 왕과 국가의 군대일 뿐이었다. 그러나 사무라이들은 능력만 되면 다른 사무라이들을 휘하에 거느릴 수 있었을 뿐더러 막부의 최고 수장에 오를 수도 있었다. 그리고 이순신이 사무라이와 다른 것은 무예 기술만을 익히는 존재가 아니라 병법, 전략, 경서 등을 학습해야 했는데 무과시험을 통과하는 데 필수 요소였기 때문이다. 이순신은 반드시 시험을 통과해야 무인으로서의 길을 갈 수 있었지만 사무라이는 그러한 시험이 필요 없이 사적인 관계 속에서 힘과 무예의 능력에 따라 무인의 길, 실력자의 대열에 낄 수 있었다. 후에 그 지위가 세습되기도 했다.

 사무라이들은 아주 어릴 때부터 칼 쓰는 법을 배웠는데 다섯 살이 되면 아버지는 아이에게 사무라이 정장을 입히고 바둑판 위에 앉힌다. 그리고 그때까지 차고 있던 단도 대신 진짜 칼을 주며, 아버지는 그 아들을 동료 무사로 인정한다. 진짜 칼은 집에 두고 밖에 돌아다닐 때 은색 칠을 한 나무칼을 차고 다니다가 15세가 지나면 진짜 칼을 차고 다녔다. 성인임을 인정하는 것과 같았다.

 이순신은 무과시험 과목에 따라 활쏘기, 말타기 등의 기본적인 무예를 연마했으나 이는 방어용에 가까웠고 사무라이들은 더 실질적 공격용 무예를 연마했다. 칼을 이용해 적을 공격하고 살상하는 방법들을 우선했기 때문에 이러한 기술에서는 이순신을 능가했을 것이다.

사무라이, 풍속화 _도 7

이순신이 배운 것은 살상이나 목숨 뺏기가 아니니 말이다. 하지만 대체로 다양하고 전체적인 전술, 전략과 여러 무기의 활용에 있어서는 이순신이 더 뛰어났을 수밖에 없다. 전쟁에서는 개인의 무예보다 이러한 점이 더 중요한 것이고, 이는 임진왜란을 통해 증명되었다고 볼 수 있다. 특히 해전에서 보인 다양한 전략과 전술은 이를 증명한다. 육전과 해전을 다양하게 경험할 소지가 사무라이에게는 적었다.

무엇보다 중요한 것은 사무라이는 권력이나 사적인 힘의 관계에 민감하게 움직이고 그에 따라 마음이 바뀔 수 있지만 이순신과 같은 무장은 최고 통치자에 대해 한결같은 충성을 다하며 권력 관계에서 멀리 있었다는 점이다. 이 점을 깬 것이 공교롭게도 일본의 사무라이 전통을 접한 오카모토 다가키, 즉 박정희였다. 천황을 모신 제국주의 사무라이에서 그는 군사 정권의 최고 통치자가 된 셈이었기 때문이다.

이 밖에도 사무라이는 칼에 장식하기를 즐겨했고, 이순신과 같은 무장은 활이나 활통에 장식을 즐겨했다. 활은 오랫동안 보관하기 힘들었지만 화살통은 한 번 장만하면 수십 년을 사용했기 때문에 대개 멋있게 장식했다. 화살통을 전통이라고 하는데 병조판서 유전(柳琠)이 이순신의 전통을 탐내기도 했다.

종이로 만든 지전통(紙箭筒), 종이를 실처럼 꼬아 만든 지승전통(紙繩箭筒), 종이를 겹겹이 바르고 다시 칠해서 만든 지칠전통(紙漆箭筒)이 많이 사용되었지만, 거북 껍질로 만든 대모전통(玳瑁箭筒), 투갑상어 껍질로 만든 어피전통(魚皮箭筒), 나전칠기 방식으로 장식한 나전칠전통(螺鈿漆箭筒) 등과 같이 고급스런 전통도 있었다. 현재 이순신이 사용했던 전통은 남아 있지 않지만 다른 것은 검소하게 지니고 있었어도 활을 사랑했던 그가 전통만큼은 욕심을 부렸을지 모르겠다.

4) 이순신, 신체의 단점을 장점으로 바꾸다
— 피너츠 리더십: 두 개의 콘텐츠, 소신과 원칙 그리고 실력

이순신은 용모가 아칙하여 마음을 닦고 몸가짐을 삼가는 선비와 같았으나, 속에 담력과 용기가 있어서 자신의 한 몸을 돌보지 않았다.

『징비록』에서는 이순신을 아칙(雅飭)한 선비의 용모를 지녔고 그 속에 담기(膽氣)다고 했다. '아칙'은 단아하고 조심성 있음을 일컫는 말이고, 단아는 그대로 단정하고 아담하다는 말이다. 키가 큰 사람에게 아담하다는 말을 하지는 않는다. 임란 당시 좌의정이었던 유성룡은 평안도 군사 408명의 키를 그의 문집에 적었는데, 영변부 진관 관병

408명의 평균 키는 152.7cm였다. 조선시대 평균 신장은 5척(영조척 32.21cm)으로 약 161cm가 된다는 연구도 있다.

남양주 호평의 민묘에서 확인된 인골들의 평균키는 남성 161.2cm, 여성 148.7cm였다. 남윤자 교수의 한국복식사 사료에 따르면 우리 민족의 등신지수 비교 결과 고구려시대의 남자는 5.9등신, 여자는 5.8등신, 조선시대의 남자는 6.4등신, 여자는 6.3등신인 것으로 나타났다. 한국인의 평균 신장은 계속 증가하여 2009년 통계청 자료에 의하면 성인 남성 173cm, 여성 159cm로 나타난다.

작은 키에도 불구하고 담기 즉 담력을 보여주었던 이순신은 오늘날로 보면 '땅콩'으로 불릴 것이다. 프로골퍼 김미현 선수를 '슈퍼 땅콩'으로 부르는 것처럼, 이순신은 '슈퍼 땅콩'을 넘어 '울트라 땅콩'으로 보인다. 물론 여기서의 땅콩에 대한 의미는 작은 거인을 뜻하는 것으로 체구는 작지만 위대한 사람임을 나타낸다. 타인과 비교해 단점으로 보일 수 있는 신체 조건을 극복하기 위해 수많은 노력과 투혼을 불태웠을 것임을 우리는 짐작하고도 남는다.

땅콩은 껍질에 둘러싸여 있어 섭취하기 쉬운 먹을거리는 아니다. 1년 중 가장 밝은 보름달이 뜨는 정월대보름을 '율력서(律曆書)'는 한 해를 시작하고 사람과 신, 사람과 사람, 사람과 자연, 즉 천지인 삼자가 합일하는 날이라고 했다. 사람을 받들어 일을 이루며, 모든 부족이 하늘의 뜻에 따라 화합하는 날이었다. 지금까지도 땅콩은 1년 내내 종기와 부스럼이 없기를 바라는 마음에서 나이 수대로 깨무는 정월대보름의 대표적인 부럼으로 쓰여진다. 거칠고 척박하여 물조차 머물 수 없는 모래땅에서 땅콩의 뿌리는 쉼 없이 뻗어나가 수많은 열매를 주렁주렁 맺어낸다. 그뿐 아니라 척박한 땅을 비옥하게 하면서도 자기 자신도 살찌우는 땅콩은 다용도로 사용되어 사람들조차도 즐겁게 하는 아름다운 식물이다. 피폐해진 미국 남부의 농촌을 땅콩으로 살린 땅콩박사 조지 워싱턴 카버는 "모두를 풍요롭게 하는 땅콩처럼 살아라"고 했을 정도이다. 이순신은 거친 환경 속에서 스스로 아름다운 결과물을 만들어내었다. 겉으로 보면 하나의 몸체를 가지고 있지만, 단단한 껍질 안에 대개 두 알의 내용물을 품고 있는 땅콩처럼 이순신이라는 땅콩 속에도 그만의 소신과 원칙이 실력으로 축적되었다.

이순신은 병조판서 김귀영이 이순신을 높게 평가하여 자신의 서녀를 첩으로 주겠다는 제안에 "벼슬길에 처음 나온 내가 어찌 권세 있는 집에 의존해서 출세하려고 모색하겠는가?"라고 했다. 이러한 스스로의 실력으로 자신의 길을 헤쳐나가려는 그의 소신과 원칙은 이후에도 흔들림이 없었다. 1579년 병조정랑 서익이 정당한 절차를 넘어 승진시키려하자 부당한 인사 청탁으로 여겨 거절했다. 이순신은 공과 사를 구분했던 것이지만, 그 뒤 서익은 발포 만호로 있던 이순신을 모함하여 결국 옥에 가둔다. 유성룡은 『징비록』에서 이렇게 밝히고 있다.

> 서익의 모함을 받아 이순신이 막 옥에 갇혔을 때는 일이 어떻게 될지 헤아릴 수가 없었다.
> 그때 한 옥리獄吏가 이순신의 조카 이분芬에게 비밀히 말했다.
> "뇌물을 쓰면 죄를 면할 수 있겠습니다."
> 이순신이 이 말을 듣고 이분에게 노하여 말했다.
> "죽으면 죽을 따름이지 어찌 바른 도리를 어기고 삶을 구하겠느냐?"

유성룡은 이를 두고 "그가 지조를 지니고 있는 것이 이와 같았다"고 했다. 1579년 충청병마절도사(충남 서산군 해미현 소재)의 군관이 되어

약 8개월 동안 근무할 때 거처하는 방에는 옷과 이부자리밖에 없었다는 사실은 잘 알려져 있다. 단촐한 옷과 이부자리는 청빈한 삶을 나타내준다. 1580년 감사 손식이 이순신에게 벌을 주려고 능성에서 이순신을 시험했다. 그러나 막상 이순신을 만나 그의 진서강독과 진도작성을 듣고는 놀랐다. 그는 "내가 진작 그대를 바로 알지 못했던 것이 한이다"라는 말을 남기며 이순신을 높이 평가했다.

이순신은 무조건 고분고분하거나 줏대 없이 타협하는 것과는 거리가 멀었다. 좌수사 이용은 이순신이 고분고분하지 않은 것을 미워해 포구를 순시하고 거짓으로 보고하려 했다. 이순신을 모함하려 한 것이다. 하지만 실패했다. 그가 원칙에서 벗어나지 않았기 때문에 빌미를 잡을 수 없었고, 전라 감사와 함께 장수들의 근무평가를 할 때에도 그릇되게 하려했지만 "이순신이 군사를 다스리는 법이 도내에서 제일이라는 말을 들어 압니다. 나쁘게 평할 수는 없습니다"라는 조헌이 항의를 받아야 했다.

1582년에는 병조판서 이율곡이 이순신을 만나기를 원했지만 "이율곡이 나와 동성(同姓)인 까닭에 만날 수도 있다. 하지만 나보다 지위가 높은 전상(銓相)으로 있는 한 만나지 않겠다"는 이유로 거절했다. 전상(銓相)은 병조판서와 이조판서를 통칭하여 부르는 말이다. 사사로운 감정이 개입될 소지를 사전에 원천적으로 차단한 것이다. 사사로운 관계를 통해 지위에 오르는 일을 항상 경계한 것이 이순신이다. 그것은 원칙에 어긋나지 않겠다는 소신에 따른 것이다.

이순신은 파직당한 후 활터에 자주 나가 활을 쏘았다. 마치 울분을 활로 다스리려는 듯이 말이다. 마침 이순신이 드나들던 활터에는 병조판서 유전(柳琠, 1531~1589)도 자주 나왔다. 하루는 유전이 이순신의 전통(箭筒·화살통의 일종)에 관심을 보이며 자신에게 줄 수 없냐고 물었다. 활통을 주면서 복직을 부탁할 수 있는 절호의 기회일 수도 있었다.

"이까짓 전통 하나쯤 드리는 것이야 어렵겠습니까. 그러나 만일 이것 하나 때문에 더러운 이름을 얻으신다면, 죄송하고도 두려운 일입니다."

이순신은 거절을 하면서도 유전이 불명예스러운 소문에 휩싸일 것을 염려했다. 전통으로 환심을 살 수도 있었지만, 그것을 거부한 이순신은 그 뒤 1583년 7월 함경도(咸鏡道) 남병사(南兵使)의 군관(軍官)이 되었다. 남병사 이용의 내신으로 군관이 된 것이다. 그런데 이용은 3년 전 이순신을 벌주려 했던 인물이었으나 이순신의 정명함에 자신의 잘못을 뉘우쳐 서로 교류하려고 했다. 이후 1588년 1월 백의종군에서 풀려난 후 윤6월에 귀가해 아산에 한거(閑居)했다. 낙향해 있던 가운데 1589년 1월 좌의정 이산해(李山海), 우의정 정언신(鄭彦信)의 추천으로 불차탁용(不次擢用) 2위에 천거(薦擧)되었다. '불차탁용'이란 관계(官階)의 차례를 밟지 않고 벼슬에 특별히 오를 때 쓰는 말이다. 서열보다는 실력을 인정해 등용하는 방식이다. 다음 달 2월에는 전라도 관찰사 이광(李洸)의 내신(內申)에 따라 군관겸 전라도 조방장(助防將)이 되었다. 이때부터 이순신은 그의 진가를 인정받아 좌수사에 오르기까지 인정을 받기에 이른다.

최근 발굴된 이순신의 기존 기록들을 뽑아 필사한 17세기의 문서 『충무공유사(忠武公遺事·재조번방지초)』에는 『난중일기(亂中日記)』에 없던 새로운 일기 32일치를 담고 있다. 노승석 교수의 번역을 토대로 임진왜란 중이었던 1595년 4월 30일을 보면, 이런 대목이 나온다.

아침에 원수元帥=도원수 권율·權慄의 계본啓本·임금에게 제출하는 문서 양식과 기축·이李

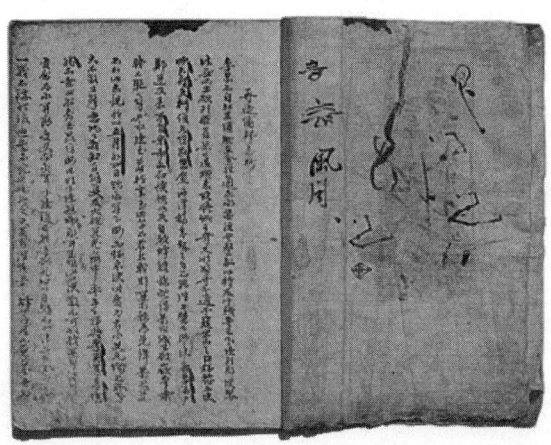

충무공유사(忠武公遺事) _도 8

'재조번방지초'로 알려져 왔던 고문서로 충무공 종가에서 국보인 난중일기, 임진장초, 서간첩 등과 함께 보존해 왔다. 정읍사우상량문, 춘추제향문, 삼도회문, 김경리 상소문, 일기초, 장졸의 명단, 중국장수가 준 선물목록, 정운과 송희립의 자손 명단 등으로 이뤄져 있다.
가장 주목되는 것은 '일기초'다. 일기초는 충무공의 친필은 아니지만 충무공 사후에 충무공 종가와 친분이 있는 사람이 충무공의 친필로 쓰인 초본 난중일기를 보면서 일기의 일부를 기록 정리한 것으로 추정된다. 충무공 전서본 난중일기와 함께 유실된 부분이 있는 초본 난중일기를 보완해 줄 수 있는 자료로 평가되고 있다.
(뉴시스)

씨 등 두 사람의 공초供招·죄인의 진술한 초안을 보니 원수가 근거 없이 망령되게 고한 일들이 매우 많았다. 반드시 실수에 대한 문책이 있을 것이다. 이와 같은데도 원수의 지위에 둘 수 있는 것인가. 괴이하다.

이러한 일기의 내용을 두고, '무척 당혹스런 기록이다' 이라는 평가가 있었다. 일기 속에서 말하는 도원수는 임진왜란 당시 조선군 전체를 통솔했던 '행주대첩의 영웅' 권율이었고, 이순신이 명령체계를 잘 따르는 장수였음을 생각해보면 상관인 권율 장군과 갈등관계에 있고 그것을 직접적으로 표출하고 있기 때문이다.

권율과 갈등 관계는 군사운용을 둘러싸고 이미 기존 자료에 언급된

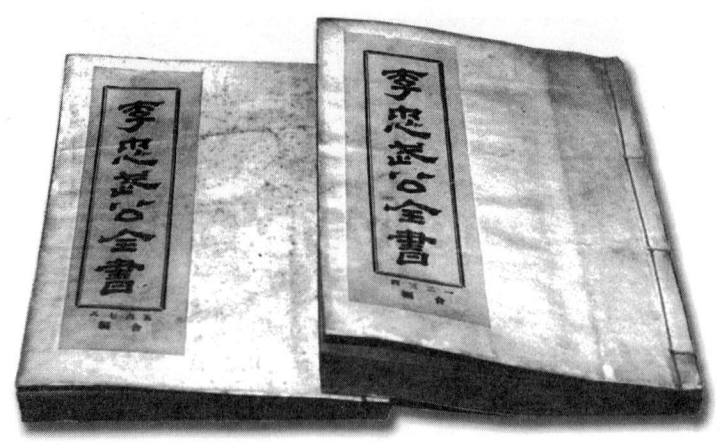

이충무공전서(李忠武公全書) _도 9

활자본. 14권 8책. 1795년(정조 19) 왕명으로 유득공(柳得恭)이 감독·편집하여 교서관(校書館)에 국(局)을 설치하여 간행하였다. 책머리에 정조의 윤음(綸音)을 비롯하여 교유(敎諭)·사제문(賜祭文)·도설(圖說)·세보(世譜)·연표를 싣고, 권1에 시·잡저(雜著), 권2~4에 장계(狀啓), 권5~8에 난중일기, 권9~14에 부록을 수록하였다.
이 책은 조선시대 출판문화의 표본 전적(典籍)과 이순신 전기(傳記)자료 및 임진왜란사 연구에 귀중한 자료이다. 1918년 최남선(崔南善)이 구두(句讀)를 찍어 신문관(新文館)에서 2책으로 간행하고, 1931년에는 서장석(徐長錫) 등이 6책으로 중간한 바 있으며, 근래에는 이은상(李殷相)의 국역주해(國譯註解)로 간행되었다.

바 있지만 원수 지위에 있을 만한 인물이 아니라는 이순신의 직접적인 평가가 있어서 눈길을 끄는 것이다. 대단히 솔직한 기록이지만, 이순신이 원칙과 소신을 지키는 인물이라는 점을 생각한다면 그렇게 이상한 일도 아니다. 물론 이렇게 상관에 대해서 노골적으로 비판하고 있는 내용이었기 때문에 이 일기가 조정에서 편찬한『이충무공전서』에는 빠졌는지 모르겠으나 이순신은 원칙에 어긋나는 것을 보면 자신의 소신을 밝힘에 있어 지휘 고하를 가리지 않았다. 그의 이런 모습은 역시 새롭게 발굴된 1595년 8월 22일 일기에도 나타나 있다.

강을 건너 주인집에 갔다가 그 길로 체찰사體察使의 하처下處·임시 숙소로 가니 먼저 사천현에 와서 자고 있었기 때문에 맞이하라는 명령을 내리지 못했다고 변명했다. 우습다.

체찰사는 외적이 침입하거나 내란이 일어나는 등의 비상시에 지방으로 파견하는 고위직으로 군대를 지휘 통솔한다. 조선 초에는 정1품이면 도체찰사(都體察使), 종1품~정2품 정도면 체찰사에 임명되었다. 1510년(중종 5) 비변사(備邊司)가 설치된 후로는 군령(軍令) 체계의 총지휘를 도체찰사가 맡았고, 임진왜란 때는 4명의 도체찰사를 임명했다. 따라서 이때 파견된 체찰사는 종2품 삼도수군통제사였던 이순신보다 직급이 높은 도체찰사(都體察使)가 전황 중에 잠을 자느라 삼도수군통제사를 맞으라는 명령을 내리지 못했으니 비판의 대상이 될 수밖에 없다. 이 같은 비판을 정확하게 기록하고 있다는 것이 놀랍고 이순신의 소신과 원칙을 알 수 있게 한다. 이 같은 소신과 원칙은 실력 없이는 불가능한 것이었다. 편법과 불법은 실력 없는 이가 일으킨다.

4장
이순신은 최초의 CIO이었나
*Chief Information Officer

**정보 네트워크 구축과
기록의 정신**

1) 승리 전략의 첩경
— 상대를 똑바로 파악하고 나의 행동을 정하라

이순신의 강점은 훌륭한 정보 전략관의 면모를 갖춘 점이다. 그는 정보수집과 축적 그리고 그것을 활용하는 데 뛰어난 능력을 보였다. 그의 전략은 모두 치밀한 정보수집의 결과였다. 꼼꼼한 현장 답사를 통해 그는 남해안의 복잡한 지형과 조류에 대한 정보를 꿰뚫고 있었다. 임란 발발 이후 해전 중에는 피난민과 포로, 정보원과 정탐선을 통해 적의 규모와 동향, 이동로 등을 세밀히 파악했다. 자신이 처한 상황을 정확하게 진단하고 자신은 물론 상대방의 강약점을 정확히 알고 그것에 대응하는 전략과 전법을 구사했다. 상대방의 상황에 대한 정보가 구체적이지 않으면 섣불리 움직이지 않았다.

임진왜란의 해전에서 가장 중요했던 것은 일본 수군의 성격에 대한 정확한 판단이었다. 그것은 왜 수군이 바로 상당수 해적 출신이었기 때문이다. 임란 이전 왜군에게는 체계적인 수군이 존재하지 않았다. 필요에 따라 임시로 편성되는 것이 수군의 실상이었고, 수군의 역할을 그렇게 중요하게 여기지 않고 있었다. 따라서 센고쿠 말기 수전(水戰)에 능한 해적 집단을 도요토미 히데요시나 각 다이묘들이 직속 군으로 삼기에 이른다.

구키 요시타카(九鬼嘉隆)는 오다 노부나가의 수군장수로 많은 공을 세운 인물이었다. 그는 구마노(熊野)의 해적 출신으로 임진왜란 때 수군 총대장으로 임명되었다. 전쟁 초기에는 육지에서 활동하다가 왜 수군이 한산도에서 패배하자, 도도 다카토라와 함께 수군을 구원하려고 출동했다. 그러나 안골포 해전에서 다른 해전과 마찬가지로 이순신이 이끄는 수군에게 대패하고 만다.

구루시마(來島)형제는 무라카미 해적 출신으로 히데요시 병력에 편입되어 나중에 공훈을 많이 세워 다이묘가 된다. 호리우치 우지요(堀內氏善)는 구마노 해적 출신, 스게 다쓰나가(菅達長)는 아와지(淡路)의 해적 출신이었다. 마쓰우라(松浦)와 우쿠고토(宇久五島)가 이끌었던 악명 높았던 아사쿠사(天草)지방의 해적은 고니스 유키나카에 들어가 임진왜란에 참여했다. 이렇게 해적들이 해체 편입될 수밖에 없었던 이유 가운데 하나는 도요토미 히데요시가 1588년 7월 선포한 '해상적선의 금령'이라는 조치 때문인데, 그 때문에 해적 집단은 해적 활동을 더 이상 유지할 수 없었다.

이들 해적의 전법은 갈고리를 걸어놓거나 나무를 대고 무조건 기어올라가는 등선육박 전법이었다. 왜 수군은 이것에 가장 자신이 있었다. 거친 바다에서 활동한 그들은 육박전과 같은 근접전에 강했고, 칼을 주 무기로 사용하고 있었다. 사실 이러한 전략은 당시 왜 수군의

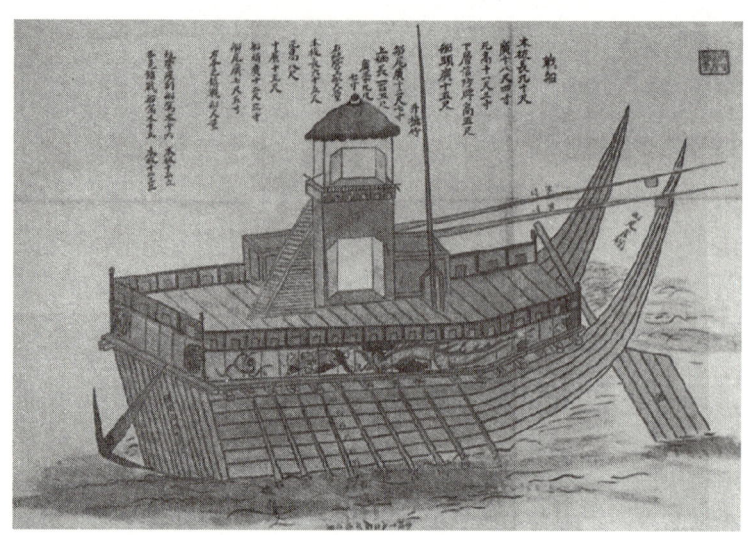

각선도본에 실린 판옥선

전선과도 밀접하게 연결된 것이다.

조선의 주력 전투함은 판옥선이었고, 왜의 주력 군선은 아다케와 세키부네(關船)였다. 확실하지는 않지만 이 배의 이름은 해적들이 통행세를 징수한 데서 비롯되었다는 설이 있다. 관선의 크기는 배의 폭과 높이에서 조선의 판옥선보다 모두 작았고, 얇은 판자로 만들었기 때문에 배의 강도가 그리 강하지 못했다. 높은 위치에 있던 판옥선의 조선 수군은 화살로 공격하기가 쉬웠다. 판옥선은 4,5명이 노를 젓지만, 왜의 군선은 보통 1명이 젓거나 두 명이 배치되었다. 따라서 적은 인원수로 빨리 가기 위해서는 배 자체가 가볍고 날렵해야 했고 그럴수록 배의 강도는 더욱 약해졌다. 따라서 판옥선은 거북선과 함께 일정한 거리를 두고 화살과 총통으로 공격하며 왜군의 관선을 깨부숴주는 전법을 사용하는 것이 유리했다. 더구나 왜군은 등선육박전을 잘 쓸 뿐만 아니라 조총을 가지고 있었기 때문에 일정한 거리가 반드시

거제도 북쪽에 있는 작은 섬 칠천도 부근의 좁은 해로인 칠천량

필요했다. 거북선은 갈고리를 걸고 오를 수 없을 정도로 미끄럽게 기름을 발라, 왜군이 올라타지 못하도록 만들었다. 그리고 견고한 배의 내구성을 통해 왜군의 배를 부수는 전법을 사용했다. 거북선이 임진왜란 전에 만들어진 것은 이미 왜군의 수군과 배에 대해 상당한 정보가 있었기 때문에 가능했다.

원균이 칠천량 해전에서 패배하게 되는 것은 이순신의 전략 원칙에서 벗어났기 때문이다. 즉 원균의 패배는 해적들의 전법을 반영하지 못해서다. 이순신이 지능적인 아웃파이터였다면, 원균은 무모할 정도의 인파이터였다. 당시 해전에서 왜군의 주무기였던 조총의 유효사거리는 100보(步) 내외에서 인명 살상이 가능했고, 조선군의 주력 화기인 총통은 유효사거리 500보가 넘는 함선 파괴용이었다. 이순신은 바로 이 총통을 이용한 원거리 포격전으로 왜 선단을 무력화했다. 하지만 원균에게 전투의 승리란 모름지기 적의 목을 베는 것이었다.

그래서 그는 돌격전, 근접전을 선호했다. 그의 지휘 아래에서 조선 수군이 조총의 제물이 된 이유이기도 하다.

반대로 왜군은 칠천량 해전에서 근접전 즉 등선육박전으로 이겼다. 조선 전선 한 척에 왜 전선 여러 척이 달라붙어 배 위로 무조건 뛰어오르는 등선육박전에서 조선 수군은 불리할 수밖에 없었다. 해적출신이 많은 왜 수군은 실전 경험이 많았지만, 조선 수군은 그렇지 못했다. 등선육박전으로 전열이 흐트러지자, 원균의 통솔은 뜻대로 되지 않았고, 전열은 급속하게 붕괴되어 패주하게 된다. 이 칠천량 해전의 패배 이후에 소집된 어전 회의에서 김명원은 왜적이 우리 수군의 배에 오르자, 병사들이 힘 한번 써보지 못하고 당했다고 보고했다.

이원익이나 정기원 그리고 사헌부는 병사들이 제대로 싸우지 않고 도망갔기 때문에 패배했다고 치계했다. 하지만 정신력만으로 전투에서 이길 수 없는 지경에 이르는 예는 많다. 이 경우도 마찬가지였다. 당시 전투는 근본적으로 왜군의 장점과 특기는 파악하지 못하고 거꾸로 우리의 약점을 공격하는 그들의 전략에 대비하지 못했기 때문이다. 지도력과 통솔력의 부족은 군대 진영의 와해를 쉽게 불러일으키며, 상대의 본질을 꿰뚫어야 상대의 약점을 정확히 파악할 수 있는 것이다. 영국 해군 준장 발라드(G. A. Ballard)는 이렇게 말했다.

"이순신은 전략적 상황을 널리 파악하고 해군전술에 관한 비상한 기술을 가지고 전쟁의 유일한 참 정신인 불굴의 공격원칙에 따라 항상 고무된 통솔원칙을 겸비하고 있었다. 그의 맹렬한 공격은 절대로 맹목적인 모험이 아니었다."

이 말을 뒷받침하듯 명량 해전을 보자. 13척의 조선 수군과 수백 척의 왜 함대. 어떻게 할 것인가. 이순신은 울돌목에 주목했다. 빠른 조류가 하루에 4번 바뀐다는 점과 울돌목의 폭이 120m밖에 안 되는 점을 파악했다. 이러한 지형지물과 특성을 최대한 활용해 병력 차를 극복하고 유효적절한 전력을 사용해 왜선에 연쇄추돌의 혼란을 일으킨 뒤, 천자총통으로 집중 포격해 순식간에 31척을 격침시켰다. 이순신은 전략적 상황에 대한 정보를 알고 있었고, 그것에 필요한 기술과 공격, 그리고 통솔에 필요한 원칙도 이미 갖추고 있었기에 승리할 수 있었다.

2) 임진왜란을 정확히 예측하다
― 많은 정보보다 정확한 정보의 선택

이순신의 사전 군사 방비의 이면장군이 된 이순신은 바다에서 싸울 수 있는 거북선이란 배를 만들었다. 일찍이 왜군이 쳐들어올 것을 대비하신 것이다. 무엇이든지 준비를 잘 해야 한다는 것을 느꼈다.
― '이순신 장군을 읽고, 나도 이순신 장군처럼' 중현 초등학교 3-4이○○

당시 일본은, 이른바 전국시대라는 혼란기를 수습하고 점차 통일의 기운이 무르익어 갈 무렵, 도요토미風臣秀吉가 통일의 대업을 성취하고, 그 여세를 몰아 우리나라와 중국대륙에까지 손을 뻗치려는 계획을 세우고 있었다. 이같이 왜적이 호시탐탐 침략의 기회를 노리고 있는 위급한 상황에서도 조정에서는 이를 대비한 아무런 대책도 없이, 오히려 당쟁만을 일삼는 한심스러운 상태였다. 더구나 일본의 실정을 알아보기 위해 일본을 다녀온 통신사들이 정반대의 보고를 하자, 조정에서는 안일무사

를 바라는 낙관론에 기울고 말았다. 그러나 공은 왜적이 침략해 오리라
고 예견하고, 이에 대비하는 만반의 태세를 갖추고 있었다.
　— 현충사 '십경도' (4. 세계 최초의 철갑선 거북선의 건조) 중

다만, 전라좌수사 이순신李舜臣만이 전비를 갖추고 적의 침입에 대비하고
있었다.
　— 엠파스 백과사전

　　이순신의 방비력은 정확한 정보력, 믿을만한 정보원에 따라 일관된
실천을 했기 때문에 가능했다. 역시 그것은 혼자만의 힘으로는 불가
능한 일이었다. 그러나 위인전이나 이순신의 업적을 찬양하는 글들
은 이순신 혼자 뛰어난 예지력과 통찰력으로 아무도 예측하지 못한
임진왜란을 내다보고 군비를 철저하게 준비했으며 조정이나 다른 장
수들은 자신들의 이해관계만을 추구하기에 급급했다는 식으로 알려
주고 있다. 보통 사람들이 영웅을 만드는 것은 자신보다 뛰어난 존재
를 만들어 자신이 할 수 없는 일을 대신했다고 여기려는 심리 때문이
다. 그렇게 하면서 특정한 인물을 자신의 우상으로 만들어 마음의 위
안을 삼는다. 일종의 대리 충족 욕구가 영웅 이미지에 투사된 것이다.
　　우리는 흔히 미래를 내다보기 원한다. 현실 속에서 후회를 할 때 앞
날을 알지 못했음의 아쉬움이 크기 때문일 것이다. 그렇기 때문에 진
보된 인류의 문명이 만들어지게 된 것인지도 모른다. 이순신이라는
영웅을 통해 우리가 부러워하는 것 중 하나도 그의 선견지명일 것이
다. 그래서 비록 임란을 대비하는 과정보다는 대부분 이순신을 신격
화할 정도로 그의 예지력에 무게를 둔 후대의 평가는 이순신의 영웅
성이 더욱 부각되어 위대한 인물상으로 우리에게 거부감 없이 기억되

었을 것이다.

그렇지만 분명한 것은 이순신이 임진왜란을 정확히 예측할 수 있었던 이유는 특별한 예지력이 아니라 정보력을 바탕으로 한 커뮤니케이션에 있었다. 이순신의 강점은 끊임없는 "소통"에 있었다. 임란 전에 이순신은 이미 조정이나 다른 관리들과 왜의 움직임에 대해서 끊임없이 정보를 주고받았다. 이미 상당수의 조정 대신들은 왜가 조선에

도요토미 히데요시 _도 10

쳐들어올 것이라는 사실을 알고 있었는데 그 과정을 살펴보면 이순신이 나름대로 어떻게 군비에 만전을 기할 수 있었는지 알 수 있다.

도요토미 히데요시는 이미 1585년부터 대륙 침략을 생각하며 일본의 통일을 이루어가고 있었지만, 각 무장 세력들의 불만을 재울 방법이 마땅치 않았고 여기에 신흥 상업 세력은 자신들의 부를 내세워 권력에 도전하고 있었다. 히데요시는 1587년, 규슈 정벌을 마치고 대륙 정벌의 계획을 실행에 옮긴다. 그러나 대마도주(對馬島主) 요시시게(宗義調)에게 조선 침공 뜻을 알렸지만 대마도는 조선에 조공을 바치고 있는 처지였기 때문에 섣불리 히데요시의 제안을 받아들일 수만은 없는 난처한 측면이 있었다. 그래서 유화책으로 조선에서 통신사를 파견하기로 했다.

1587년 가신 다치바나 야스히로(橘康廣)를 왜 국왕사로 삼아 조선에 파견하고, 일본의 변화를 설명하며 통신사의 파견을 요청했다. 이런 유화책 뒤에는 조선과 일본이 함께 손을 잡고 명을 치자는 책략이 숨어 있었으나 조선에서는 그 태도가 불손하다며 통신사를 파견하지 않

았다. 그러자 1588년 10월과 1589년 6월, 일본은 두 차례 조공과 함께 통신사 파견을 간청했다. 아울러 대마도주가 조선인이면서도 왜의 앞잡이가 되어 노략질 한 사람들을 잡아오는 성의를 보이자, 조선은 1590년 3월 황윤길을 정사(正使), 김성일을 부사, 허성을 종사관으로 한 통신사를 파견했고, 1591년 정월(1월) 답서를 받아 귀국했다.

이 답서에는 "정명가도(征明假道)"라는 말이 들어 있었고, 이는 명나라를 칠 테니 길을 빌려달라는 말이었다. 조정에서는 "협력하지 않으면 어떻게 될 것인가"가 관심의 대상이었다. 그것은 침입 가능성에 대한 의문이었다. 그래서 왜의 침입 가능성에 대한 회의가 이루어졌는데, 여기에서 통신사로 갔다 온 황윤길과 김성일의 의견이 갈라졌다. 서인이었던 황윤길은 침략할 것이라 했고, 동인이었던 김성일은 그렇지 않다고 했다. 당시 동인 세력이 우세했으므로 김성일의 말이 중론으로 정해져 침략 가능성은 배제 되었다. 그런데 한 달 뒤 2월 제3차 일본 사신 일행이 조선 통신사보다 늦게 한양에 들어왔다. 사신으로 온 대마도주의 아들 요시토모가 조선 선위사 오억령에게 내년(1592년)에 왜가 조선을 반드시 침략할 것이라고 말했다. 즉, 왜가 길을 빌려 명을 치려한다는 가도입명(假道入明)이 바로 내년이라는 통고였다. 처음에는 믿지 않았지만 이에 조정은 놀라 그 해 5월 왜의 서계 내용과 함께 왜정(倭情)을 명(明)에 알렸다. 그리고 부랴부랴 왜의 침공에 대비해 전라, 경상 연안에 여러 성을 쌓게 했고, 각 진영의 무기를 정비하며 신립, 이일을 순찰사로 삼아 영남 지방의 방비를 하게 했다.

그러나 문제는 설마 설마 하고 있었기 때문에 방비의 알맹이가 없었고, 더욱이 선조는 대마도주가 알린 왜 침략 예정설을 전한 오억령을 국론을 어지럽힌 자라 하여 파면까지 했다. 또한 후임 심희수도 똑같은 보고를 했지만 선조는 받아들이지 않았다. 다만, 이러한 보고를 인지하고 이때서야 유성룡을 비롯한 많은 중신들이 왜의 침략 계획을 확신하게 됐으나 선조에게 강하게 말할 수 없었다. 10여 개월 전, 왕에 대한 논조를 구실로 정여립의 친족은 물론 친구를 포함해 주위에 관련된 모든 사람을 무려 1천여 명이나 참살하는 정여립 사건이 있었기 때문이다. 대신들은 선조 앞에서 옳은 소리를 주저하며 혹시 모르니 남해안의 방비를 해야 한다는 수준으로 대비했던 것이다. 이 부분을 『징비록』은 다음과 같이 말하고 있다.

> 우리 조정에서는 왜의 동태를 근심하여 국경 수비대에 밝은 재신을 뽑아 하삼도를 순찰하여 대비하게 했다. 김수로를 경상 감사, 이광은 전라 감사, 윤선각을 충청 감사로 삼아 병기를 준비하고 성과 못을 수축하게 했다. 그중에서도 경상도의 성을 가장 많이 쌓았다 … 왜가 출병한다는 소리가 날로 급해지니 임금께서는 비변사에 명령하여 제각기 장수가 될 만한 사람을 추천하라고 하기에 내가 이순신을 추천하였다.

이순신은 1591년 2월 16일에 전라좌수영에 왔다. 이순신이 좌수영에 온 것은 유성룡의 힘이 결정적이었다. 좋지 않은 상황 때문에 유성룡은 선조의 비위를 건드리지 않으면서 대비책을 세우고자 했고, 이는 일본의 침략을 예측한 이들이 취했던 대부분의 행동이었다.

이러한 가운데 정읍 현감에서 여러 단계를 뛰어넘어 이순신이 수사에 임명되자, 그의 갑작스런 승진을 의심하는 이도 있었다. 현감은 종6품이다. 전라좌도를 맡으려면 정3품의 수사(수군절도사)가 되어야 하는데 7단계의 정6품, 종5품, 정5품, 종4품, 정4품, 종3품, 정3품에 이르는 파격적인 승진이 필요했다. 이는 사실상 불가능한 일이었다. 그럼에도 유성룡은 일단 이순신을 종4품의 진도 군수로 삼은 후 다시 가리포(전라도 부안군 위도) 첨사(종3품)에서 수일 내 전라좌수사(정3품)로 삼는다. 중간에 몇 단계가 있었지만 순식간에 7단계의 승진이 이루어 진 것이다. 이 과정에서 사간원의 반대가 극심했다. 고금 이래로 파격 적인 승진은 본래 비난받기 좋은 소재이다.

임란 당시 명령 체계도

조정
↓
병마절도사, 관찰사, 순변사(대개 관찰사가 겸직) — 종2품
↓
수군절도사 — 정3품
↓
부사(府使) — 종3품, 첨(절제)사(僉節制使) — 종3품
↓
우후(虞候) — 정4품
↓
동첨절제사(同僉節制使) — 종4품, 만호(萬戶) 종4품
↓
권관(權管: 종9품), 별장(別將: 종9품)

이순신이 이러저러한 당파에 매이지 않았기 때문에 유리한 면이 있 었겠지만 동인계열인 유성룡을 비롯해 정탁 등이 이순신을 지지하지 않았다면 이순신은 좌수사에 오를 수 없었다. 형식적인 절차와 상관 없이 능력 있는 인물을 발탁하여 등용하는 것은 조선시대의 매력이기 도 하지만 파격적인 승진으로 이순신에게는 많은 적들이 만들어지게 되었다. 또한 좌수사에 오르긴 했어도 지방으로 내려가 있던 이순신 이 중앙 조정과 일본의 사정을 모두 알 수는 없는 일이었다. 그럼 일 본에 대한 정보는 어디에서 얻었을까.

- 1594년 7월 12일(양력 8월 27일) 저녁에 탐후선이 들어왔기에 어머니의 평안하심은 알았으나, 면의 병세는 심해 몹시도 애타지만 어찌하랴. 영의정 유성룡이 죽었다는 부고가 순변사가 있는 곳에 왔다고 한다. 이는 유 정승을 미워하는 자들이 반드시 말을 만들어 비방하는 말일 것이다. 이런 통분함을 이길 수 없다. 이날 어둘 무렵에 마음이 몹시도 어지러웠다. 홀로 빈집에 앉았으니, 마음을 제대로 걷잡을 수 없다. 염려가 더욱 답답하여 밤이 깊어가도 잠들지 못했다. 유 정승이 만약 어찌 되었다면 나랏일을 어찌하랴! 어찌하랴!

- 1596년 1월 12일(양력 2월 9일) 추위가 갑절이나 된다. 밤 두시쯤의 꿈에, 어느 한 곳에 이르러 영의정과 같이 한 시간이 넘게 이야기하다가 의관을 다 벗어 놓고 앉았다 누웠다 하면서 나라를 걱정하는 생각을 서로 털어놓다가 끝내는 가슴에 메인 것까지 쏟아 놓았다. 한참을 지나니 비바람이 억세게 퍼부었는데도 흩어지지 않았다. 조용히 이야기하는 동안 서쪽의 적이 급히 들어오고 남쪽의 적도 덤비게 된다면, 임금이 어디로 가시겠는가 하고 걱정만 되뇌이며 할 말을 알지 못했다. 일찍 듣건대, 영의정이 답천으로 몸이 몹시 편찮다고 했는데, 나았는지 모르겠다. 글자 점을 던져 보았더니, 바람이 물결을 일으키는 것과 같다고 했고, 또 오늘 중에 길흉이 어떤지를 접쳤더니, 가난한 사람이 보배를 얻은 것과 같다고 했다. 이 괘는 매우 좋다.

유성룡은 이순신에게 고급 정보들을 제공해줄 수 있었다. 핵심 정보들을 모두 접할 수 있는 위치에 있었기 때문이다. 하지만 단지 정보나 전략적 지원자뿐만 아니라는 사실이 앞선 『난중일기』에서 잘 드러난다. 이순신과 유성룡이 얼마나 친했으면, 꿈에 등장하고 건강을 극진히 염려하고 죽었다는 말에 그렇게도 비통해 할까. 유성룡이 이순신을 파격적으로 승진시킨 이면에는 사전에 충분한 의사소통과 교감이 있었기 때문이다. 이렇게 서로 교감이 가능했던 것은 두 사람 사이에 깊은 신뢰가 있었음을 보여주는데 시국을 보는 관점이나 세계관이 일치하지 않는 바에야 나올 수 없는 일기의 내용이 이를 말해준다.

중요한 것은 당시 이순신과 비슷한 위치에 있던 인물들이 많았겠지만 똑같은 정보를 듣더라도 정보의 진위여부를 가리고 어떻게 대처하며 어떻게 행동했는가가 핵심이다. 이순신이 이런 정보를 듣고 왜란의 침입을 확신한 점은 오늘날 정보의 홍수, 커뮤니케이션 시대에 더욱 중요한 능력이기도 하다. 이순신은 사실을 알고 바로 행동하는 행동형 인간이었다. 전쟁이 임박한 시점에서 짧은 시간 내에 이순신만큼 효과적으로 방비한 사람은 드물었다. 한정된 물자로 성을 쌓고 군비를 확충하면서 거북선을 만들어 탁월한 전선을 만들고 큰 전승을 거둔 점은 많은 정보 커뮤니케이션 속에서 그의 행동하는 추진력의 결과라 할 수 있다. 일례로 1592년 처음 경상도에 출전한 이순신의 전선은 24척에 불과했고, 해전이 일어난 지역은 이순신의 관할 지역이 아니라 원균이 있던 경상우도 지역이었다. 그 당시 세 수사의 연합전선이 이루어진 상황에서 수많은 정보들이 쉴 새 없이 교류되고, 그것을 급박한 상황마다 빠르게 판단하고 행동함으로써 조선 해군의 힘을 발휘하게 된 것이다.

엄청난 비난에도 불구하고 이순신이 파격적인 승진을 하지 않았다면 우리가 기억하는 많은 해전의 승리는 없었을 것이다. 비난과 칭찬의 칼날 위에 언제나 아슬아슬한 삶이 이순신의 모습이었다. 그 속에서 줄곧 정보의 네트워크에 기초한 과단성, 신뢰를 바탕으로 한 소통과 정확한 판단은 우리에게 시사하는 바가 크다.

그렇다면 이순신은 전라좌수영에 부임했을 때 처음부터 백성들의 신망을 얻었을까? 그렇지 못했을 가능성이 많다. 당시 상황이 인자하기만한 리더로만 있기에는 너무나 다급한 상황이었기 때문이다. 큰 그림을 그려야 하는 리더로서의 이순신은 정보 면에 있어서 뿐 아니라 지속적인 실천과 일관성을 우직하게 지켜나가는 리더일지라도 자신이 속한 그룹 내에서 어떤 평가를 받을 수 있는지를 살펴볼 수 있게 만든다.

앞서 보았듯이 1년 전부터 성곽을 수축하고 무기를 점검하며, 능력 있는 장수를 천거하도록 했지만, 『징비록』 권 1, 『선조수정실록』 권 25 선조 24년 7월 등의 기록에 따르면 당시 이러한 대비책에 대해 각 지역에서 불만이 터져 나왔다. 오랫동안 큰 전란이 없었던 점 때문이었다. 200년 동안 태평성대를 누리고 있는데 설마 전쟁이 나겠는가, 먼 바다를 건너 어떻게 왜군이 쳐들어오겠느냐는 사회적 심리가 있었다. 이른바 '설마' 심리였다. 더구나 왜국은 항상 조선보다 열등한 존재라는 인식이 팽배해 있었기에 왜놈쯤이야 능히 이길 수 있는 존재로만 생각하고 있었다. 전국 시대의 분열된 일본의 모습만을 생각하면 그렇게 여길 수도 있지만 혼란기를 수습한 일본은 매우 강한 군사력을 보유하고 있었다.

이런 일본의 실체를 무시했던 조선에서는 군사 동원과 성곽 수축이 민폐를 끼친다는 불만이 터져 나왔다. 조선은 나라의 통치권자인 선조로부터 일반 백성에 이르기까지 전쟁의 가능성을 부정적으로 생각하고 일본의 변화된 사정을 무시하는 생각이 팽배했기에 리더나 백성들이 왜의 대군을 막을만한 정도의 준비를 하지 못하기에 이르렀다. 하지만 전라좌수영만큼은 달랐다. 이렇게 다른 모습을 보일 수 있는 이유에 대해서는 여러 가지 분석이 가능할 것이다. 군인의 본분은 국방경계와 전란대비에 있기 때문에 적의 작은 도발 가능성에도 항시 준비를 하고 있어야 한다. 군사 징발과 성곽 축조에 노역으로 동원 되는 백성들은 이순신을 원망도 했을 것이다. 그러나 이순신은 전쟁이 일어났을 때 어떤 상황이 벌어지는지 이미 북방 지역에서 충분히 경험을 했다. 순식간에 죽음과 고통의 처참한 아비규환의 현장으로 변해 버리는 것이 전쟁이다.

보기에 따라 이순신은 어느 날 갑자기 평화로운 남해 지역에 낙하산 인사로 부임하여 공적을 세우기 위해서 백성을 징발하여 병영에 징집하고 성의 수축에 동원시키는 전시행정을 펼치는 장수로 보였을 수 있었을 것이다. 그러나 이순신은 자신의 평판에 연연하기 보다는 단기적인 편안함을 통한 장기적인 고통이 아니라 단기적인 고통을 통해 장기적인 편안함을 구축하려 했다. 그 결과 다른 지역보다 훨씬 탄탄하고 놀라운 방비책을 마련할 수 있었고, 임란 발발 직전에는 거북선의 실전 시험까지 마치게 된다.

3) 「난중일기」를 쓴 까닭
— 기록이 스스로를 구한다

영화 〈플래툰〉에서 주인공은 월남전에 참전한 뒤 언제 죽을지 모르는 상황에서도 하루하루를 기록해간다. 혹시 자신이 죽는다면 가족이라도 자신의 경험과 일상을 알아주기 바랐기 때문이다. 그리고 그것을 편지로 보내기도 한다.

이순신의 업적이나 그 탁월한 능력을 인정받는 데 중요한 역할을 한 것은 편지, 일기, 전쟁초본 등 그가 쓴 기록이었다. 만약 원균도 이

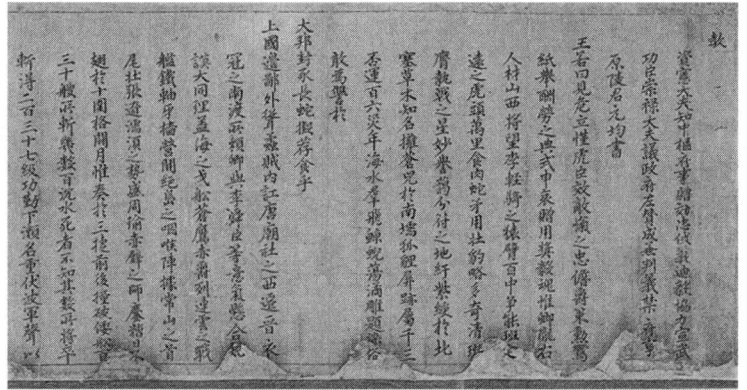

원릉군원균선무공신교서(原陵君元均宣武功臣敎書) _도 11

이 교서는 선조 37년(1604) 임진왜란 때 경상우도수군절도사로서 왜군과 대적하여 크게 이기고, 정유재란 때 통제사가 되어 적선을 물리치다 장렬하게 전사한 원균(1540~1597)에게 공신으로 임명한다는 내용을 담은 공신교서이다.

내용은 왜군을 물리치고 장렬하게 전사한 원균에게 죽은 후에도 그 후손들을 계속해서 보살필 것임을 밝히고, 노비 13명, 전 150결, 은 10냥, 옷감 1단, 말 1필을 내린다는 것이다.

이 교서와 함께 있는 치제문은 선조 38년(1605) 정월 18일 임금이 의정부좌찬성으로 증직된 원균의 영전에 그의 죽음을 기리어 제사를 지내게 한 글을 담은 문서이다. 이 교서는 임진왜란 당시 왜군을 물리치는 데 많은 공을 세운 원균 장군에 대한 새로운 평가를 할 수 있는 좋은 자료로 평가된다.

순신처럼 제대로 자신의 기록을 남겼더라면 그에 대한 평가는 달라졌을 것이다. 『난중일기』는 일찍부터 개인의 일기로서뿐만 아니라 역사적인 사료로서도 그 가치를 인정받아 국보 76호로 지정되었다.

우리는 『난중일기』를 읽기 전 드라마틱한 전투신과 죽음에 이른 노량 해전까지 극적인 구성을 생각해서 잔뜩 기대를 하며 책을 펴들었다가 졸음이 쏟아진 기억이 많을 것이다. 드라마틱한 이순신의 일대기와는 달리 『난중일기』는 단순한 일과와 짧은 기록의 연속이다. 왜 이순신은 그렇게 재미없게 일기를 썼을까? 우국충정의 심정이나 역사적인 가치를 생각해서 쓰다보니 간결한 사실만을 기록하게 되었을까. 그런 점도 분명 있었겠지만 그것보다 더 중요한 점을 생각해 볼 필요가 있다.

『난중일기』는 1592년 1월부터 시작한다. 임진년에 일본이 침략한다는 사실은 당시의 공공연한 비밀일뿐 아니라 유성룡과 당시 정보력을 통해 이순신은 이미 알고 있었을 시점이기 때문이다.

일기를 쓰게 된 근본적 동기는 무장 한 명의 시선에서 구국 충정이나 개인적 소회를 남기기 위해서라기 보다는 그의 뼈아픈 경험에서 비롯된 것으로 보인다. 이런 관점으로 이순신의 『난중일기』를 바라보는 접근 의도는 일기의 역사적 가치를 떠나 이순신의 삶이 타의적 요인으로 저울질 되어 스스로 증명이 필요할 법한 평탄치 않은 여정이었기 때문이다. 이렇게 『난중일기』를 쓴 또 다른 의미를 정유재란 일기에서 거꾸로 짐작해 볼 수 있다.

우선 이순신이 초서로 쓴 친필 초고본은 별책 부록까지 합하여 8책으로 매우 많은 분량이다. 그런데 제5책과 제6책 두 책이 모두 정유년(丁酉年) 일기이다. 유독 정유년에 일기가 많다. 8월 4일부터 10월 8일까지가 중복되어 있기 때문이다. 또한 제5책에 간지(干支)가 잘못 적혀 있는 곳이 많고, 또 내용을 보아도 제6책의 것이 비교적 자세하게 적혀 있다. 나중에 이순신이 시간적 여유를 틈타 간지의 잘못을 바로잡는 한편, 기억을 더듬어 보완하였다고 보는 것이 일반적인 평가다.[1] 정유년의 일기만이 중복되고 자세하게 적혀있는 그 까닭을 분명히 알 수 없지만 짐작은 할 수 있다.

여기서 왜 일기를 바로잡았을까 라는 의문이 생긴다. 조선시대 선비들이 남긴 일기는 지금까지도 그 사료적 가치와 역사적 인물에 대한 자료로 알려진 것이 많다. 그러나 널리 알려진 유명 일기는 생각하는 것처럼 그 수가 많지 않다. 오늘날 보더라도 일기는 보통 유년시절에 많이 쓰다가 성인이 되어서까지 일기를 쓰는 일은 드물게 되고, 그나마 아이들은 보통 일기를 쓰려 하지 않는데 이유 중 하나는 그 일기는 검사용이기 때문이다. 일기를 자신이 쓰지만 그것은 자신만이 볼 일기가 아니기 때문에 솔직하게 적기 보다는 때때로 타인이 읽을 것을 염두에 두고 쓴다. 마찬가지로 유명 인사의 회고록들도 대개 솔직한 자신의 감정이나 생각, 경험을 쓰는 경우는 드물다. 왜냐하면 이미 남이 볼 것을 전제하고 쓰기 때문이다. 아무래도 자신을 미화시키거나 주장을 설득시키게 된다.

'이순신이 기록을 하고 있었던 것' 이라는 의미는 이순신이 이미 다른 사람들이 자신의 행동과 생각을 평가할 것이라는 전제에 따라 일기를 썼다는 점을 말해준다. 『난중일기』는 자체 검열, 자기검열의 일기다. 이런 '기록'의 특성은 상당한 절제성과 가치에 있다. 기록할 만한 것을 명확하고 핵심적으로 기술하는 것이다. 실제로 『난중일기』는 절제되어 있다. 또 너무 배울 것이 많다는 것이 『난중일기』의 결정적인 장점이자 약점이기도 하다. 백과사전에는 『난중일기』의 의미에 대해 다음과 같이 적혀 있다.

> 유비 무환의 진중 생활, 부하를 사랑하고 백성을 아끼는 마음, 부하에 대한 사심 없는 상벌의 원칙, 국정에 대한 솔직한 간언, 군사행동에 있어서의 비밀 엄수, 전투 상황의 정확한 기록, 가족 친지, 부하장졸, 내외 요인들의 내왕 관계, 정치·군사에 관한 서신교환 등이 수록되어 있다.
> — 두산백과사전

『난중일기』를 보면 자신이 공적인 일에서 잘못했다는 내용, 특히 전략적으로 잘못했다는 내용은 찾아 볼 수 없다. 이순신은 1592년 9

월의 부산포대첩에서 이기기는 했지만 많은 손실을 입었다. 그러나 이에 대해 장계에는 언급되어 있지 않고, 해당 일기도 없다. 또한 당시 조정에 대해 상당한 불만을 가지고 있었음에도 일기에는 직접적으로 이러한 언급이 없다. 권율이나 원균, 고위급 인사들에 대한 비난은 있지만 임금 선조에 대한 비판은 없다. '충, 효, 의, 신'이라는 당시의 시대적 가치, 무장의 의무와 역할 등에 대한 충실한 면이 오히려 지나치게 돋보인다. 특히 원균에 대해서 집요하게 그의 단점을 지적하고 있는데, 사실 원균에 대한 판단의 대부분은 『난중일기』의 기록에 근거하기 때문에 이순신과 대립관계에 있던 원균의 사정은 전혀 드러나지 않는다. 최근 일어나고 있는 원균에 대한 재평가는 맞고 틀리고의 문제가 아니라 결국 이순신과 『난중일기』 중심 일변도의 시각에서 벗어나고자 하는 움직임이다. 만약 원균이 일기를 남겼다면 이순신과 원균에 대해 또 다른 평가를 하게 되었을지 모를 일이다.

끝으로 이순신이 누군가를 의식하고 일기를 썼다해도 비난할 수는 없다. 위대한 영웅일수록 오해와 편견에서 자유로울 수 없을지 모른다. 백범 김구 선생도 이순신과 마찬가지로 자신의 일기를 『백범일지』로 정리했다.

> 애초에 이 글을 쓸 생각을 낸 것은 내가 상해에서 대한민국 임시정부의 주석이 되어 내 몸에 죽음이 언제 닥칠는지 모르는 위험한 일을 시작할 때 당시 본국에 들어와 있던 어린 두 아들에게 나의 지난 일을 알리고자 하는 동기에서였다. 그렇게 유서 대신으로 쓴 것이 이 책의 상편이다. 사건 이후 중일전쟁의 결과를 우리 독립운동의 기지와 기회를 잃어 이 목숨을 던질 곳이 없이 살아남아서 다시 오는 기회를 기다리게 되었으나 그때 내 나이 칠십을 바라보자 앞날이 많지 않으므로 주로 미주와 하

와이에 있는 동포들을 염두에 두고 민족독립운동에 대한 나의 경륜과 소감을 알리려고 쓴 것이다. 이것 역시 유서라 할 것이었다.
― 백범 김구, 1947년 11월 15일(10월 1일 개천절에 씀)『백범일지』발간사

『난중일기』정유재란 당시 일기들이 중복되는 부분이 많고 여기에 다시 첨부·보충한 것은 이순신이 처했던 상황과 특히 관계가 깊으며 왜 남의 시선을 의식할 수밖에 없었는지 짐작하게 한다. 이순신은 정유년 2월에 투옥된다. 그런데 옥에서 출옥할 때『난중일기』가 많은 도움이 되었다. 일기 속에 있던 내용들이 이순신에게 다른 뜻이 없다는 것을 증명해 주었다고 평가된다. 그래서일까 옥에서 나오고 난 이후에 쓴 일기들에는 그전에 조금이나마 보였던 사적인 모습이 모두 삭제되기 시작한다. 공적인 기록 아니면 직무상 어려움을 중심으로 적는 한편 어머니에 대한 애절한 감정이라든지, 당시의 백성들이 자신을 어떻게 대하는지를 적는 것들이 많다. 그전에 보였던 조정에 대한 건의나 간헐적인 비판의 견해마저 없어지는 것은 정치적인 음모를 차단시키려는 의도로 읽을 수 있다. 아예 문제가 될 부분은 적지 않기로 한 것이 아닐까 하며 이것은 투옥되었던 사건으로 이순신의 마음에 변화가 있었던 것으로 보여진다. 이순신은 억울한 투옥과 징계를 당하며 오래 전부터 일기의 중요성을 깨달았던 것 같다. 2005년 새롭게 발굴된 32일치 일기에서 무려 29일치의 일기가 1595년의 일기인 것을 보면, 그만큼 후대의 편집자들이 걸러낼 내용이 많았다는 것을 의미한다.

무엇보다 이순신이『난중일기』을 쓰게 된 것은 조산보 만호 시절의 뼈아픈 경험 때문이었다. 앞서 언급되었듯 1586년 이순신은 조산보 만호에 임명되고, 당시에 두만강 하구에 있던 녹둔도의 관리를 동시

이충무공난중일기부서간첩임진장초(李忠武公亂中日記附書簡帖壬辰狀草) _도 12

이 책은 임진왜란(1592~1598) 때에 이순신(1545~1598)이 친필로 작성한 일기로 연도별로 7권이다.

일기의 구성을 보면 제1권은 『임진일기』로 선조 25년(1592) 5월 1일부터 선조 26년(1593) 3월까지 27매, 제2권은 『계사일기』로 선조 26년(1593) 5월 1일부터 9월 15일까지 30매, 제3권은 『갑오일기』로 선조 27년(1594) 1월 1일부터 7월 28일까지 52매, 제4권은 『병신일기』로 선조 29년(1596) 1월 1일부터 10월 11일까지 41매, 제5권은 『정유일기』로 선조 30년(1597) 4월 1일부터 10월 8일까지 27매, 제6권은 『정유일기속』으로 선조 30년(1597) 8월 4일부터 선조 31년(1598) 1월 4일까지 20매이나 약간의 중복된 부분이 있다. 제7권은 『무술일기』로 선조 31년(1592) 9월 15일부터 10월 7일까지 8매로 구성되어 있다.

7년의 난 동안 이순신의 피와 눈물이 헤아릴 수 없이 배인 것이며, 왜적과 싸우면서 틈틈이 계속하여 쓴 것으로, 후손들이 대대로 보존하여 390여 년을 간직해 온 것이다. 이것은 『충무공전서』에 수록된 난중일기의 초본으로, 내용중에는 수군통제에 관한 군사비책과 전황을 보고한 장계의 초안 등이 상세히 수록되어 있어 당시 군사제도에 대해 연구가치가 매우 높은 자료로 평가된다.

에 맡게 되는데 이듬해인 1587년 호인들이 침입한 사건을 함북 병마절도사였던 이일은 이순신의 잘못으로만 몰아 이순신을 투옥시켰다. 이순신은 상당히 억울했을 것이다. 무엇보다 그렇게 그가 죽었다고 한다면 자신의 행동과 사고는 그대로 묻혀 버리는 것이다. 자식들에게까지 제대로 알릴 수 없게 되는 셈이다. 잘못하면 옳지 못한 일을 한 사람으로 역사는 물론 집안에도 그렇게 전해지게 되는 것이다. 그러나 다행히 이순신은 전날 그가 병력을 요청했던 서찰을 가지고 있었다. 그것은 패배의 원인이 자신에게만 있지 않다는 것을 증명해주는 것이었다. 간단한 기록이 얼마나 중요한 역할을 하는지 일깨워주는 것이었다.

또한 이순신은 옥에 갇히거나 백의종군의 어려움을 겪으며 기록의 중요성을 다시 한 번 되새기게 했고, 자신이 누구를 만났으며 어떠한 일들이 있었는지 간략하게나마 기술해서 모함을 대비한 스스로의 알리바이를 성립하게 했다. 설혹 모함을 받더라도 일기에 나오는 사건이나 사람들은 훌륭한 증거가 되기 때문이다. 이것이 임진왜란을 예견하며 준비했던 이순신이 미리 일기를 썼던 중요한 이유일 것이다. 이러한 일기 쓰기는 정유재란 와중에 투옥되어 있을 때 정탁의 간언도 중요했지만, 자신의 무죄를 입증하는 데 상당한 역할을 하게 되었고, 이순신은 언제라도 자신이 위기에 몰릴 수 있음을 알았다. 그래서 정유년의 일기가 시간적 여유를 틈타 간지의 잘못을 바로잡는 한편 기억을 더듬어 완전히 객관화된 행동과 사적인 감정 등을 배제한 공적 사실을 다시 보완했을 것으로 짐작되는 이유이다.

단지 일기를 통해 '그간 행적이나 상황의 근거를 기록한 수준으로는 부족할 수 있겠다'는 생각을 할 수밖에 없었을 것이다. 따라서 정유년의 일기를 가필하고 다시 보충했다. 여기에 정유년 이후의 일기에서는 이순신의 일상사에서 드러나는 솔직한 인간적 면모 등을 볼 수 없게 된다. 대신에 자신이 처한 곤란한 상황의 기술과 사무와 관련된 이야기들이 주류를 이룬다고 볼 수 있다. 일종의 자기방어 장치였다. 이순신의 솔직한 일상에 대한 면모가 많이 삭제되어진 채 이렇게 메마른 『난중일기』로 남겨진 것은 안타까운 일이다. 어쩌면 그것은 이순신 일기의 정해진 운명이었다. 그러나 전쟁사나 사료적 가치 외에도 『난중일기』는 이순신의 뼈아픈 경험과 전장에서 겪는 생명의 위협, 승전과 패전에 대한 일련의 과정을 기록하여 뒷날 정당하게 평가를 받고자 하는 인간적인 고충에서 빚어진 역작이라는 데 새로운 의미가 있다.

흔히 전쟁이 일어나면 사병의 고충만을 생각하기 쉽다. 전쟁을 소재로 한 국내뿐 아니라 할리우드 영화를 보더라도 쉽게 알 수 있다. 참혹한 전쟁, 언제 죽을지 모르는 상황에서 자신의 기록을 남겨두는 모습은 진한 감동을 주는 장면으로 기억되기도 한다. 그러나 전쟁에서 죽음을 직감하고 자신의 흔적을 남기려는 사람은 사병들만이 아니다. 지휘관도 언제나 그러한 위기의식이 있다. 그래서 전쟁은 모두에게 공포이고 죽음 자체인지도 모른다. 하지만 이런 여러 가지 특수 상황과 후대의 평가를 위해 기록되는 일기일지라도 이해관계에 따라 첨부되거나 삭제되는 결과가 일어날 수 있음을 『난중일기』는 잘 보여주고 있다.

마지막으로 이순신이 기록으로 스스로 구명할 수 있었던 장소인 녹둔도는 그 뒤 어떻게 되었을까? 32㎢의 녹둔도는 1860년까지 조선의 영토였으나 러시아가 청나라를 압박해 1860년 베이징(北京)조약을 체결하여 러시아 땅으로 만들었다. 하지만 이 조약 이후에도 녹둔도에는 조선사람들이 살았다. 1883년 어윤중 서북 경략사는 녹둔도에 대해 조정에 이렇게 보고했다.

> 녹둔도에 살고 있는 사람들은 모두 조선 사람들이고 다른 나라 사람들은 한 명도 없다.

고종은 김광훈과 신선욱을 밀사로 파견해 녹둔도의 주민 현황을 조사하도록 했다. 113가구, 822명의 조선인이 녹둔도에 살고 있었고, 아국여지도를 그 내용을 새겨 넣었다. 일제 시대까지도 녹둔도에는 조선인이 살았지만, 1937년 스탈린 정권은 녹둔도의 한인들을 중앙아시아로 이주시키고 만다. 이후 북한은 1985년 국경조약을 통해 녹둔도를 러시아령으로 인정하는데 이런 역사를 바라보며 이순신은 무엇이라고 할지, 부끄러운 일이다.

5장

위기 속에 빛나는 탁월한 리더십

냉철한 머리, 따뜻한 가슴

1) 도망병과 기피병 그리고 단호한 조직 관리

 흔히 이순신이 남해안을 지키고 있을 때 그 지역에 있는 사람들이 모두 이순신을 중심으로 똘똘 뭉쳐서 왜적을 막았다고 생각한다. 나라를 생각하는 마음이 지극하니 명장을 중심으로 왜적이 강산을 유린하지 못하도록 있는 힘을 다하는 것이 정상일 것이다. 지역에서 차출되는 병사들도 이순신이라는 명장을 믿고 의지하면서 용기백배해 능동적으로 움직였을 테고 징집의 대상이 아니더라도 스스로 자원했을 것이다. 특히 이순신과 관련하여 이렇게 생각되는 이유는 다음과 같은 일기의 내용이 잘 알려졌기 때문이다.

- 1597년 8월 5일(양력 9월 15일) 아침을 먹은 뒤에 옥과ᅟ곡성군 옥과읍 땅에 이르렀는데, 피난민이 길에 가득했다. 남자와 여자가 부축하고 걸어가

는 것이 차마 볼 수 없었다. 그들이 울면서 말했다. "사또가 다시 오셨으니 우리들은 이제야 살았다." 길가에 큰 홰나무 정자 앞으로 가서 말에서 내리고 그들을 위로했다.

- 1597년 8월 9일(양력 9월 19일) 일찍 떠나 낙안군에 이르니, 오리까지나 사람들이 많이 나와 환영했다 … 점심을 먹은 뒤에 길을 떠나 십리쯤 오니, 길가에 동네 어른들이 늘어서서 술병을 다투어 바치는데, 받지 않으면 울면서 억지로 권했다.

1597년 4월 억울한 누명을 쓰고 옥에 갇혔던 이순신은 권율의 휘하에서 백의종군을 하고 있었고, 7월 15일 칠천량 해전에서 원균이 이끄는 조선 수군은 대패하고 원균이 전사하는 상황이었다. 그러자 8월, 조정은 다시 삼도수군통제사에 이순신을 임명한다. 삼도수군통제사의 임무를 수행하기 위해 임지로 가던 중에 이순신은 백성들을 만나게 되는데 환영하고 기뻐하는 모습들을 이렇게 일기에 적어 놓은 것이다. 이 부분의 일기를 통해 당시 많은 사람들이 임란 초반부터 이순신 주위에서 자발적으로 전쟁에 참여했다고 쉽게 생각하게 되지만 이 시기는 전쟁이 거의 끝나가는 시점에서 벌어진 일을 적은 것이다.

전쟁 기간 중 이순신을 힘들게 했던 고민 중에 가장 고통스러웠던 것은 도망병 문제였다. 전란이 개전된 지 얼마 되지 않은 1592년 5월 3일, 도망간 여도 수군 황옥천을 집에서 데려와 목을 베고 군중 앞에 높이 매어 단다. 군율의 엄격함을 보여줌으로 조직의 질서를 잡으려 한 것이지만 이는 단순히 도망병 몇 명만의 문제가 아니었다.

요즘 이 지방의 민심을 살펴보니, 지난번에 군사를 돌린 뒤로 군의 상황이 걱정스럽습니다. 사람들은 고통스러워하고 원망하며 군사를 징발하는 명령을 내린다 해도 모두 달아날 꾀만 생각하니, 어떻게 지휘해야 할지 어려움이 있습니다.

— 1592년 여름 편지

우리나라 사람들 10명 가운데 8,9명이 겁쟁이이며 용감한 자는 1,2명에 불과합니다. 그러니 평상시에 구분 없이 섞여 있다가 무슨 뜬소문을 들으면 번번하게 도망해 흩어질 생각만 하며 깜짝깜짝 놀라 엎어지고 자빠지며 다투어 달아납니다. 이러니 비록 그 안에 용감한 자가 있다고 해도 혼자 번쩍이는 칼날을 무릅쓰고 죽을 각오로 돌격하여 싸울 수 있겠습니까? 만일 정선한 군사들을 용감하고 지혜 있는 지휘관에게 맡겨 형세에 따라서 잘 지도했더라면 오늘날과 같은 전란이 반드시 이 지경에까지는 이르지 않았을 것입니다.

— 1593년 9월 장계

이순신의 장계에서 '조선 사람들은 겁쟁이' 라는 말이 먼저 눈에 띈다. 당시 이순신을 비롯한 장수와 의병을 중심으로 왜적을 맞아 능동적으로 용감하게 싸운 것으로 알고 있는 우리에게 이순신의 이러한 표현은 충격적이다. 하지만 이것은 신화적 미화로 생긴 역사의 폐해가 아닌가 싶다. 사실 그대로를 보여주는 것이 아니라 그럴 듯하게 꾸미다 보니 이순신이 이렇게 평가한 것에 대해서는 잘 알려지지 않은 것이다. 다음의 편지들은 적어도 1592년 사천과 율포 해전이 지난 7월전 그러니까 한산도대첩을 앞두고 작성한 것으로 보인다. 사천 해전에서 다친 어깨가 회복되지 않은 내용이 포함되어 있었기 때문이다. 이 편지에는 지역 민심이라든지 사람들이 도망가기에 바쁘다는 내용이 들어 있다.

군사를 움직일 시기는 정해졌습니까. 요즘 이 지방의 민심을 보니, 한번 징병한다는 소식을 듣기만 해도 모두 달아날 꾀만 품고 있다고 합니다.
― 편지

군사를 출발시킬 날을 정하셨습니까. 단지 이 지방의 민심이 무너져 흩어졌으며 징병한다는 소식만 듣고도 바삐 달아나 피하려고만 한다니 통분함을 이길 길 없습니다….
― 편지

이순신은 백성들에게 그 책임이 있는 것이 아니라 장수들을 제대로 배치하지 않았기 때문에 전장의 상황이 더 어려워졌다는 문제의 핵심을 분명히 밝히고 있다. 결국 부담은 이순신과 같은 장수에게 오게 되고, 이순신은 그 심각한 고민을 왜란 내내 하게 된다.

당시 이순신의 전선은 1592년을 기준으로 24척에 불과했다. 단지 전선만 부족했던 것이 아니라 노를 젓는 사람, 사부(활 쏘는 사람), 일반 병사할 것 없이 많은 사람이 매우 부족했다. 이순신은 1593년 9월의 장계에서 "전선의 수가 적고 수군의 군사들 가운데 달아나는 자들이 요즘에 와서 부쩍 심합니다. 만일 전선을 충분히 준비하고 격군을 보충할 길이 열린다면 비록 많은 왜적의 수가 있다고는 하지만 감당할 수 있으며 쉽게 섬멸할 수 있습니다"라고 했다. 사람이 많으면 왜적을 이길 수 있다. 이순신은 전선을 준비하는 것도 중요하지만 장정을 많이 모아야 한다고 주장했다. 그러나 장정들이 아예 도망가버리는 것이었다. 도대체 얼마나 많은 사람들이 도망을 간 것일까?

각 고을의 수병 가운데 도망한 자들이 10에 8, 9인데 제자리에 보초 서러 나오는 자는 10에 1, 2명도 되지 못합니다. 동네는 텅 비어 굴뚝에 연기가 쓸쓸합니다.
— 1593년 11월 17일 장계

전쟁이 일어난 뒤로 본영과 간진포에 들어와서 방비해야 할 수군 가운데 방비에 빠진 사람의 수는 남원 1,856명, 남평이 591명, 옥과가 313명인데 모두 2,760명입니다. 도목장조차 보내주지 않아 해가 지나도록 경계를 서는 배의 격군이 교체되지 않아서 공문을 보내어 재촉하느라 사람들이 길을 메울 지경입니다.
— 1594년 1월 장계

『조선왕조실록』 선조 26년(1594년)의 장계를 보면 당시 이순신이 데리고 있던 병사들이 5천여 명에 이른다고 할 때 이렇게 많은 수의 인원이 빠진 것은 사실 엄청난 타격임에 분명했다. 거의 반에 이르는 사람들이 제대로 군역에 나오지 않고 있었던 것이다. 7년의 긴 전쟁이었기 때문에 당시 병역의무를 해야 하는 이들이 주기적으로 교체되어야 정상이었다. 하지만 반수 이상의 인원들이 이순신 휘하의 부대에 오지 않았다. 이러한 상태에서 전투를 한다는 것은 무모한 짓임에 분명했다. 이 때문에 이순신 진영에 있던 병사들은 엄청난 피로와 고통을 당했을 것으로 보인다. 따라서 이순신은 도망병을 잡아내는 한편 그 죄에 상응하는 처벌을 하는 데 힘썼다. 다음은 『난중일기』에 나오는 사례들인데 전쟁 중에 극단적 처벌도 빈번했음을 알 수 있다.

- 1593년 5월 초7일(양력 6월 5일) 우수사(이억기)와 함께 아침밥을 먹고 진해루로 옮겨 앉아 공무를 돈 뒤에 배를 타고 떠나려는데, 발포의 도망

간 수군을 처형했다.
- 1594년 1월 6일(양력 2월 25일) 동헌에 나가서 남평의 도병방都兵房을 처형했다.
- 1594년 1월 8일(양력 2월 27일) 저녁 무렵 공무를 보았고, 남원의 도병방을 처형했다.
- 1594년 2월 초1일(양력 3월 22일) 이경복, 노윤발, 윤백년 등이 도망군을 싣고 뭍으로 옮겨가는 배 여덟 척을 붙잡아 왔다.
- 1594년 2월 초2일(양력 3월 23일) 아침에 도망군을 실어 내던 사람들의 죄를 처벌했다.
- 1594년 5월 30일(양력 7월 17일) 아침에 왜놈들과 도망가자고 꾄 광양 1호선 군사와 경상도 보자기 세 명을 처벌했다.
- 1594년 7월 4일(양력 8월 19일) 왜적 다섯 명과 도망병 한 명을 아울러 처형했다.
- 1594년 7월 26일(양력 9월 11일) 저녁 나절에 녹도 만호가 도망병 여덟 명을 잡아 왔다. 그래서 그중 주모자 세 명을 처형하고 그 나머지는 곤장을 쳤다.
- 1594년 8월 26일(양력 10월 9일) 아침에 각 고을과 포구에 공문을 써 보냈다. 흥양 보자기 막동이란 자가 장흥의 군사 서른 명을 몰래 그의 배에 싣고 도망간 죄로 처형하여 효수했다.
- 1595년 11월 26일(양력 12월 26일) 광양 도훈도가 복병하러 나갔다가 도망간 자들을 잡아와서 처벌했다.

참혹한 일이다. 인간미 있는 이순신의 행동이라고 보이지 않는다. 권율의 경우, 행주대첩에서의 공으로 도원수에 임명되었다가 도망병을 즉결 처분한 죄로 파직된 예가 있으나 계속되는 도망병으로 절박해진 이순신은 위험을 감수한 채 처형이란 극단적인 선택을 했던 것이다. 하지만 이러한 도망병의 문제는 도망하는 사람들의 개인적인 문제만으로 끝나는 것이 아니었다. 당시에 조직적인 도망과 방조가 이루어지고 있었는데 도망병뿐만 아니라 징집 대상인 사람들의 도주에 지방 관리와 관헌, 향리들이 이를 비호하고 나서는 조직적인 기피가 이루어졌다. 이 때문에 더욱 이순신은 골머리를 앓게 되었던 것이다. 이러한 사실을 『난중일기』와 장계에서 확인해보면 다음과 같다.

- 1593년 6월 8일(양력 7월 6일) 각 고을의 색리 열한 명을 처벌했다. 옥과의 향소鄕所는 전년부터 군사를 다스리는 일에 많이 부지런하지 못하여 결원이 거의 수백 명에 이르렀는데도 매번 속여 허위 보고했다. 그래서 오늘은 사형에 처하여 목을 높이 매달아 보였다. 모진 바람이 그치지 않는다. 마음이 괴롭고 어지러웠다.

수군들도 전쟁이 일어난 뒤로 교묘하게 병역을 피할 꾀만 부리고 서로 옮겨 사는데 수령들이 좋지 못한 자는 도망갔다는 핑계를 대고 잡지 않습니다. 전쟁이 일어난 뒤로 남원은 1,000여 명에 이르고 옥과, 남평, 창평, 능성, 광주 등의 고을은 700명이나 800명 혹은 300명이나 400명씩 됩니다. 더 만들려는 전선에 필요한 사부와 격군은 그만두고서라도 원래 있던 전선의 사부와 격군 가운데에서 사망한 인원마저 채울 수 없습니다. 비록 수백 척의 전선이 있다고 해도 왜적을 무찌를 수가 없습니다. 매우 민망스럽습니다.
  − 1593년 12월 29일 장계

당시의 지방 수령과 향리들이 조직적으로 군역기피에 연관되어 있음을 나타내주는 일기의 내용이다. '모진 바람이 그치지 않는다. 마음이 괴롭고 어지럽다'는 표현은 당시 도망병과 기피자들의 문제가 얼마나 이순신을 인간적으로도 괴롭히고 있었는가를 잘 말해주고 있다. 일기 내용 중 '향소'는 유향소(留鄕所)로 조선 시대에 군현의 수령을 보좌하던 자문 기관으로 향소, 향청(鄕廳)이라고 했다. '색리(色吏)'는 말단 향리들을 말하는데 문제가 된 말단 향리들은 모두 군역을 담당하는 이들이다. 이순신은 군역 담당자인 색리 열한 명을 처벌한 것이다. 관리자를 처형까지 했으니 그 기피 행태의 정도가 얼마나 심했던가를 알 수 있다.

당시 육방 관속 중 군역에 관련된 부서는 병방이었다. 병방은 고을의 군사훈련, 군역부과, 치안업무, 성곽·도로·봉수의 관리 및 처리 등의 관련 업무를 맡았다. 조선은 호방이나 이방중심체제였기 때문에 삼공형(이방·호방·형방)은 실권이 많아 다른 부서에 비해 위세가 높았다. 본래 병방은 그들에 비해 상대적으로 실권이 적으나 이 당시 군역과 치안업무는 백성들의 생존과 직결되어 있었으므로 위세가 대단했다. 그런데 전쟁의 와중에 이들의 부패와 태만은 도망병을 줄일 수 없을 만큼 심각해지고, 이순신이 제대로 통제할 수 없을 정도로 사태는 심각해졌던 것이다. 그래서 이순신은 계속 극단적인 선택을 취하게 된다. 1593년에서 1594년이 이순신에게는 가장 힘들었던 시기인 것으로 보인다. 1594년에 처형의 기록이 많기 때문이다.

이순신은 개인적인 도망병은 물론 집단적인 도망병일 경우에도 처형을 실행하며 엄정한 군기를 유지했다. 또한 군사의 징발을 담당했던 유위장(留衛將), 색리(色吏) 도병방(都兵房) 등에게 책임완수를 요구했고, 맡은 바 책무를 제대로 하지 못하면 징계를 내렸으며 때로는 처형도 불사했다. 병사들을 붙들기 위한 고육책이기는 하나 이순신 혼자 해결할 수 있는 문제는 아니었다. 백성들이 군영이나 징집에서 탈영 또는 기피하는 행위는 목숨을 담보로 하는 것이었다. 그럼에도 불구하고 백성들은 살기 위해 계속 도망칠 수밖에 없었다. 이런 현실에서 이순신은 1592년 여름 장계에서 한 가지 해법을 밝힌 바 있다.

> 신의 어리석은 생각으로는 군사를 출전시킬 기한인데도 한번 휴가를 얻는다면 민심은 반드시 이렇게까지 이르지는 않았을 것입니다. 정예한 수군을 얻고 잡색군 가운데에 자원하는 사람을 모아서 이들에게 힘을 길러 휴가를 가게 해야 할 것입니다.

이순신은 휴가를 보내거나 좀 쉬게 하면 병사들의 탈영도 줄어들고 사태가 좀 나아지지 않을까 하는 생각을 피력하고 있다. 그렇지만 이순신이 생각해낸 방법은 당시의 수군 인력 공급 체계 등의 구조적인 문제와 연결된 것이었다. 단순 기피, 도망병 문제는 휴가 차원의 처방으로는 해결이 되지 않는 구조적인 문제였던 것이다. 무엇보다 이순신이 중점을 둔 것은 도망병 자체의 문제뿐 아니라 그들을 관리하는 중간관리자들을 집중 표적으로 삼는 데 있었다. 임란 초기에는 해당자를 극단적으로 처형하는 것에 초점을 맞추어 조직 이탈과 와해를 방지했고, 이후에는 구조적인 문제에 더 집중하기 시작한다. 전쟁 초기부터 수군은 그 수가 매우 적었던데다 육군이 부족하다는 이유로 수군의 군사들을 차출해 가기까지 하니 각 도에서 수군을 근간으로 하는 수영(水營)에서는 수군이 부상 당하거나 죽는 사람이 생겨도 대체할 인력이나 증원할 방법이 없어 문제는 더욱 심각해져 갔다. 이 때문에 수군은 쉬지도 못하고 계속 근무해야 하는 악순환을 거듭할 수밖에 없었다.

이런 상황 속에서는 누구라도 피로와 굶주림에 시달리게 되면서 지쳐갈 수밖에 없었음은 당연했을 것이다. 이 같은 사실은 1592년보다 1593년부터 도망병이 증가하기 시작하여 1594년에는 정점을 이루고 있는 사실에서 확인할 수 있다. 교대조차 이루어지지 못하고 장기전으로 치닫는 전쟁에서 예정된 것이었다. 이순신은 장계를 통해 수없이 인원 확보의 중요성을 주장하게 된다.

> 수군은 병역이 대대로 전해오는 것이므로 사람들이 천역賤役으로 여깁니다. 한번 병역을 짊어지면 자손들에게 대대로 전해져서 그 괴로움을 면하지 못할 것이니 진중에서 탄식하는 소리를 차마 들을 수 없습니다.
> — 1594년 1월 장계

경국대전의 병전(兵典)에 보면 "수군은 그 소임을 자손의 대대로 전하며 다른 역에는 차출하지 않는다"라고 했다. 한번 수군이면 영원한 수군이었다. 그것도 대대손손 말이다. 수군은 일반 역(役)보다 더 노동 강도가 혹독했다. 배를 만들거나 배를 움직이는 것뿐만 아니라 해안의 성을 쌓는 등의 노역이 더 많았다. 또한 배에서 통제된 생활을 해야 했고 사고 당할 위험도 훨씬 컸던 것이다. 이러한 가운데 이런 수군의 악순환을 해결하려는 이순신의 발목을 고질적으로 잡았던 원인 중 하나는 수군에 대한 비하와 배제, 모멸이었다. 이것은 이순신이 왜적과의 전투 이외에 싸워야 했던 또 하나의 전쟁이었다. 그리고 종합적으로 굶주림과 격한 노동에서 열심히 복무한 사람들을 기피와 도망, 죽음으로 몰아넣는 근원적인 이유이기도 했다. 그 가운데의 고군분투! 오늘날 무적함대나 관민일치 단결의 드라마틱한 장면이 아닌 삼각 딜레마 속의 고뇌하는 이순신을 바라보며 이 시대가 필요로 하는 리더십에 남다른 의미를 더하게 한다.

2) 수군 없이 바다로 나가시오
― 조정과 맞서며 방비 경영을 하다

왜군이 패배한 큰 원인 가운데 하나는 그들의 모든 전력을 육군에 집중했기 때문이라는 견해가 있다. 일본은 조선의 수도 한양 도성만 점령하면 손쉽게 전쟁에서 이길 것으로 예상하고 있었다. 또한 조선 군은 육군에 집중되어 있었기 때문이다. 침략 20일 만에 조선의 수도를 함락시킨 일본이었으니 바꾸어 보면 일본과 조선의 길목을 지키는 조선 수군이 얼마나 쉽게 무너졌는지를 알 수 있다. 그런 가운데 일본의 수군이 조선 수군에 연전연패했다는 소식에 놀라 도요토미 히데요시가 조선의 수군과는 교전하지 말 것을 명령한 것은 이순신의 등장이 얼마나 위협적이었는지 짐작할 수 있는 대목이다. 그러나 여기에 이순신의 패러독스가 있었다.

일본과 조선이 모두 수군을 무시하고 있던 차에 이순신이 독보적인 전략을 세움으로써 조선에 큰 승리를 주었지만, 이순신은 고통만 당해야 했다. 당시 조선의 수군은 독자적인 영역을 확보하지 못한 채 육군에 종속된 모양새였다. 이는 이순신이 해전에서 승리를 거두어도 달라지지는 않고, 오히려 수군의 전력을 떨어뜨리는 모순된 정책과 더 싸워야 했다. 이 싸움의 관계는 이순신을 끝까지 괴롭혔으며 그가 조정에 대해 갖는 가장 큰 불만이었다. 다음 편지는 사천과 율포 해전이 지난 1592년 7월 전, 그러니까 한산도대첩(7월 8일) 전에 작성한 것으로 당시 수군의 위치가 어떠했는가를 말해주고 있다.

우리나라의 방비는 곳곳이 허술하고 도무지 방어하며 지키는 꼴이라고는 할 수가 없습니다. 왜적들이 기이하게 여기는 점은 수군인데 수군으로써 싸움에 나서는 자가 아무도 없다는 것입니다. 관찰사에게 공문을 보내도 잘 감독하려 하지 않으며, 군량조차 구할 길이 없어, 온갖 생각을 해봐도 해결할 방법이 없으니, 수군의 일은 어쩔 수 없이 파하게 되겠습니다. 제 한몸이야 만 번 죽어도 아깝지 않겠지만, 나라 일을 어찌하겠습니까. 전라도에 새로 온 관찰사와 원수조차 바닷가 수군의 양식을 군관을 보내어 곳간 째 털어서 싣고 가도, 저는 다른 도의 먼 바다에 나와 있고 어떻게 조치할 길이 없어 사세가 이렇게까지 되었으니 어찌하오리까. 만약 특별히 수군에 어사를 보내 수군에 관한 일을 모두 조사하게 한다면 바로잡을 수 있을 것입니다. 그래서 장계를 올렸으나, 아직 조정의 처분을 알 수가 없습니다.

당시의 군사 전략의 운영은 최종 문신이 무신을 관리 감독하는 가운데 수군은 이중의 배제 속에서 육군에 종속되었다. 이 때문에 육군에서 수군의 식량을 가져가도 그것을 저지할 방법이 없었다. 또한 수군절도사일지라도 정3품에 불과했다. 따라서 삼도수군통제사가 만들어질 때까지 종2품이었던 병마절도사 내지 관찰사의 명령에 복종하는 수밖에 없었고 이때 이순신이 할 수 있는 방법은 조정에 병마절도사나 관찰사의 행동에 대해 어사 등의 조사관을 파견해 판단해 달라는 장계를 보내는 것 뿐이었다. 그러나 식량만을 가져가는 게 문제의 핵심은 아니었다. 이를 가장 극명하게 보여주는 것은 군사를 차출해 가도 그것을 막을 수단이 없었다는 것이다.

앞에서 이순신이 병방을 참수하는 것을 살펴보았다. 봉건적인 조선시대는 장수의 말 한 마디에 사람 목숨 정도는 아무것도 아닐 수 있다는 인식 때문에 이렇게 극단적인 행동도 당연한 것으로 보일 수 있다. 그러나 조선 시대는 국왕의 명령이 법의 기본을 이루기는 했지만 법치국가로 법전을 통한 형의 집행이 이루어졌고, 사법관 이외의 관리가 마음대로 구속시키지 못하는 국가였으며 사법처리에 따라 탄핵의 대상이 되기도 했다. 그런데 이순신은 도망병 방지와 군사 충원 노력 때문에 조정과 불편한 관계에 있었다. 이러한 요소가 이순신을 투옥에 이르게 한 배경일 수 있음을 다음과 같은 내용의 『선조실록』을 통해 알 수 있다.

> 윤두수가 아뢰었다. "신이 남원에 있을 때, 이순신이 군관을 남원에 보내 군사를 모집하다가 그곳 병방을 참하기까지 하여 백성들이 잇따라 원망하고 곡성哭聲이 하늘에까지 사무쳤습니다. 군관을 불러서 물어보았더니, 그들의 멀고 가까운 친척까지 붙잡아 갔기 때문이라고 했습니다. 이를 보면 군사를 모을 때에 상서롭지 못한 일이 많았습니다."
> — 1597년(선조 30) 1월 23일

여기서 주목해야 할 부분은 '그들의 멀고 가까운 친척까지 붙잡아 갔기 때문'에 '백성들의 원성이 하늘에 사무쳤다'는 내용이다. 이순신이 멀고 가까운 친척들까지 병사로 잡아서 군사를 충원했고, 이러한 행동에 대해 조정은 반대하고 있었음을 알 수 있다. 이런 부분만 대하면 이순신만이 잘못한 것으로 볼 수 있다. 멀고 가까운 친척들까지 잡아갔으니 말이다. 왜 이순신은 이렇게까지 해야 했을까? 이 점은 이순신과 조정의 기나긴 대결 주제였다. 그러나 결과는 수군 병력 충원에 대해 조정에서는 함구하면서 왜적을 섬멸할 것만 주문했고, 더욱이 육군의 증원이 필요하다고 각 지역에 소모사를 파견하기에 이른다. 소모사는 군사를 모집하는 파견 관리인데 이런 소모사들이 어떤 사람을 차출해 갔는지 이순신은 그 상황을 다음과 같이 장계했다.

> 소모사가 내려와서 내륙과 연해안을 구별하지 않은 채, 소집할 군사의 수만을 정하여 몹시 독촉하므로, 각 고을에서는 그 수를 채우기 어려워서 변방을 지키는 수졸을 많이 빼내어 갑니다. 뿐만 아니라, 체찰사의 종사관이 각 고을을 분담 수색해 남아있는 장정을 재촉하여 징발하고, 변방의 진포에 있는 군기를 또한 많이 다른 곳으로 실어가며, 복수장 고종후 등이 또 따라 일어나서 내시의 종을 남김없이 뽑아냈습니다. 이 때문에 소모관이 방금 내려와서 번갈아 수색하는 일이 거의 쉬는 날이 없으므로 백성들의 근심과 원망하는 소리가 귀에서 떠나지 않았습니다. 나라가 흥해야 할 시기를 바라는데 오히려 실망이 커서 한 모퉁이에 있는 외로운 신하로서는 북쪽을 바라보고 통탄하며, 마음은 죽고 형체만 남아 있습니다.
> — 1592년 12월 10일 장계

> 본도로 돌아와 지난번 전선의 사부와 격군을 직접 살피며 정리하고 검칙하였지만, 연해의 다섯 고을의 장군들은 일찍 육군에서 징발해갔기 때문에 거의 반이나 도망하여 이름은 있더라도 실제는 없습니다.
> — 1593년 12월 12일 장계

군역 기피자들과 병, 사망, 부상, 도망으로 인원이 더욱 부족해진 상황에서 소모사들뿐 아니라 원수나 관찰사들의 감독과 지시로 수군에 해당하는 사람들을 차출해 갔다. 이 때문에 다시 삼도 수군의 인력난이 심해져 이미 복무하고 있던 군사들의 피로가 더욱 누적되었다.

다시 도망병이 증가하고 다시 이 도망병을 잡거나 채우기 위해 인력이 투입되어 더욱 인력난이 심해지는 악순환이 반복되고 있었다. 악순환에서 빠져 나오려면 두 가지를 생각할 수 있었다. 첫 번째는 육군에서 수군을 제외하고 자체 인력을 채우는 것이었다. 하지만 육군 일방의 전략 체계에서 드러나는 한계가 뻔하기 때문에 손쉽게 수군을 빼내어 자신에게 부여받은 할당량을 채우기 바빴다.

두 번째는 기피하거나 도망한 사람들의 친족이나 가족에게 병역을 부과하는 방법인데, 이는 군역의 원칙에 어긋나는 것이기 때문에 문제의 소지가 있었다. 이순신과 조정 간 대립의 핵심도 여기에 있었다. 1592년 말 조정은 "각 고을에서 도망한 군사들이 있어도 사변이 평정될 때까지 친족이나 이웃에게 대충 징발하는 것을 일체 면하라"고 했지만 이미 친족들에게 군역을 부과하고 있었던 이순신은 조정과 마찰을 빚을 수밖에 없었다. 이순신은 이 같은 조정의 명령에 반대해 다음과 같이 거푸 장계를 올리게 된다.

> 조정에서 한번 "대충 징발하지 말라"는 명령이 있자, 모두 다 면제될 죄를 내기 때문에 지난 달에는 열 명이나 유방군을 보내던 고을이 이번 달에는 겨우 서너 명을 보내고 있습니다. 어제 열 명이 있던 유방군이 오늘 너댓 명이 안되므로 몇 달 내에 자리조차 지키는 일이 날로 안되어 진포의 장수들이 속수무책일 듯합니다. 배를 타고 적을 토멸할 때 어떻게 할 것이며, 성을 지켜 항전할 때 누구를 의지해야 하겠습니까. 만일 전례를 지켜 책임 수량을 채운다면 분부를 어기게 될 것이며, 분부를 준수한다면 자리를 지킬 사람이 없을 것이므로, 이 두 가지 중에 좋은 방법을 참작하여 처리하도록 하는 의견을 체찰사에게 보고했습니다.
> 회답 공문에는 "친족에게 대충 징발하는 폐단은 백성을 괴롭히는 것 중

에 가장 심한 것이므로 임금의 분부대로 단연斷然히 준수해야 함은 말할 것도 없거니와 보고한 의견도 또한 일리가 있는 것이니, 적을 방어하고 백성을 어루만지는 데, 양편이 다 좋은 일이다"라고 했습니다. 그래서 각 고을 관원들에게 "사람이 죽고 자손이 끊어진 호구를 도목장에서 뽑아 없애 버리도록 하라"고 통고했습니다. 대체로 보면 변방에서 한번 실패하면, 그 해독이 중앙에까지 미치는 실례는 이미 경험한 일입니다. 하물며, 본 전라도에 분산된 방위군의 수는 경상도와 같지 않고, 매번 방비에 임하는 군사가 큰 진이 많아야 삼백스무여 명을 넘지 못하고 작은 보에는 백쉰여 명도 이르지 못합니다. 그중에서 도망하거나 죽은 지 오래된 채 정리되지 않은 자가 십중팔구입니다. 현재 일하고 있는 자들은 태반이 늙고 쇠약한 사람이므로 만일 친족에게 대충 징발하는 것을 전적으로 면제한다면 성을 지키고 배를 움직이는 데 도움이 되지 않아 난처할 따름입니다.

이번에 도착된 비변사에서 분부를 받고서 보내온 공문 내용은 "근래에 왜적을 멸하는 데 해전만한 것이 없으니, 전선의 수를 넉넉하게 더 만들도록 하라"고 했습니다. 그래서 전선은 비변사의 공문이 도착하기 전에 이미 본영과 여러 진포에 명령하여 많은 수를 더 만들도록 했습니다. 그러나 한 척의 전선에 사부와 격군을 아울러서 백서른여 명의 군사를 채울 방법이 없어서 더욱 민망합니다. 따라서 위의 '친족에게 징발하는 일들'을 사변이 평정될 때까지 전과 같이 하되, 조금씩 좋고 나쁜 점을 고쳐 백성의 원성을 풀어주는 것이 당면한 가장 급선무의 문제입니다. 그러니 조정에서는 다시 헤아려 우선 "친족에게 대충 징발하지 말라"한 명령을 중지하여 남쪽 방비를 회복하는 기초가 회복되도록 해야겠습니다. 수군으로 방비에 임하는 수가 저희 지역같이 적은데, 방비 임무에 결석하여 죄를 지은 무리들이 혹은 소모군에 붙으며, 혹은 다투어 의병으로 붙어서 어느 쪽이든지 소속되어 갑니다. 이것은 지금같이 봄철의 방비가 매우 급한 때에 방어하는 군사를 다른 곳으로 소속을 옮겨서 해안 방비를 충실하게 할 뜻은 없으므로 일체 다른 곳으로 옮기지 말도록 각별히 널리 백성들에게 분부를 내리도록 해야겠습니다.

― 1593년 4월 6일 장계

이순신은 일단 친족에게 부과하지 말라는 조정의 명령이 해안지방의 인력 운영을 더욱 부실하게 만드는 것이라고 말하는데, 군복무 대상자인 본인만 없어지면 다른 가족이나 친족에게 해가 없으니 더욱 도망을 가거나 기피하게 되기 때문이었다.

위의 장계 내용을 정리해보면, 1) 해안 지방의 방비가 제대로 이루어지지 않으면 중앙의 위험으로 이어지기 때문에 해안의 수군에 대한 방비가 철저하게 이루어져야 한다. 2) 방비를 위해서는 각 진과 성을 지키는 인원이 있어야 하는데 최소한의 인원마저 있지 않다. 3) 해전을 통해 왜군을 격퇴하기 위해서는 전선 등을 많이 만들어야 하는데 사람이 없어 더욱 어려운 실정이다. 4) 친족들에게 부과하지 않으면 최소한의 운영조차 되지 않으므로 유연하게 선별적으로 적용하여 민폐를 최대한 줄여야 한다.

그러나 이러한 논리를 내세우며 도망가거나 기피한 사람의 군역을 계속 친족에게 대신 지게 했던 이순신의 행동은 당장에 중앙과의 관계를 불편하게 했고 당시에 조정의 뜻을 받들어 친족에게 부과하지 말 것을 명령했던 어사 임발영은 이순신과 주로 이 문제를 가지고 부딪히게 된다. 1593년 5월 28일 『난중일기』를 보면 "독운 어사 임발영이 '수군으로 한 가족을 징발하는 일에 대해서도 전에 내린 명령대로 하라고 했다'"는 내용이 있다. 한편, 이러한 명령이 중앙에서 지속적으로 내려오는 가운데 육군은 계속 수군 병력을 빼가는 데 여념이 없었다.

17일에 도착한 겸순찰사 이정암의 공문은 "이번에 총병의 분부에 따른 도원수의 공문에 정예군사 삼만 명을 모두 전라좌도에 배정하고 방금 징발을 독려하므로 소속 각 고을을 삼위좌위, 우위, 중위로 나누어 방어사와 병마사와 우도의 수사에게 각각 이천 명씩 배정했다며 소속 각 관포에 고루 배정하고 명령에 따라 정비하여 도원수의 명령을 기다리는 것이었습니다. 그런데 연해안의 사부와 괄장군을 계속 징발하는 일만으로도 오히려 난처하고 걱정스러운 일인데 좌우도의 수사에게도 아울러 정예군사 사천 명을 배정하여 징발을 독려하라고 해서 수군의 사부와 격군을 남김없이 뽑아내어도 사천 명의 수에 차지 못합니다. 더구나 대개 방어사나 병마사는 육전의 대장으로서 언제나 육지에 주둔하고 있으므로 각각 오천 명의 군사를 정비하는 것이 이치에 당연하다고 하겠으나 수군은 해로를 끊어 막고 있기 때문에 바다를 떠나 육지로 올라오라는 것은 좋은 계책이 아닙니다. 뿐만 아니라 근간의 적세를 살펴보면 육지 쪽 웅천 등지의 적이 거제로 오가면서 형체없이 모였다 흩어졌다 하는 바 적들의 흉모와 비밀을 예측하기 힘듭니다. 수군에 내어 보낼 수 없다고 우선 회답을 하였으나 조정에서는 순찰사 이정암과 도원수에게 각별히 신칙하여 주시기를 바랍니다. 다만 수군을 징발하여 일이 이렇게 소란스러우면 제 소관의 수병들을 통제할 길이 없을 것이며, 해상을 방어하는 모든 일이 백 가지 중에 한 가지도 해결할 수 없게 되어 수군의 군세가 날로 고약해진다면 해상으로 덤벼드는 적을 저지하기 어려울 것이므로 밤낮 없이 근심하고 있음을 갖추어서 장계했습니다."

— 1593년 11월 12일 장계

생각해보면 난처하고 곤혹스러운 일이 아닐 수 없었다. 여기에 광해군마저 이순신에게 압력을 가하는데, 경상도에 내려와 진중에서 직접 지휘를 하고 있었던 광해군은 경상도 지역의 왜군을 쫓기 위해 군사를 집중하는 데 진력을 다하고 있었다. 그런데 광해군도 역시 민폐를 끼치기 때문에 친족이나 가족에게 병역을 부과하지 말 것을 이순신에게 명령한다.

> 이 달 12월 14일에 성첩한 겸사서세자의 시강원(侍講院: 종6품)의 서장 내용에 무릇 친족과 이웃에 일체 대충 징발하는 것을 금하여 백성들의 삶을, 괴로움을 조금이나마 풀어주도록 하라는 동궁광해군께서 내린 명령이 있었다는 서장을 받았습니다.
> — 1593년 12월 23일 장계

당시 광해군은 20세의 나이로 진중에서 이렇게 적극적으로 나서고 있었고 이는 나중에 광해군의 외교 정책과 함께 그를 긍정적으로 평가하는 주요 이유가 되었다. 하지만 이순신과는 불편해졌다. 임진왜란이 끝나고 나서 유성룡의 반대 세력인 이산해 등 광해군을 따르는 대북파가 등장하게 되고 유성룡 계열인 남인이 붕괴된다. 이순신에 대한 평가가 광해군 때에는 거의 이루어진 것이 없고, 이순신의 비석도 제대로 세워지지 않다가 인조 대에 이르러서야 평가가 이루어진다. 유성룡 계열을 몰아낸 북인은 인조반정으로 몰락했기 때문이다. 친족에게 부과한 군역 문제에서도 알 수 있듯이 이순신이 광해군에게 긍정적인 이미지를 주지 못했으리라 짐작되며 아마도 이순신은 자신의 의견을 반대한 사람으로만 인식되었을 가능성이 크다. 더구나 광해군 때 정권을 잡고 있던 북인 입장에서 이순신은 남인계열로 보였을 것이다.

어찌되었든 이순신은 한발 더 나아가 왜적을 치려는 중대한 계획을 세우지만 병력이 부족해서 이러한 계획을 실행하지 못하고 있다는 점을 강력하게 피력하기에 이른다. 수군의 전력이 약화되어 공격할 수 없는데 이것은 왜적을 쳐부수라는 임금의 명령을 어기게 되는 꼴이 되고 있다는 것이다. 이순신은 다음과 같이 자신이 생각한 해결책을 계속 주장했다.

> 앞으로 해안의 군사와 군량, 군기들은 장계대로 수군에 전속시키고 다른 곳으로 옮기지 말도록 명령하여 우도 연해안의 고을도 아울러 수군에 돌려주고 방비에 필요한 궐석의 수군들도 수령들을 시켜 빠짐없이 붙잡아 오게 하는 일들을 모두 충청, 전라, 경상의 삼도순찰사에게 각별히 명령토록 하는 것이 좋을 것이라고 생각합니다. 그래서 삼가 갖추어 장계했습니다.
> —1593년 12월 29일 장계

그러나 수군의 중요한 실제적인 전략 수립과 실행이 필요한 시점에서 조정의 모습은 탁상공론인 경우가 많았다. 그것은 어쩌면 편향된 문신과 육군리더십이 갖고 있는 해상방비의 한계였는지 모른다. 결국 이순신을 비롯한 조선 수군 함대는 왜선을 치기 위해 독자적인 작전을 세우고 이를 실행하는 데 더욱 어려움이 있을 수밖에 없었다. 그런데도 조선의 임금 선조는 왜선의 중심 기지인 부산포로 진격해 적들을 치라는 교서만 내리고 있었다.

1594년~1596년 임진왜란이 장기화되어도 수군정책은 나아질 줄 몰랐다. 이러한 과정과 심정을 이순신은 다음과 같이 말하고 있다.

무릇 임진년의 적세가 매우 드세던 때에 영남의 성들이 연이어 무너지고 연해안 사람들의 그림자가 아주 끊어졌을 때 고성, 사천, 하동, 남해는 호남에 인접한 지역으로 무려 이백여 척의 적선이 연달아 들어왔는데 우리 수군은 서른 척 미만의 전선을 가지고 용감하게 돌진하여 쳐부숴 그 날카롭던 기세를 꺾었습니다. 그 뒤로 전선이 조금씩 더 준비되어 전라좌도와 우도는 모두 여든 척으로써 매양 삼도의 수사 및 여러 장수들과 함께 적을 섬멸할 계획을 세우고 죽음으로 맹세하고 물길을 가로막아 전라도로 침범하는 것을 막은 지 삼 년이 되었습니다. 호남이 보존된 것은 수군에 힘입은 바 큰데 요즘에 와서는 의논이 분분하여 수군에 소속된 좌우도를 아울러 열아홉 고을 중에서 아홉 고을이나 육군에 소속시켰을 뿐만 아니라 원래 배정된 입방 수군마저도 전혀 보내지 않으니 수군의 어려움이 이전보다 훨씬 더 심각하고 참으로 난처해 걱정입니다.

— 1594년 2월 25일 장계

- 1596년 2월 25일(양력 3월 23일) 장흥부사가 와서, "수군을 다스리기 어려운 것은 관찰사가 방해하기 때문이다"라고 하였다.

이순신이 아무리 연전연승을 해도 육군 중심의 전략 운용은 변한 게 없었고 이순신이 그렇게 수군의 중요성에 대해서 논파했음에도 기본 인식조차 달라진 것이 없었다. 이런 인식이 계속 이어져 임진왜란이 끝나고 나서는 그나마 정비되었던 수군 체제가 다시 흐지부지 되었다. 또한 조선 수군의 상징이었던 거북선도 영원히 사라지게 된다.

3) 공훈 평가, 부하들에게 공훈을 돌리다
― 이순신 vs 원균

 이순신이 조직 운영을 얼마나 탁월하게 했는가는 상훈 평가에서 독창적인 면을 보여준 것에서도 알 수 있다. 이를 보기 위해서는 당시 전쟁의 공을 무엇으로 평가했는가를 생각해야 한다. 그것은 적군의 머리였다. 우리는 일본이 조선 사람들의 코와 귀를 베어 간 것에 대해 경악한다. 그러나 임진왜란 때 이런 식으로 사람을 베는 행위는 일본군뿐 아니라 조선 병사들도 마찬가지였다.

> 낙안 군수 신호가 벤 왜적 머리 1급은 왼쪽 귀를 잘라 궤 안에 넣고 봉하여 공로를 세운 신의 군관 송한련과 진무 김대수 등에게 주어서 올려 보냅니다.
> ― 1592년 5월 10일 옥포 승첩 장계

> 왜적선을 격침한 총 수는 72척이며 왜놈의 머리가 88급입니다. 왜적의 머리는 왼쪽 귀를 베어서 소금에 절여 궤 속에 넣어 올려 보냅니다.
> ― 1592년 6월 14일 장계

> 우후 이몽구가 벤 왜적 머리 1급은 본래 왼쪽 귀가 없으므로 그 귀뿌리를 도려내어 소금에 절여 올려 보냅니다.
> ― 1592년 9월 17일 부산포 해전 장계

• 1592년 6월 초7일(양력 7월 15일) 왜적의 머리가 모두 서른여섯 개이다.

위에 나온 옥포 해전은 이순신이 임진왜란에서 가장 먼저 승리를 거둔 해전으로 이때에 머리를 벤 것이 처음이었던 모양이다. 더위가 기승을 부리는 여름으로 들어서니 상할까 염려하여 귀를 담은 궤 안에 소금을 넣어 절여 보낸다. 그런데 귀가 없는 것은 그 귀뿌리를 파내어 보내고 있다. 당시에는 군공을 따지는 데 사람의 머리가 중요한 기준이었다. 그것만큼 확실한 증거가 없기 때문이다. 그러나 머리는 무겁고 보관하기에 부피가 컸다. 따라서 머리를 대치할 수 있는 것이 필요했고 그것이 귀나 코였다. 승리가 연이어 이어지고 벤 머리가 많아지자 귀를 잘라서 올려 보내기 시작한다. 생각해보면 그 수많은 머리를 일일이 올려 보내는 것은 매우 비효율적인 수고였을 것이다. 왜군들이 다투어 조선 사람의 코와 귀를 잘라간 것은 자신들의 공을 내세우기 위한 것으로 왜군들은 귀보다는 코를 많이 잘라갔는데 그 이유는 코는 하나지만 귀는 두 개이기 때문이다. 귀는 한 사람에게서 두 개가 나오므로 속일 수 있었다. 일본에 조선인 귀나 머리 무덤이 아니라 코 무덤이 생긴 것은 이 때문이다. 그러나 코무덤 속에는 조선 병사뿐 아니라 전적을 세우기 위해 희생당한 무고한 양민들의 넋이 얼마나 있을지는 가슴 아픈 일이다.

이순신은 우선 장수들의 공훈을 자세하게 적어 보냈다. 자신에게 공훈을 집중시키지 않았다.

> 순천부사 권준은 왜의 층각대선 1척을 쳐부수고 바다 가운데에 온전히 사로잡아 왜장을 비롯하여 머리 10급을 베었습니다. 광양현감 어영담은 왜의 층각대선 1척을 쳐부수고 바다 가운데에 온전히 사로잡아 왜장을 활로 쏘아 맞히고 배를 신의 배로 묶어 왔는데 화살 맞은 것이 너무 심하고 말이 통하지 않아 그대로 목 베었습니다. 나머지 왜적의 머리 12급

을 베었습니다. 사도첨사 김완은 왜 대선 1척을 바다 가운데에서 온전
히 사로잡고 왜장을 비롯하여 머리 16급을 베었습니다. 홍양현감 배흥
립은 왜 대선 1척을 바다 한가운데에서 온전히 사로잡고 왜적의 머리 8
급을 베었습니다. 방답첨사 이순신은 왜 대선 1척을 바다 가운데에서
온전히 사로잡아 왜적의 머리 4급을 베었습니다. 좌돌격장 급제 이기남
은 왜 대선 1척을 바다 한가운데에서 사로잡고 왜적의 머리 7급을 베었
습니다. 좌별도장이며 본영의 군관인 전만호 윤사공과 가안책 등은 층
각선 2척을 바다 한가운데에서 온전히 사로잡고 왜적의 머리 6급을 베
었습니다. 낙안군수 신호는 왜 대선 1척을 바다 한가운데에서 온전히
사로잡고 왜적의 머리 7급을 베었습니다. 녹도 만호 정운은 층각대선 2
척을 총통으로 쏘아 배 밑까지 꿰뚫었으며 이것을 여러 전선이 협공하
여 불태우고 머리 3급을 베었습니다. 여도 권관 김인영은 왜 대선 1척을
바다 가운데에서 온전히 사로잡아 왜적의 머리를 3급 베었습니다. 발포
만호 황정록이 층각선 1척을 부술 때 여러 전선이 협공하여 불태우고
왜적의 머리 2급을 베었습니다. 우별도장 전만호, 송응민은 왜적의 머
리 2급을 베었습니다. 홍양통장 전 현감 최천보는 왜적의 머리 3급을 베
었습니다. 참퇴장 전 첨사 이응화는 왜적의 머리 1급을 베었습니다. 신
이 타고 있는 배에서는 왜적의 머리를 5급 베었습니다.

― 1592년 7월 8일 장계

자세하게 공훈을 적은 것을 보면 이순신은 장계를 통해 사람의 목
을 얼마나 베었는지를 중요하게 적고 있다. 공을 증명하기 위해서 배
를 보여줄 수는 없지만 왜군의 목을 보여줄 수 있다. 이순신도 머리는
무거우니 귀를 벤 것은 분명한 사실이다. 당시에 수급은 공로를 평가
하는 기준이라 수급 하나에 쌀 두 가마니가 거래되기도 했다. 쌀 두

가마니를 받아 병역을 면제받아도 되었다. 하지만 이순신이 더 뛰어난 점은 1592년 5월 장계에서 나타난다.

> 공로를 세우더라도 이익을 탐내어 다투어 먼저 적의 머리를 베려다가는 도리어 해를 입어 죽거나 다치는 자가 많게 되는 예가 있으므로 사살만 하면 비록 목을 베지 못하더라도 힘써 싸운 자를 제일의 공로자로 정하겠다.

이순신은 공로의 평가를 수급의 수를 기준으로 평가하지 않았던 것이다. 수급을 얻으려다 공격 시점을 놓치게 되기도 하고, 오히려 적의 역습에 쉽게 노출될 수 있으며 전장의 급박한 상황에서 객관적이고 냉정한 판단을 하지 못하기 때문에 반격에 쉽게 당할 수기 때문있었다. 이여송도 평양을 공격할 때 적의 수급을 베지 말라고 했다. 곽재우도 그의 군관이 적의 머리를 베려다가 시체 밑에 있던 적이 쏜 탄환에 죽자 "내가 왜적의 목을 탐내지 말라고 얼마나 타일렀던가. 네가 그 목을 탐하다가 죽었구나, 안타깝고 분하구나"라며 탄식했다.

시체의 머리를 베는 것은 쉬운 일이 아니다. 바다 위 흔들리는 선상에서는 더욱 힘든 일이다. 그렇기 때문에 공으로 인정하는 측면도 있지만 머리를 베는 것은 자신의 공을 드러내기 위한 것이므로 이순신이 해전에서 중요하게 여긴 것은 얼마나 많은 왜 선단이나 물자를 격침시켜 수장 시키는가에 있다고 생각했다. 이런 그의 원칙과는 다르게 원균은 머리 베기에 힘썼다고 이순신은 기록하고 있다.

> 머리 베기에 연연해하지 말라한 것 때문에 무릇 4번을 싸워 화살에 많은 수의 왜적이 죽었는데도 머리를 벤 것은 많지 않았습니다. 그러나 경상우수사 원

균은 싸우고 난 이튿날 협선挾船을 타고 왜적의 시체에서 머리를 베었을 뿐만 아니라 경상도 연해의 보자기들이 화살에 맞아 죽은 왜적의 머리를 많이 베어서 신에게 가지고 왔습니다. 그렇지만 신은 다른 지방의 대장으로서 그것을 받는 것은 사리에 맞지 않는다고 생각해 원균에게 바치라고 일러 보냈습니다. 원균과 이억기 등의 여러 장수들이 머리를 벤 것이 200여 급이나 되며 바다 가운데로 떠내려가고 혹은 목 벤 것마저 물에 빠뜨린 것도 그 수가 많습니다.

— 1592년 6월 14일 장계

신이 당초에 여러 장수들에게 약속할 때 공로만을 생각해 머리 베는 것을 서로 다투다가는 도리어 해를 입어 죽거나 다치는 예가 많으니 이미 왜적을 죽이기만 했으면 비록 머리를 베지 않더라도 마땅히 힘써 싸운 자를 제1공로자로 정한다고 두세 번 강조했기 때문에 목을 벤 수는 많지 않았습니다. 하지만 경상지방의 공로를 세운 장수들의 경우 소선을 타고 뒤에서 관망하던 이들이 왜적선 30여 척을 부수자 떼를 지어 머리를 베었습니다.

— 1592년 7월 15일 장계

"경상지방의 공로를 세운 장수들의 경우 소선을 타고 뒤에서 관망하던 이들이 왜적선 30여 척을 부수자 떼를 지어 머리를 베었습니다"라는 대목은 조직적으로 왜군의 머리를 베었다는 것으로 경상우수영 소속의 장수들과 군사들이 원균의 지휘 하에 움직였던 것이다. 원균이 이렇게 한 이유는 개인적인 성향도 있을 수 있겠지만 그가 초기에 대패하는 바람에 휘하 군사의 수도 적고, 세 척의 전선밖에 없어 공을 세우기 힘들었기 때문에 그것을 만회하기 위한 것일 수 있었다.

• **1593년 2월 28일(양력 3월 3일)** 새벽에 출항하여 가덕에 이르니, 웅천의 적들은 기가 죽어 대항할 생각조차 못하고 있다. 우리 배가 바로 김해강 아래쪽 독사이목禿沙伊項: 부산시 강서구 명지동으로 향하는데, 우부장이 변고를 알렸다. 여러 배들이 돛을 달고 급히 달려가 작은 섬을 에워싸고 보니, 경상수사 원균 소속 군관의 배와 가덕첨사의 사후선척후선 등 두 척이 섬에서 들락날락하는데, 그 짓거리가 황당했다. 두 배를 잡아매어 경상수사 원균에게 보냈는데, 수사원균가 크게 화를 냈다고 했다. 알고 보니, 원래 뜻은 군관을 보내어 어부들의 목을 찾고 있었던 까닭이었다.

장계에서뿐만 아니라 일기에서도 원균이 어부들의 목을 찾은 것은 그 머리를 자신의 공으로 만들려는 의도로 써 있다. 어쨌든 원균이 머리 베기에 전력을 해야 했던 것도 나름대로 이유가 있었고 이순신에게도 나름대로의 이유로 머리 베기를 자제하도록 한 것이지 아예 머리나 귀 베기를 못하도록 한 것은 아니었다. 더구나 머리를 베는 것보다 적선을 부수고 죽이는 데 힘쓰라고 한 이순신의 명령은 당장에 드러나는 공을 우선하지 않았기 때문에 자칫 공을 많이 세운 사람들이 제대로 평가 받지 못할 위험성이 있었다. 실제로 자신의 부하가 피해를 보기도 했는데 자신과 이름이 같은 이순신(李純信)의 공이 제대로 전달이 되지 않은 것이 대표적이다.

방답 첨사 이순신李純信은 변방 수비에 온갖 힘을 다하고 사변이 일어난 뒤에는 더욱 부지런히 힘썼으며 네 번이나 적을 무찌를 적에는 반드시 앞장서서 공격했습니다. 특히 당항포 싸움에서는 왜장을 활로 쏘아 목을 베었으니 그 공로가 뛰어납니다. 다만 왜적을 활로 쏘아 죽이는 데만 신경을 쓰고 목을 베는 데에는 전혀 힘을 쓰지 않았으므로 그 연유를 별도의 장계로 하는 것입니다. 이번 포상의 글월에 홀로 이순신의 이름만이 빠져있으므로 모든 사람들이 놀라고 있습니다.… 권준 이하 여러 장수들은 모두 당상정 3품 이상, 동반의 통정대부 이상 서반의 절충 장군 이상으로 승진되었지만 오직 이순신만은 임금의 은혜를 입지 못했습니다. 이에 엎드려 조정에서 포상하는 명령을 내리시기를 기다립니다.

― 1592년 9월 11일 장계

분연히 몸을 돌아보지 않고 끝까지 힘써 싸운 이들과 여러 관원과 군사들로 앞을 다투어 적진으로 돌격한 사람들은 공로에 따라 표창하는 일에 대해 만약 조정의 명을 기다리려면 왕복하는 기간도 오래 걸리고 행재소가 멀고 막혀 오갈 수 없으므로 상 줄 때를 놓칠 수가 있습니다. 그래서 군인들의 마음을 위로하고 격려하려 1, 2, 3등으로 등급을 나누어 별지에 기록하옵니다. 처음 약속한 대로 비록 적의 머리를 베지 못해도 죽음으로써 싸우는 자에게 으뜸 공로자로 치겠다고 했으므로 힘껏 싸운 여러 사람들을 신이 친히 참작하여 1등으로 기록했습니다.

― 1592년 6월 당포 장계

이순신은 목을 베지 말고 적선을 파괴하는데 더 힘쓰라는 명령에 따른 부하들을 위해 별도의 장계를 올리고 있다. 신상필벌이라는 단순한 원칙으로만 설명할 수 없는 중요한 대목이라는 점을 다시 강조하지 않을 수 없다. 핵심은 왜군 병사 몇몇의 머리가 아니라 왜군의 선단을 파괴하여 움직이지 못하게 하는 것이기 때문이다. 수만 명을 죽인들 함선이 그대로 존재한다면 병력이 많은 왜군은 움직일 것이며 무엇보다 많은 물자가 육지의 대군에게 전달될 것이었다.

또한 이순신은 사상자들의 명단을 빠짐없이 기록했다. 한자 이름이 없는 이들은 입영할 때 지어주었다. 이러한 기록을 통해 신분상 우대 조치를 받을 수 있었다.

> 그들은 탄환을 무릅쓰고 죽을 각오로 싸우다가 죽고 혹은 상했습니다. 죽은 사람의 시체는 각기 그 장수를 시켜서 작은 배에 실어 고향에서 장사 지내게 하고, 그 처자는 구휼하게 법대로 했습니다. 중상에 이르지 않은 사람들에게는 약품을 나누어주고, 충분히 치료하게 하였습니다. 여러 장수에게는 승전으로 방심하지 말고 군사들을 위로하게 하고 변보에 한결같이 대응하도록 했습니다.

이순신의 당항포 해전 장계를 보면 전쟁에 참여한 병사들에게 그에 상응하는 대우를 세심하게 해주고 있다. 약품을 나누어주고 치료도 받게 하면서 죽은 사람의 장사에 신경을 쓰고 있는 것이다. 이러한 그의 모습은 최고 지휘권의 리더일수록 갖추어야 할 덕목임을 스스로 보여주는 것이다.

6장
이순신 전략
스타일과
병법

1) 손자병법(孫子兵法)을 뛰어넘다

> 전쟁에서 승리를 거둘 수 없을 때는 임금이 싸우라고 해도 싸우지 않는 것이 옳다. 나아가도 이름을 구하지 않고 물러서서는 죄를 피하지 않으며 오직 백성의 편안함만을 구해서 임금에게 이익을 주는 것이 나라의 보배일 뿐이다.
> …『손자병법』 지형편

클라우제비츠는 『전쟁론』에서 "전쟁 이론은 다시 전술(tactics)과 전략(strategy)으로 나뉜다. 그 전술이라는 것은 개개의 존재 형태와 밀접하게 연결되어 있고 전략은 이들 개개의 전투를 어떻게 사용하느냐이다. 전술이란 전투에서 군사력의 사용에 관한 이론이고 전략은 전쟁의 목적을 달성하기 위한 모든 전투의 운용에 관한 이론"이라며 전술과 전략을 구분했다. 전술이 더 하위이고, 전술이 전략일 수는 없으며 전략은 철학을 포함한다. 이순신이 사용한 병법만이 아니라 그 이면의 전략, 전술적 스타일 내지는 철학적 배경은 어떠할까.

이순신의 병법 스타일은 육전의 병법을 해전에서 응용하여 독자적인 면을 보인다. 대표적으로 거북선을 이용한 '학익진'을 들 수 있다. 이 전법의 운용은 학이 날개를 편 모양으로 전선을 배치한 것인데 학의 머리에 해당하는 선두 위치에서 거북선이 왜선 함대의 중앙으로 돌진하는 것이다. 이렇게 적 함대의 가운데를 잘라 선단을 분열시킨 뒤 학의 날개에 해당하는 부분으로 들어오는 적선을 일방적으로 협공하는 것이었다. 이는 일렬종대 혹은 횡렬로 늘어서 있는 적선들이 여러 부분으로 분할해서 연합 공격을 하지 못하게 만들어버린다. 바로 선두에 선 거북선이 왜군의 중심부를 가르면 뒤따르던 전선들이 갈고리 모양으로 갈라져 협공하기 시작함으로 함대와 분산된 적선들이 맥을 못 추게 되는 것이다. 이 때문에 선두에 선 이순신 전선들에는 훨씬 더 많은 대포와 인원을 배치하여 수적 열세를 만회해야 했다. 여기에 거북선이 종횡무진 지원을 하는 것이다. 학익진은 적을 유인하여 거꾸로 들이칠 때 위력을 발휘했다. 즉 후퇴하는 척하며 적을 끌어들인 다음 갑자기 급변하여 돌진해 들어가는 것이다.

　육도·삼략(六韜·三略)의 용도(龍韜)편에는 "먼저 이긴 자는 먼저 적에게 약함을 보인 뒤에 싸우는 자입니다. 그러므로 군사는 반이면서도 공은 갑절이나 되는 것입니다"(夫先勝子 先見弱 於 而後戰 子也 故士半而功倍 焉)라는 부분이 있다. 이순신은 적을 유인하여 학익진을 펼칠 때 이러한 전술을 사용했고, 이러한 학익진에 왜군은 속수무책이었다. 이 전법은 사실상 국제 해전에서도 최고 선진적인 것이기도 했다. 당시의 세계 해전은 모두 전투선들이 일대일 또는 집단으로 붙어서 싸우는 접전의 형태였기 때문에 학익진을 통해 이순신의 리더십과 전법의 특징을 잘 드러낸다. 혼자 돌격해서 적을 파괴하는 것이 아니라 잘 짜여진 연합과 협공작전을 강조한다. 학익진이 어디에서 비롯한 것이라는 명확한 기록은 없다. 어쩌면 이순신이 다른 병법 책을 보고 만들어 냈을 수도 있다. 『난중일기』에 병법 책에 관한 언급이 한 군데 나온다. 유성룡이 준 『증손전수방략』이다.

- 1592년 3월 5일(양력 4월 16일) 저물녘에 서울 갔던 진무가 돌아왔다. 좌의정 유성룡의 편지와 증손전수방략增損戰守方略이라는 책을 가지고 왔다. 이 책을 보니 수전, 육전, 화공전 등 모든 싸움의 전술을 낱낱이 설명했는데 참으로 만고의 훌륭한 책이다.

이순신이 수전을 언급한 『증손전수방략』이라는 병법 책에 매료되었음을 짐작하게 한다. 이순신이 병법을 연구하는 데 유성룡이 많은 도움을 준 것을 알 수 있는 대목이기도 하다. 유성룡이 전한 책에 무슨 내용이 있었는지는 구체적으로 전해지는 게 없다. 따라서 학익진 등이 『증손전수방략』에서 비롯된 것인지 정확히 알 수 없지만 그 책에서 힌트를 얻었을 수도 있었을 것이다. 수전에 대해서 기록하고 있는 병법서는 많지 않기 때문이다. 현재로서는 이순신이 독자적으로 만든 것이라는 견해가 우세하다. "학익진"뿐만 아니라 평소에 전략을 세우는 데 필요한 병법은 어디에서 참조했을까? 무슨 병법 책을 공부했을까? 이를 보기 위해서는 이순신의 기록이나 언급한 말에서 거꾸로 원전을 추적해가는 수밖에 없다.

우선 이순신은 무과 출신이다. 무과는 병서가 포함되지 않을 수 없다. 이순신이 본 무과시험은 경서와 실제 무예시험으로 나뉘어져 있었다. 경서는 총 3과목이었는데 사서오경 중 한 과목, 『무경칠서(武經七書)』 중 하나, 육서인 자치통감·역대병요·장감·박의·무경·소학 중 하나를 시험과목으로 정해야 했다. 『무경칠서』는 병법에 관련된 7가지 병서를 말한다. 이 중 최고를 손자병법으로 친다. 시험에 합격하면 '손자병법, 오자병법, 사마법, 육도, 삼략, 울료자, 이위공문대'의 병법서 중 하나는 완벽하게 마스터해야 했다. 이순신의 수전 병법을 말할 때 학익진을 대표적으로 생각하지만 그의 병법과 전략의 운용은 상당 부분 『손자병법』에 충실하다. 『손자병법』 13편의 편명은 계(計), 작전(作戰), 모공(謀攻), 군형(軍形), 병세(兵勢), 허실(虛實), 군쟁(軍爭), 구변(九變), 행군(行軍), 지형(地形), 구지(九地), 화공(火攻), 용간(用間)이다. 『손자병법』의 특징은 항상 주동적 위치를 점하여 싸우지 않고 승리하려 한다. 즉 처음부터 완벽하게 우월한 위치를 점하면서 승리하려는 완벽성을 추구하지 않기 때문에 조급해 하지 않아도 된다는 것이다.

『손자병법』은 단지 병법의 유형만 가르치는 것이 아니라 각 병법의 사상적인 뒷받침도 말하고 있다. 이른바 전략의 철학인데 병서로서는 모순을 느낄 만큼 비호전적(非好戰的)인 것이 특징이지만 이러한 점이 오히려 이순신의 평소 성격이나 행동과 많이 닮아 있음을 알게 한다. 절대 무리하게 공격하거나 조급함을 드러내지 않고 유연하면서도 치밀한 것이 그대로 닮았다. 불리하면 불리한대로 유리하면 유리한대로 그 상황에서 적절하게 이기는 방법을 모색하는 것, 이러한 면 때문에 오늘날까지 인생 지침서로 각광을 받는 것인지도 모른다. 『손자병법』은 일찍부터 많은 무신과 장수들이 이를 지침으로 삼았고, 조선시대에는 역관초시(譯官初試)의 교재로 삼기도 했다. 그럼 『손자병법』과 관련되는 것 중에 이순신이 언급한 몇 가지를 살펴보자.

> 왜적의 위치는 높은 곳이며 우리 편은 낮은 곳으로서 지세가 불리한 곳이고 날도 저물어가므로 신은 여러 장수들에게 약속하기를 "저 적들이

매우 교만한 태도이므로 우리가 짐짓 물러나는 척하면 저들은 반드시 배를 타고 우리와 서로 싸울 것이다. 그때 우리는 적을 바다 한가운데로 끌어내어 힘을 합쳐 공격하는 것이 가장 좋은 방책이다"라고 단단히 약속했습니다.

― 1592년(선조 25) 6월 14일 장계

이 장계는 1592년 여름의 당포, 당항포 해전 등 2차 출정상황을 설명하는 것이다. 이순신은 이러한 병법으로 거북선을 처음 내세운 사천 해전에서 이겼다. 이는 "학익진"과 『손자병법』의 결합이라고 보여진다. 『손자병법』 지형(地形)편에 보면 험난한 지형은 아군이 먼저 차지하고 반드시 높고 양지 바른 곳에서 적군을 기다린다(險形篇, 者我先居之必居 高陽以待敵)라는 말이 있다. 또한 "반대로 적이 그런 험난한 지형을 차지했다면 공격하지 말고 물러나라(若敵先居之引而法之勿從也)"는 말과 시계(始計)편에는 "강하면 피한다(强而避之)"고 되어 있다. 이순신은 불리한 곳에는 들어가지 않고 물러나는 척하며 공격했던 것이다. 이는 『손자병법』의 시계편에 "작은 이익을 주어 유인하고 낮게 하여 교만하게 만든다(利而誘之 卑而驕之)"는 내용과도 상통한다. 간단해 보이는 것 같지만 실제 전장에서는 무리하게 움직여 적의 속임수에 속는 경우가 많다. 더구나 자신의 위치가 불리한지 그렇지 않은지 판별하는 것도 간단하지 않다.

한편 육도·삼략의 용도편에는 "전쟁을 잘하는 자는 유리할 때는 그 기회를 놓치지 않고 때를 만났을 때는 의심하지 않고 결단을 내립니다. 유리한 기회를 놓치거나 시기를 잃는다면 반대로 적에게서 재앙을 받는다고 했습니다.(善戰子 見利不失 遇時不疑 失利 後時 反受其殃)"라고 되어 있다. 이러한 『손자병법』은 사천 해전뿐 아니라 이순신이 치른

각 전투의 곳곳에서도 일관되게 볼 수 있다. 특히 임진왜란과 정유재란 내내 부산을 쉽게 공격하지 못한 것은 이러한 원칙을 고수한 것에서 비롯되었다고 볼 수 있다.

> 가덕도 앞바다에서 수색하던 날 그대로 부산 등지로 향하여 왜적의 격멸하려 했으나 연일 많은 왜적을 만나서 싸우는 바람에 군량이 벌써 떨어지고 군사들도 매우 시달렸고 싸우다 지친 사람도 많았기 때문에 편안히 숨어있는 적과 대적한다는 것은 실로 병법상 좋은 방법이 아닐 것입니다.
> ― 1592년(선조 25) 6월 14일 장계

이 장계에서 보이는 내용은 『손자병법』 시계편의 일이노지(佚而勞之), 허실(虛實)편 적일능노지(敵佚能勞之), 전쟁(戰爭)편 이일대노(以逸待勞)라고 한 부분과 일치한다. 이 세 가지의 요점은 "적이 편안하면 피로하게 한다. 적이 편안하면 피로할 때까지 기다린다. 결국 자신들이 피로할 때는 섣불리 공격하는 것은 바람직하지 않다"이다. 이것은 한산도대첩의 승리를 알리는 장계에서도 나타난다.

> 이렇게 종일토록 그 적들의 배를 쳐부수자 살아남은 왜적들은 모두 육지로 올라가 모두 잡지는 못했습니다. 그곳에 백성들이 많이 숨어 있는데 왜적을 쫓게 되면 궁지에 빠진 도둑이 되므로 백성들에게 심각한 해를 주게 될까 염려되어 1리쯤 물러 나와 밤을 지샜습니다.
> ― 1592년(선조 25) 7월 15일 한산도대첩 장계

"불리할 것 같으니 적을 쫓지 않는다"의 장계 원문의 궁구(窮寇)는

제승당에 그려진 민족 기록화 〈사천 해전도〉

『손자병법』에 나오는 말이다. 구변(九變)편 궁구물박(窮寇勿迫 此用兵之法 也)은 "막다른 곳의 적을 쫓지 말라"는 뜻이다. 염철(鹽鐵)편에 "다시는 살아날 수 없을 정도로 죽게 되는 지경이거나 쥐가 쫓기어 궁지에 몰리게 되면 도리어 쥐가 고양이를 문다"라고 되어있고 조성(詔聖)편에는 사불재생궁서설묘(死不再生 窮鼠齧猫)라고 있으며, 육도·삼략의 용도편에는 "승산이 있으면 군사를 움직이고 그렇지 않으면 군사를 움직이지 않는다.(見勝則起 不勝則止)"라고 되어 있다. 다음은 『난중일기』의 대목이다.

- 1594년 9월 초3일(양력 10월 16일) 새벽에 임금의 비밀분부(有旨)가 왔는데, "수군과 육군의 여러 장병들이 팔짱만 끼고 서로 바라보면서 한 가지라도 계책을 세워 적을 치는 일이 없다"라고 하였다. 세 해 동안이나 바다에 나와 있는데 그럴 리가 만무하다. 여러 장수들과 죽음으

로써 원수를 갚을 뜻을 맹세하고 나날을 보내지만, 적이 험고한 곳에 들어앉아 있으니, 경솔히 칠 수도 없다. 하물며 나를 알고 적을 알아야만 백 번 싸워도 위태하지 않다고 하지 않았던가! 종일 바람이 세게 불었다. 초저녁에 촛불을 밝히고 홀로 앉아 생각하니 나라 일은 어지럽건만 안으로 할 수 있는 방법이 없으니, 이를 어찌하랴! 밤 열시쯤에 흥양 현감이 내가 혼자 앉아 있음을 알고 들어와서 자정까지 이야기하고 갔다.

"적이 험고한 곳에 웅거하여 있으니, 경솔히 나아가 칠 수도 없다"는 『손자병법』 지형편에 따른 생각이다. 군쟁편에서는 '정정한 기세를 공격하지 말고 당당한 진을 습격하지 말라(無邀正正之旗 無擊堂堂之陣 此治變者也)'고 되어 있다. "지피지기 백전백승"이라는 말 또한 『손자병법』의 모공(謀攻)편에 '적과 아군의 전력을 잘 비교한 후 승산이 있을 때 싸운다면 백 번을 싸워도 결코 패하지 않는다(知彼知己 百戰不殆)', '적의 실정을 모른 채 아군의 전력만 알고 싸운다면 승패의 확률은 반반이다(不知彼而知己 一勝一負)', '적의 실정은 물론 아군의 전력까지 모르고 싸운다면 싸울 때마다 반드시 패한다(不知彼不知己 每戰必敗)'는 부분을 종합적으로 발췌, 응용하여 쓴 말이다.

이순신은 적을 유인하여 적을 함정에 빠뜨리는 전법을 많이 사용했고, 절대 무리하게 적을 공격하지 않으면서 승리를 이끌어 내었다.

『난중일기』 1597년 9월 15일 명량 해전이 벌어지기 하루 전 기록에 "죽고자 하면 살고 살고자 하면 죽는다"는 말이 있는데 『손자병법』뿐 아니라 오기(吳起)의 병법에 있는 "필사적으로 싸우면 살아날 수 있고 요행히 살려고만 하면 죽게 된다"를 약간 변형한 것이다. 이외에 여러 병법을 자신만의 독특한 전략·전술로 만들어 이를 해전에서 사용했고, 나아가 학익진이라는 전대미문의 병법과 결합시켰다. 학익진법으로 왜선을 몇 선이나 격파했는가 보다는 그가 오기병법, 증손전수방략, 손자병법, 육도·삼략 등의 많은 병서 및 병법을 기계적으로 암기하고 이것을 그대로 적용한 것이 아닌 끊임없이 새롭게 적용·모색했다는 점이 그를 높이 평가하는 이유이다. 무엇보다 『손자병법』을 응용한 이순신이 보여주었던 "무리하게 욕심을 내지 않으며 그때의 상황에 따라 움직인다, 불리하면 불리한대로 유리하면 유리한대로"라는 그의 전략 스타일은 오늘날 리더십으로 뿐만 아닌 일상생활에서도 매우 필요한 지혜임에 틀림없다.

2) 거북선의 전술과 학익진이 세계 전쟁을 바꾸다

이순신의 해상 병법의 운용에 대해서 좀 더 살펴보자. 사천 해전은 거북선의 첫 출전지였다. 왜군은 칼을 통한 육박전에 자신 있었기 때문에 거북선단을 돌격대로 여겨 준비하고 있었다. 하지만 예측했던 거북선에서 조선군은 한 명도 뛰어나오지 않았고, 용머리에서 화포가 불을 뿜으며 왜장의 전투함에 그대로 돌격했다. 아울러 조총 사거리에서 벗어난 거리에서 철환, 장편전, 화전 등 온갖 무기들이 폭풍우 같이 쏟아져 들어왔다. 왜군은 가까이 접근한 거북선에 오르기 위해서 거북선 지붕에 뛰어내렸지만 그 지붕 위에는 20cm에 이르는 쇠못이 박혀 있었다. 뛰어내린 왜군들은 온몸에 쇠못이 관통되어 그들의 장기인 조총이나 등선육박전은 힘을 쓰지 못했다.

학익진법에 대해서 좀 더 보자. 20세기 일본의 해군은 거북선과 학익진의 원리를 제대로 숙지하고 청일전쟁과 러일전쟁에서 이겼다.

아시아의 강자가 된 것이다. 일본의 학익진 원리(T전법)를 연구한 영국 해군은 제1차 세계대전에서 독일 해군을 이긴다. 미 해군은 제2차 세계대전에서 학익진(T전법)으로 일본의 태평양 함대를 궤멸시킨다. 이러한 미 해군의 전법은 맥아더의 개구리 뜀뛰기로 불리는 상륙작전과 란체스터 공군전술로 이어졌다는 분석이 있다. 학익진은 학이 날개를 편 것 같은 진법이다. 선봉과 중군, 후군으로 진형을 갖추어 왜 선단과 거리를 좁히던 조선 수군은 전방 300m에 이르러 두 쪽으로 갈라져 왜선을 에워싸는 형태의 포위형 학익진을 만든다. 이러한 전법은 포구에 왜선이 갇혀 있을 때 사용하며, 마치 양팔을 벌린 것 같은 상태로 진형을 만들기 때문에 이때 갇힌 왜선은 빠져나갈 수 없게 된다. 이어서 좌현과 우현, 중앙의 포가 번갈아가면서 전방을 공격하면 왜군은 한 곳에 모여들어 보통의 해전에서처럼 백병전을 준비하게 된다. 그런데 이순신은 전통적으로 전투의 마지막 단계에서 보병을 이용하는 백병전을 명령하지 않고, 한 곳에 모인 왜군에게 함포사격을 가하는데, 이것이 이순신이 구사한 일시집중타의 전법이었다. 세계 해전사에서 볼 수 없는 순수 함포전의 시작이었다.[1] 그렇게 함포전으로 전 함대를 박살내고, 조선 수군은 신속하게 사라졌기 때문에 일본의 수군 본영에서는 이순신 함대의 소재를 찾는 데 애를 먹었다. 조선 수군은 이렇게 신출귀몰하게 나타나 왜군 선단들을 타격했다.

돌파형 학익진은 거북선이 왜 함대의 중간을 자른 후 휘젓고 다니며 파괴하면 주위에 늘어선 함대들이 분산된 왜군 함대를 일시 집중타로 타격하는 것이다. 이렇게 되면 결국 왜군 함대는 포위에 갇힌 채 전멸할 수밖에 없다. 쌍학익진은 이억기 함대가 합류한 당항포 해전에서 선을 보였다. 이 전법을 이용하여 공격하자 왜군들은 배를 버리고 바다에 뛰어들었다. 이런 학익진법은 전술로서 획기적일 뿐 아니

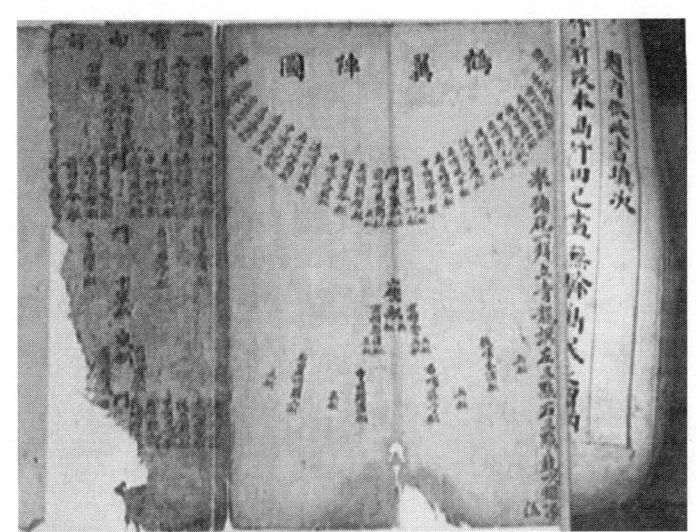
학익진도 _도 13

라 이순신의 원칙을 잘 나타내고 있다. 이순신의 함대는 배를 파괴하여 함대를 무력화시키고, 원거리 사격으로 물자와 적군을 수장시키는 데 목적이 있었으므로, 왜군을 따라가 목을 베지는 않았다. 포기할 것은 포기하는 것 그것이 얻는 길임을 보여 준 것이다. 자기 것이 아닌 것을 억지로 취하려 할수록 자기 것을 잃는 법이었다.

7장

이순신이 보여준 수평적 리더십

1) 겸손함은 모든 리더십을 자기편으로 만든다

이순신은 5000명에 미치지 못하는 군사와 50척도 안 되는 함대로 40만의 왜군과 1300척의 일본 함대와 맞서 싸워 이겼다. 이순신의 리더십이 진가를 발휘하는 승리는 대부분 1592년에 있었다. 옥포, 당포, 당항포, 사천, 율포, 한산도, 안골포, 부산포 해전이 대표적인 해전들이다. 이 해전들에서 세운 공으로 이순신은 정헌대부, 삼군수군통제사가 되었다. 그 공훈을 생각하면 이순신의 독자적인 뛰어난 지휘와 전략 전술의 개가라고 생각하기 쉽다. 즉 1인자의 리더십으로 발휘한 결과라고 말이다. 하지만 초기 조선 수군 해전 승리는 이순신 단독으로 전략을 짠 것도 아니고, 이순신 혼자만의 지휘로 이루어진 것이 아니며 왜적에 대응하는 조선 수군함대 모두가 이순신 소속도 아니었다.

초기의 해전에는 전라우도 수군절도사 이억기, 경상우도수군절도사 원균이 함께 참여하고 있었다. 이순신의 공이 적은 것은 아니었지만, 세 수사의 합동이 빚어낸 것이다. 이 가운데 이순신의 조화적 리드가 무엇보다 두드러졌는데, 이것이 오늘날 이야기하는 수평적 리더십이자, 2인자 리더십이다.

이순신이 모든 것을 지휘한 것으로 생각을 한다면, 1592년 초기의 전투 중 가장 빛나는 대승인 한산도대첩도 이순신 단독으로 이끌어낸 승리로 여기게 된다. 당시 이순신은 나머지 두 명, 이억기와 원균을 지휘 통제할 만한 권한이 없었다. 삼도수군통제사는 임란 초기의 이 같은 지휘체계의 허점 때문에 이후에 새롭게 만들고, 초대 지휘관으로 이순신을 삼는다. 초기에 원균, 이억기, 이순신은 한 번에 잘 합심하지는 않았는데, 그 이유 중 하나는 이순신과 이억기, 원균은 모두 같은 수사(수군절도사)였기 때문이며, 더구나 이순신의 관할 지역은 전라 좌도, 원균의 관할 지역은 경상 우도였다.

당시 겸직인 각 도의 순찰사 밑에는 크게 두 명의 수사가 있었고, 전라도에는 전라우수사와 전라좌수사가 있었다. 경상도에도 마찬가지로 경상우수사와 경상좌수사가 있었다. 좌 우도를 나누는 기준은 한양에서 남해안을 바라보는 것에 따른다. 따라서 목포는 전라우도의 관할이 되며, 여수는 전라좌도의 관할이 된다. 통영(당포)은 경상우도수군절도사의 관할이며 부산(동래)은 경상좌도수군절도사의 관할이 되는 것이다. 따라서 이들은 지휘 계통이 달랐다.

이때 경상좌수사 박홍은 전함 75척과 협선 등 100여 척의 함대와 12,000명에 이르는 수군을 가지고 있음에도 동래로 도망쳤고, 유키나가군이 부산 본진인 동래성으로 가자 다시 도망쳤다. 그나마 박홍은 도망치기 전 각 수영(水營)에 서울로 왜침을 통보하도록 파발마를 띄웠다. 부산은 이미 왜적에게 빼앗겼으므로, 남은 것은 경상우수사(원균)와 전라좌수사(이순신), 전라우수사(이억기)가 관할하는 지역이었다. 왜병은 원균의 관할 지역인 경상우수영까지 점령하고 전열을 정비한 후 곧 전라 좌도로 넘어올 예정이었다.

　박홍의 또 다른 사자는 4월 16일 오후 경상관찰사 김수에게 왜침을 알리게 되고, 이에 관찰사 김수는 4월 17일 파발을 띄워 전라좌수군이 경상도 경내로 넘어가도록 요청하고, 이에 앞서 4월 18일에 김수가 원균에게 출전을 명령한다. 이순신에게 1차 출동은 전라도에서 경상도로 향하는 첫 출동이었고, 조정의 허가가 필요했다.

　4월 27일 오후 7시, 이순신의 함대가 경상도로 월경해도 좋다는 조정의 파발이 도착한다. 출정 명령서에는 출진이 수사들의 협의에 위임되며, 전라감영에 통고만 하면 된다는 내용이었다.

　남아있는 이 세 수사가 합심하는 것이 중요했다. 이들을 통괄하는 상관이 없었기 때문에 세 명의 수사가 함께 행동한다는 것은 전장에서 치명적인 결함이 될 수도 있었다. 세 사람의 의견이 충돌할 경우 감당할 수 없는 사태가 발생할 수 있기 때문이다. 이러한 결함 때문에 다음해 1593년 8월 각 수군절도사들만을 통제하는 삼도수군통제사라는 직책이 마련된다. 그러나 경상도로 향하는 출전은 이 제도가 있기 전이었으므로 이억기, 이순신, 원균 사이에 미묘한 신경전이 생길 수 있는 문제였다.

　그런데 왜병이 전라도로 넘어오기 전 방어함에 있어 세 수사가 합심해야 하는 문제는 단지 명령 체계상의 효율성 때문만은 아니었다. 무엇보다 전력(戰力)상의 문제가 있었기 때문이었던 것이다. 상식적으로 이순신에게 거북선과 같은 무적함이 있으니 당장에 왜군 진영으로 쳐들어갔을 것으로 생각하기 쉽다. 그러나 이순신 혼자 왜적을 상대

한산도 이충무공유적(閑山島李忠武公遺蹟) _도 14

임진왜란 때 충무공 이순신(1545~1598) 장군이 왜군을 크게 무찌른 한산대첩을 기념하기 위하여 만들어진 역사적인 장소이다.

한산대첩은 매우 불리하였던 전쟁의 상황을 완전히 바꾸어 놓은 대표적인 해전으로, 육지에서의 행주성대첩·진주성대첩과 함께 임진왜란 3대첩의 하나로 꼽히는 유명한 싸움이었다.

선조 25년(1592) 10월 삼도수군통제사가 된 뒤 이곳에 제승당을 짓고, 26년(1593)부터 30년(1597)까지, 수군의 중심 진영으로 삼아 해상을 장악하고 전란을 이겨나갔다. 그러나 선조 30년(1597)에 제승당을 포함한 이곳 군영이 모두 불에 타서 폐허가 되었다. 그 후 영조 15년(1739)에 제승당과 함께 '제승당유허비'를 세운 후 여러 차례 공사가 이루어졌고, 일제시대 때 지방 유지들에 의해 다시 세워지게 되었다. 원래 제승당은 임진왜란 중 충무공이 부하들과 함께 작전계획을 세우고 일을 보던 '운주당'이란 건물 자리에 영조 때 집을 짓고 '제승당'이라는 이름을 붙인 것이다.

경내에는 제승당을 비롯하여 충무공의 영정을 모신 '충무사'와 '한산정', '수루' 등이 있으며, 산봉우리에는 한산대첩비와 함께 거북등대가 있다.

할 수 없는 상황이었기에 일기와 장계에서 밝히듯 경상도로 출전하는 것에 신중을 기하고 있었음을 기록하고 있다.

그가 처음 출전을 앞두고 끝까지 기다린 사람이 전라우수사 이억기라는 사실은 이순신의 전력이 왜군을 혼자 상대하기에는 역부족이었다는 것을 말해준다. 임진왜란 초에 이순신이 경상도로 출전한 것도 왜군과 정면으로 대결하기 위해서라기보다는 위기에 처한 당포(원균 관할 지역)를 방어하기 위해서였다. 장계에서도 이순신이 여러 차례 밝히듯 구원 출전이었다. 하지만 이순신은 쉽게 월경할 수 없었다. 부족한 전력도 문제였지만, 무엇보다 그 지역이 이순신의 관할이 아니므로 물길과 지형을 모른다는 사실이었다. 원균의 구원 요청에 응하기 위해서도 특히 이억기를 기다릴 수밖에 없었다.

> 왜적이 본도전라도로 침범해올 때가 임박했는데 무척 한심寒心합니다. 본도 내의 육지와 연해안의 각 고을과 변두리의 성을 방어하는 데 필요한데 새로 뽑은 조방군 등 올차고도 굳센 사졸은 육지 전으로 나가고 변두리에 남은 진과 보堡에는 병기를 가진 사람조차 적습니다. 그나마도 맨손으로 모인 수군이니 그 세력이 매우 약해 달리 방어할 대책이 없습니다 … 뿐만 아니라 신에게 있는 전함을 다 모은다고 해도 그 수가 30여 척에 불과합니다. 세력 지원이 없어 매우 힘이 약하기 때문에 겸관찰사 순찰사 이광도 이미 이 사실을 알고 본도 전라도우수사이억기에게 명령하여 소속 수군을 거느리고 신을 따라 힘을 모아 구원하라고 했습니다. 일이 비록 엄청나게 급하다고 하더라도 반드시 구원선이 다 도착되면 약속한 뒤에 배를 띄워 경상지방으로 출전할 계획입니다.
>
> — 1592년 4월 30일 장계

장계를 통해서도 알 수 있듯이 당시 이순신의 전력은 매우 열세였다. 따라서 일부 위인전에서와 같이 기다렸다는 듯이 왜군과 정면으로 전투를 벌인 것이 아니다. 개인 일기에서도 이순신은 이억기의 수군을 애타게 기다리고 있었다.

가랑비가 아침내 내렸다. 전라우수사가 수군을 끌고 와서 같이 약속하고서 방답의 판옥선이 첩입군을 싣고 오는 것을 우수사가 온다고 기뻐했으나, 군관을 보내어 알아보았다. 그러니 그건 방답의 배였다. 실망했다. 그러나 조금 뒤에 녹도 만호가 보자고 해서 불러 물었다. 그러나 우수사는 오지 않았다. 그럼에도 왜적은 점점 서울 가까이 다가가니 통분한 마음이 갈 길 없었다. 만약 기회를 늦추다가는 후회해도 소용없다는 것이었다. 이 때문에 곧 중위장(이순신)을 불러 내일 새벽에 떠날 것을 약속하고 장계를 고쳤다. 이날 여도 수군 황옥천(黃玉千)이 왜적의 소리를 듣고 달아났다. 자기 집에서 잡아 와서 목을 베어 군중 앞에 높이 매달았다.

― 5월 3일 양력 6월 12일 〈임술〉, 『난중일기』

이순신의 심경을 잘 나타내는 일기 내용이다. 대전투 함대의 왜군이 언제 들이닥칠지 모르는 가운데 전라우수사 이억기가 오기만을 고대하던 중 마침내 이억기가 온다는 소리에 기뻐하지만, 그 배가 이억기가 탄 배가 아니라는 소식을 듣고 실망하고 있다. 이순신의 기다림은 여도 수군 중 도망간 한 명을 참수하여 효수(梟首)했다는 사실에서 그의 위기상황에 대응하는 결기를 느끼게 한다.

또한 4월 30일 장계에도 도망한 자 2명을 잡아내 참수했는데, 이순신이 당시에 경상도로 쉽게 갈 수 없었던 이유가 물길에 있었음을 보고하고 있다.

남해에 첩입된 평산포 등 4개 진영의 장수와 현령 등은 왜적들의 얼굴을 보지도 못하고 먼저 스스로 옮겨 피했습니다. 신은 홀로 있어서 지원된 군사로는 그 도경(道境)의 물결이 험한지 평탄한지 알 수가 없습니다. 물길을 알려 줄 만한 배도 없으며 작전을 상의할 만한 장수도 없는데, 경솔하게 출항한다는 것은 천리 먼 곳에서 뜻밖의 걱정만 끼치게 될 것입니다.

― 1592년(임진) 4월 30일 장계

경상도로 출전하기 위해서는 바닷길을 잘 알아야 하는데, 이를 안내해줄 만한 사람이 없다는 것이다. 그런데도 이순신이 주로 전승을 거둔 곳은 원균의 관할 지역인 경상우도 해안이다. 장계의 나머지 부분에는 원균에게 '물길의 형평과 두 도의 수군이 모이기로 약속할 곳, 적선의 많음과 정박해 있는 곳과 그 밖의 대책에 응할 여러 가지 기말사항을 긴급히 회답하게 해주시오'라고 했고, 원균은 여러 가지 상황을 적은 편지를 보내주게 된다. 또한 "선봉장은 우수사 원균과 약속할 때 그 도(경상우도)의 변장으로서 임명할 계획이라고 했다."

5월 5일 이순신은 이억기의 합류가 없음에도 불구하고 드디어 4월 30일 서신으로 출전하게 되는데, 원균이 수차례 당포 앞 바다로 나오라고 했으므로 그곳으로 가게 된다.

5월 5일에는 이른 새벽에 출항하여 두 도의 수군들이 지난번에 모이기로 약속한 곳인 당포 앞 바다로 급히 달려갔으나 경상우수사 원균은 약속한 곳에 있지 않았습니다. 신이 거느린 경쾌선으로 당포로 빨리 나오라고 공문을 보냈더니 6일 진시(아침 7시에서 9시 사이)에 원균이 우수영 경내의 한산 섬에서 단지 1척의 전선을 타고 왔습니다. 그래서 왜적선의 많고 적음과 현재의 머물고 있는 곳과 접전할 절차 등을 상세히 묻곤 했습니다.

― 1592년 5월 7일 옥포 해전 승리 장계

이순신과 원균이 공격하기로 했던 곳은 부산 다대포 앞의 천성, 가덕도 앞이었다. 당포(통영)와 거제도 사이의 견내량을 통과해 가면 협살 당하기 쉽기 때문에 당포에서 한산도 섬을 지나 남쪽으로 거제도를 돌아 가덕도로 가려고 했다.

거제도를 남쪽으로 돌아 부산 쪽으로 가다가 옥포를 앞두고 있을 때였다. 앞에 나가 있던 우척후장 사도 첨사 김완과 여도 권관 김인영 등이 신기전을 쏘아서 왜적선이 있음을 알렸다. 옥포 해안에 왜선 30여 척이 있었던 것이다. 옥포는 거제도의 동쪽에 있는 곳으로 반드시 이곳을 지나쳐야 가덕도 등으로 갈 수 있었다. 이 30여 척의 왜선을 격파한 것이 옥포 해전이었고, 이순신이 공을 세운 첫 해전이 된다. 이 해전에서 총 26척의 선박을 전소시킨다. 이어서 신시(세시에서 다섯 시 사이)에 인근 웅천 땅 합포(진해만 부근, 가덕도 앞)에 왜선이 지나간다는 보고를 받고 다시 출정해 5척을 격파했다. 다음 8일에는 진해 땅 고리량에 왜선이 머물고 있다는 보고에 따라 그 일대를 수색하던 중 고성의 적진포에서 왜선 13척을 발견하고 전투를 벌였는데 13척 모두를 섬멸했다. 5월 10일, 이순신은 이러한 일련의 전투에서 40여 척의 배를 격파시키고 왜적의 머리 둘을 베었다는 전과를 장계로 올린다.

2) 발상의 전환, 먼저 자신의 약점을 파악하라

옥포를 비롯한 해전에서의 승리 뒤 이순신은 전열을 정비하고 다음 전투를 위해 본영인 전라좌수영으로 돌아온다. 공적에 눈이 어두워 무리하게 전투를 벌이는 태도와는 다르다. 본영에 있을 즈음, 왜군 주력 함대가 서쪽으로 진격한다는 정보가 계속 들어왔다. 이 때문에 전라우수사 이억기에게 6월 3일 합동으로 출동하여 왜선을 격파할 것을 통고했다.

그런데 경상우수사 원균은 10여 척의 왜선이 사천, 곤양 등지로 진격했다는 공문을 이순신에게 보낸다. 이순신은 원균의 공문을 받고 예정 출정일을 변경해 적에게 선제공격을 하기로 한다. 이러한 계획이 들어맞아 29일 사천 해전이 벌어지고, 이 해전은 원균도 전선 3척을 가지고 참전했다. 거북선이 처음 등장했던 이 해전은 원균의 정탐과 정보가 주효했기 때문에 성공할 수 있었다. 또한 5월 29일 『난중일기』를 보면 원균과 상의했다는 대목이 나온다.

- 1592년 5월 29일(양력 7월 8일) 우수사이억기가 오지 않으므로 홀로 여러 장수들을 거느리고 새벽에 출항해 곧장 노량에 이르니, 경상우수사 원균元均은 미리 약속한 곳에 와서 만나 그와 함께 상의했다.

이순신은 자신의 전략을 원균에게 일방적으로 통보하지는 않았다. 사천은 원균의 관할 지역이었고, 이순신은 수사의 위치에서 원균과 협의해야 하는 위치였을 뿐만 아니라 그의 정보와 견해가 반드시 필요했다. 이순신과 원균에게 지원군이 필요한 가운데 2일에 다시 당포(통영)에 왜적이 출몰하였다는 보고를 듣고 가게 된다. 이 당포 해전에서 21척을 격파하고, 이날 다시 5척이 출몰해 그것을 쫓던 중 밤을 지내게 된다. 그런데 그날 밤에 그렇게 기다리던 이억기의 소식을 듣게 된다.

- 6월 초3일(양력 7월 11일) 아침에 다시 여러 장수들을 격려하여 개도介島를 협공했으나, 이미 달아나 버려 사방에는 한 놈도 없었다. 고성 등

전라좌수영 터 전경 _도 15

선조 24년(1591) 이순신이 전라좌수사로 부임해 서문 해자(垓字, 경계 구조물)를 축조했다. 선조 26년(1593. 8) 삼도수군통제사가 된 이순신은 거제도 앞 한산도로 자리를 옮겼다.

지로 가고자 했으나, 아군의 형세가 외롭고 약하기 때문에 울분을 참으면서 머물러 밤을 지냈다. (이억기가) 수군을 거느리고 돛을 달고서 왔다. 장병들이 기뻐 날뛰지 않는 이가 없었다. 내일 군사를 합치기로 약속하고 잤다.

• 6월 초4일(양력 7월 12일) 우수사(이억기)가 오기를 목을 빼고 기다리면서, 어슬렁거리며 형세를 관망하고 대책을 결정짓지 못하고 있는데, 정오가 되니 우수사가 여러 장수들을 거느리고 돛을 올리고서 왔다. 진중의 장병들이 기뻐서 날뛰지 않는 이가 없었다. 군사를 합치고 약속을 거듭한 뒤에 착포량통영시 당동 착량에서 밤을 지냈다.

이순신은 이틀 연속으로 군사들이 매우 기뻐하는 모습을 적고 있다. 왜 이렇게 기뻐했는가는 다음에서 볼 수 있다. 장계에는 이억기가 당포 해전 중간에 참여하는 상황을 다음과 같이 기록하고 있다.

다시 여러 장수들과 약속을 거듭 밝히는 가운데 출항하려고 하는데 본도 우수사 이억기가 전선 25척을 거느리고 신이 머물고 있는 곳으로 와서 모였습니다. 여러 전선의 장수와 군사들은 후원이 없어 외롭고 힘이 약한 것을 염려하는데 계속 싸우다보니 바야흐로 피곤하게 된 터에 응원군을 맞이하게 되자 좋아서 날뛰지 않은 이가 없었습니다.

신은 이내 이억기와 왜적을 쳐부술 대책을 토론했는데 곧 날이 저물기 시작해 그와 함께 거제와 고성의 두 경계인 착량鑿梁:손돌목, 미륵도와 통영반도 사이 협해 바다로 가서 진을 치고 밤을 지냈습니다.

— 제2차 당포 당항포 등 네 곳 승첩 장계

  6월 3일, 4일의 일기를 보면 이순신의 군대만으로는 해전을 계속 해나가지 못한다는 것을 명확하게 보여주고 있다. 무엇보다 여러 날의 해전으로 피로가 누적 되어 있어 그대로 왜 주력군과 접전이 벌어질 경우 패배할 위험이 있었다. 따라서 이순신 함대 홀로 왜군을 상대한다는 것은 불가능했다. 그때 이억기가 전선을 가지고 온 것이다.

  이억기까지 합류한 삼도수사함대는 5일에 왜적을 토벌하러 나갔다가 7,8명이 배를 타고 와 "당포에서 쫓긴 왜적선이 거제를 지나 고성 땅 당항포로 옮겨 대었습니다"라는 보고를 듣게 된다. 이에 당항포로 가서 왜선 26척을 격파하고 이어서 30여 척을 침몰시켰다. 이것이 옥포에 이은 2차 당항포 해전이다.

  이어 6월 7일 거제도 앞 바다에서 왜군의 대함 5척, 중형함 2척이 율포에서 나와 부산진 쪽으로 가는 것을 발견하고, 이 중 대함 2척, 중형함 1척을 불사른 후, 나머지는 모두 나포했다. 이것이 율포 해전이다. 이렇게 옥포에서는 기습이 주효했다면 당항포, 율포에서 큰 승리를 거둘 수 있었던 것은 3명의 수사가 연합했기 때문이었다. 『난중일기』에는 협의하는 모습이 많이 나온다.

- 6월 초8일(양력 7월 16일) 우수사이억기와 함께 의논하면서 바다 가운데서 머물러 지냈다.
- 6월 초9일(양력 7월 17일) 곧장 천성 가덕에 이르니, 왜적이 하나도 없다. 두세 번 수색 하고나서, 군사를 돌려 당포로 돌아와 밤을 지냈다. 새벽도 되기 전에 배를 출항하여 미조항 앞바다에 이르러 우수사이억기와 이야기했다.

가덕으로 향하려는데, "안골포에 왜선 마흔 여 척이 정박해 있다"고 탐망군이 보고했습니다. 즉시 본도 우수사 및 경상우수사와 함께 적을 토멸할 계책을 상의했습니다. 이날은 날이 이미 저물고 맞바람이 세게 불어 항해하여 앞으로 나갈 수 없으므로 거제 땅 온천도거제도 하청면 칠천도에서 밤을 지냈습니다.
— 7월 초9일 장계

그 섬한산도에 하륙한 적들은 거제도의 군사와 백성들이 합력하여 목을 베고 그 급수를 통고하도록 그 도의 우수사와 약속했습니다.
— 7월 12일 장계

그 강의 입구의 형세가 매우 좁아서 판옥대선은 쉽게 싸울 수 없겠으므로 어두워질 무렵에 가덕 북쪽가로 되돌아와서 밤을 지내면서 원균 및 이억기 등과 함께 밤새도록 상의했습니다.
— 8월 29일 장계

일단 연합함대는 율전 해전 뒤에 지친 군사들과 식량 때문에 다시 돌아오게 된다.

왜군은 그 동안의 패전을 만회하기 위하여 병력을 증강했다. 와키사카 야스하루(脇坂安治)의 제1진은 70여 척을 거느리고 웅천(熊川) 방면에서 출동하고, 구키 요시타카(九鬼嘉隆)의 제2진 40여 척과 제3진의 가토 요시아키(加藤嘉明)도 많은 병선을 이끌고 합세해 한꺼번에 출전했다. 사실상 일본의 핵심 정예부대들이 이번에는 한꺼번에 조선 수군을 없애고, 전라도로 진출하기 위해 출진한 것이다.

> 떼를 지어 출몰하는 적을 맞이하여 낱낱이 무찌르고자 서로 공문을 돌려서 약속하며 배를 정비하고, 경상도의 적세를 탐문했는데, "가덕, 거제 등지에 왜선이 혹 열여 척, 혹은 서른여 척이 떼를 지어 출몰한다"고 할 뿐 아니라, 본도 금산나주시 금성동 지경에도 적세가 크게 뻗쳤는바, 수륙으로 나누어 침범한 적들이 곳곳에서 불길같이 일어나건만, 한 번도 적을 맞아 싸운 적이 없어서 깊이 침범하게 되었으므로 처음에 본도 우수사와 모이기로 약속한 오늘 저녁때에 약속한 그 장소에 도착했습니다.
> – 7월 초4일 장계

해전을 준비하는 과정에서 서로 공문을 돌려 정보를 주고받는 모습은 과거보다는 능동적임을 짐작하게 한다. 과거에는 경상도 지방의 전황과 이에 대한 구원 요청의 정보 교류였다면 이제는 왜선을 조직적으로 공격하기 위한 정보 교류였던 것이다. 이미 앞선 해전에서 한 번 자신감을 얻은 이순신, 이억기, 원균은 다시 뭉치는 데 어려움이 없었다. 이것이 '한산도대첩'의 시작이었다.

3) 수평적 리더십, 연합작전 속에 인정받다

한산도대첩에는 원균의 배까지 합하여 약 50여 척의 전투함과 다른 배 90여 척이 참여한 것으로 보인다. 그런데 이것은 한산도나 부산포에서의 해전이 끝난 뒤 전선 제작이 더 이루어졌음을 보이는 사실이지만 여전히 이순신의 배는 적었다.

1593년 5월 14일의 장계를 보면 이순신이 전선 42척, 이억기가 전선 52척을 지닌 것으로 나타난다. 한산도대첩을 통해 이억기는 25척 이상의 배를 통해 막대한 전력을 보강한 셈이었다. 이순신의 전선은 옥포 해전 장계에서 밝힌 것을 기준으로 보면 판옥선(板屋船) 24척, 협선(挾船) 15척, 포작선(鮑作船) 46척이다. 그러나 협작선은 보조선이고 포작선은 어선이기 때문에 전투선이라고 할 수 없으므로 판옥선만 전투선에 해당한다. 따라서 이억기의 전선과 이순신의 전선은 동일한 전력을 지니고 있었다. 또한 동일한 직위와 전선으로 볼 때 이순신이 이억기를 일방적으로 지휘 할 수는 없었다.

사실 임진왜란 초기 전라우수사 이억기는 요청이 있은 지 한 달여가 지나서야 이순신과 합류했다. 이순신에게 합류하라는 순찰사 이광의 명령이 있었는데도 말이다. 물론 지역의 전함이나 병사, 물자를 모으는 데 시간이 걸린 이유도 있겠지만 하루도 안 걸릴 거리를 두고 너무 늦은 감이 있었다. 이것은 아마도 이순신을 신임하지 않았기 때문인 것으로 보인다. 그 이유를 생각해 보면 이순신이 유성룡의 천거로 갑자기 예닐곱 단계를 뛰어 순식간에 전라좌수사가 되었기 때문에 여러 모로 좋지 않게 보였을 것이다. 그리고 당시까지 해전에서 이순신을 검증한 것이 없었다는 점뿐 아니라 같은 수사 지위의 위치에 있었기 때문일 것이다. 더구나 함께 군사작전을 해본 적이 없었기 때문에 더욱 주저하게 되는 요인이 되었을 것으로 보인다. 또한 섣불리 합류했다가 전라우도까지 공격당할 염려가 있었다. 이럴 경우 전라도가 완벽하게 궤멸되는 것을 뜻했다. 더구나 조정에서는 상황을 보고 움직이라는 교서가 내려진 상태였기 때문에 즉시 갈 이유가 반드시 있었던 것은 아니었다. 하지만 제1차 옥포 해전(합포, 적진포 포함)과 사천 해전의 승리가 있자 이억기는 합류하고, 당항포, 율포에서 함께 싸워본 후에는 즉각적 협력을 보인다.

7월 초에 이순신은 이억기와 출전을 약속했고 이를 원균에게 알렸다. 이번에는 신속하게 이억기가 왔고, 7월 6일 이억기와 이순신은 90척을 이끌고 전라좌수영을 출발, 노량(露梁)에서 수선을 마친 원균의 전함 7척과 합세했다. 7월 7일 저녁 삼도수사연합함대가 당포에 이르렀다. 이때 왜함 대·중·소 70여 척이 견내량(見乃梁)에 들어갔다는 보고가 들어온다. 하지만 견내량은 좁아서 조선 수군에게는 불리하므로 다음날 한산도 앞 바다로 적을 끌어낼 작전을 세웠다. 한산도는 견내량을 통과하면 바로 보이는 거제 앞의 섬이다. 비록 한산도가 있다지만 거제도와 고성 사이에 있기 때문에 사방으로 헤엄쳐 나갈 길도 없고, 왜적이 상륙한다 해도 굶어 죽기 좋은 곳이 한산도였다.

그런데 어떻게 적선을 유인할 것인가가 문제였다. 먼저 판옥선 5, 6척으로 적의 선봉을 쫓아가서 급습하고 도망가게 한다. 이때 왜선이 일시에 반격해오자 조선 전선은 후퇴를 했다. 이에 왜군은 자신들을 겁내는 것으로 알고 끝까지 쫓아왔고, 이를 따라 나머지 왜선들도 점차 앞 바다로 나오기 시작했다.

예정대로 왜선들이 한산도 앞 바다에 이르렀다. 그러자 조선 수군은 미리 약속한 신호로 모든 배가 일시에 북을 치고 호각을 불면서 전선을 학익진(鶴翼陣)으로 펴고 동시에 왜선을 향해 공격했다. 현자, 지

제승당에 그려진 민족 기록화 〈한산도대첩〉

자, 승자총통(銃筒)과 수많은 화살을 쏘는 한편 거북선이 왜선 사이를 누벼댔다.

왜선을 격파 또는 전소시킨 것만 66척, 목을 벤 것이 86급(級), 기타 물에 빠져 죽고 찔려 죽은 수가 수백 명에 이르렀다. 한산도로 헤엄쳐 도망친 400여 명은 13일간을 풀뿌리만 먹다가 겨우 탈출하였다. 나중에 포로 심문 과정에서 키사카 야스하루(脇坂安治)의 제1진 70여 척은 거의 궤멸되고, 구키 요시타카(九鬼嘉隆)의 제2진 40여 척도 많은 피해를 본 것으로 알려졌다. 이것이 임진왜란 3대첩(大捷)의 하나인 한산도대첩이다. 이 해전 결과로 왜 수군은 거의 전멸했다.

한산도대첩은 원균의 경상우도 지역 해양 정보와 이억기의 전력과 용맹 그리고 이순신의 지략과 리더십이 어우러져 이끌어낸 승전이다. 이순신 혼자만의 공은 아니었다. 특히 이순신 혼자 탐색, 정보 수집, 운항, 전투 지휘를 한 것이 아니고, 세 수사가 공동 지휘해야 하는 상황에서 이억기, 원균과 같이 조화 있는 지휘를 훌륭히 이끌어내고 전과에서도 다른 두 사람을 능가했다는 것은 그가 가장 뛰어난 리더십을 발휘한 것으로 평가될 수 있다. 그러나 앞서 밝혔듯이 이순신의 전선들은 여전히 전력이 열세였기에 이순신은 한산도대첩이 끝난 뒤에도 이억기와 언제든 함께 움직일 전략을 짰다.

> 병력을 합세하여 바로 몰아 침범해 오면, 마침내는 우리가 앞뒤로 적을 받게 될 것이므로 병력이 분산되고 형세가 약한 것이 극히 염려스럽습니다. 그래서 "군대를 정비하여 창을 베개로 삼아 변을 기다려 다시 통고하는 즉시로 수군을 거느리고 달려오라"고 본도 우수사 이억기와 약속했습니다.
> — 7월 13일 장계

그렇게 해서 다시 세 수사가 함께 움직여 그해 9월 대승을 거둔 것이 부산포 해전이었다. 이러한 일련의 해전에서 승리를 가능하게 한 것은 이순신의 리더십이다. 리더십 가운데에서도 2인자의 리더십이라는 키워드를 집어 낼 수 있다.

8장

2인자 리더십

> 오랫동안 엎드려 있던 새는 높이 날지만, 먼저 핀 꽃은 먼저 지는 법.(伏久子 飛必高 開先子 射獨早)
> … 취고당검소

1) 이순신의 2인자 전략
— 겸양의 철학

닭들이 매일 세 개씩 계란을 낳았다. 네 마리 중에 한 마리가 약해서 알을 잘 낳지 못했다. 그러자 농부는 그 닭을 팔고 알을 잘 낳는 원기왕성한 닭을 사서 닭장에 넣었다. 그러자 매일 낳던 알이 두 개로 줄었다. 닭들이 서로 서열 경쟁을 하느라 알 낳는 데 힘쓰지 않았던 것이다.

주역에 따르면 용이 마침내 하늘을 날기 시작했을 때, 한번 솟았다가 다시 못 속으로 잠겨 힘을 축적한다. 나아가고 물러남을 이같이 신중하게 삼간다면, 위태로워도 그것을 넘길 수 있다. 용은 쉽게 모습을 드러내지 않는다. 큰 하늘의 덕도 그것을 과시하지 않는다. 그렇지만 일단 영향을 미치면 크게 길하다. 위대하기 때문에 항상 뒤에 물러나 있어도 충분하다.

 이순신은 항상 겸양의 모습을 보였다. 승리했다고 우쭐하지 않았으며, 일정한 지위에 있다고 그것에 기대어 뽐내지 않았다. 오히려 뒤로 물러나 실력을 연마했다. 그가 선두에 있을 때는 전쟁터에 있을 때이다. 그는 1인자였지만, 2인자의 전략을 통해 영원히 1인자가 되었다. 경력과 업적이 뛰어난 사람일수록 독선과 아집에 빠진다. 이순신은 항상 겸손했다. 귀가 열려있었다. 1912년 4월 타이타닉호 선장 에드워드 스미스는 베테랑 중에서도 베테랑이었지만 그의 귀는 닫혀 있었다. 결국 그의 오랜 경력과 지식의 무게는 타이타닉을 빙산에 충돌시켰고, 바다 위의 궁전을 심연으로 몰아넣었다. 리더는 자유로운 1인자가 아니라 누구보다도 부자유의 존재이다. 다른 누구보다도 규칙을 준수해야 한다. 그럴 때 구성원들은 리더를 따른다. 조직의 목표를 확실하게 알고 그것을 위해 노력할 때 구성원들은 그를 리더의 자격이 있는 사람으로 여기고 따르게 된다.

 이순신의 리더십 스타일은 그의 병법 구사에서도 잘 드러난다. 특히 앞서 살펴본『손자병법』은 2인자 리더십과 맞아 떨어지는 면이 많다. 자신의 한계를 인정하고 상대방이 강할 때는 그것에 맞게 낮추어서 대응해 이기는 전법이 대표적인 것으로 항상 주동적 위치를 점하여 싸우지 않고도 승리하는 것에 대해 얘기하고 있다. 즉 처음부터 완벽하게 우월한 위치를 점하면서 승리하려는 완벽성과 조급성을 가지지 않고, 그 상황에 맞게 승리를 이끌어 내려한다. 항상 앞으로 나서기보다는 한 템포나 한 걸음 뒤에서 자신에게 맞는 길을 찾는다.

 이황은 생전에 자손들에게 3품 이상의 벼슬은 하지 말라고 했다. 높은 벼슬을 할수록 다친다는 것이다. 즉 1인자의 자리에 오르는 것을 추구하면 짧은 순간 그곳에 올라도 쉽게 다칠 수 있기 때문이다.

300년 만석꾼 경주 최씨 집안의 최현식은 어느 날 자식들에게 이런 말을 했다.

"오늘과 같은 재물을 보전하기 위해서는 버리는 것도 있어야 한다. 오죽 하면 조부의 호가 대우였고, 나의 호가 둔차이겠느냐. 대우가 무엇이냐, 크게 어리석다는 말이 아니겠느냐 조부님이 스스로 크게 어리석다고 자칭한 것은 결코 어리석어서가 아니다. 그리고 둔차는 무엇이더냐? 재주가 둔하여 으뜸가지 못하고, 버금간다는 뜻이 아니겠느냐. 그러므로 너무 똑똑하거나 으뜸가는 것을 추구하다가는 다른 큰 것을 잃을 수도 있을 것이다. 큰일을 정할 때는 항상 이 점을 명심하거라."
―『경주 최부잣집 300년 부의 비밀』, 전진문, 황금가지

최 부잣집의 가풍은 1등보다는 2등이었다. 어리석은 듯 드러나지 않는 버금감이다. 2등은 남의 시기 질투를 받지 않을 수 있고 모함이나 흠해도 덜하기 때문이었다. 2등을 하라는 것은 최선을 다하지만 그 결과가 1등이 아니어도 만족하라는 의미다. 스스로 그 능력과 노력의 정도를 알고 만족할 때 스스로 행복하고 즐거우며 다른 목표를 향해 나아갈 수 없다. 끊임없이 1등만을 추구한다면 끊임없는 불만이 생긴다. 만석 이상은 하지 말라는 최씨 집안의 가훈은 이러한 맥락에서 나온 것이다.

스스로 만족할 때 다른 사람을 배려하는 마음도 생기고 사람들과 잘 지낼 수 있다. 끊임없이 1등만을 추구할 때 경쟁과 불안에 시달리기 때문에 남을 배려하는 마음을 갖기 힘들다. 또한 1등을 유지하려면 다른 사람들을 견제해야 하며 다른 사람들의 질투와 시기에 직면해야 한다. 지위만을 탐내어 움직인다면 경쟁과 불안에 시달리고 때로는

다른 사람들을 시기하고 질투하며 모함할 수 있다. 지금까지 알려진 바로는 원균이 이에 해당하게 된다. 칠천량에서의 패전은 승리와 공훈에만 너무 많이 마음을 빼앗긴 원균의 운명이었는지도 모른다.

리처드 세일러의 『승자의 저주(Winner's Curse)』는 '전투에서는 이기고 전쟁에서는 패하는' 역설을 드러낸다. 고대 에피루스의 피루스 왕은 기원전 279년 로마군과 전투에서 승리했지만, 너무 많은 병사를 잃었다. 그는 "이런 승리를 한 번 더 거뒀다간 우리가 망한다"고 했다. '피루스의 승리'는 '상처뿐인 영광'이라는 뜻을 담고 있다. 이기기 위해서 무모한 경쟁을 벌이는 것은 결국 상처뿐인 승리만을 줄 뿐만 아니라 자칫 승리도 건지지 못한 채 무수한 생명만을 잃게 만들 수도 있다.

이곡(李穀)의 '차마설(借馬說)'이라는 글에 다음과 같은 내용이 있다.

"내가 집이 가난해 말이 없어 혹 빌려서 타는데, 노둔하고 여윈 놈을 얻으면 일이 급하여도 감히 채찍을 더하지 못하여 금방 쓰러질 듯 미끄러질 듯 조심하며, 개천이나 구렁을 만나면 곧 내리므로 실수가 적었다. 그와 반대로 굽이 높고 귀가 쫑긋하고 잘 생기고 날랜 놈을 얻으면, 의기(意氣)가 양양(揚揚)하여 채찍을 갈기며 고삐를 놓고 언덕과 골짜기를 평지처럼 여겨 마음에 심히 유쾌했지만, 번번이 낙상(落傷)의 위험을 면치 못한다."

둔하고 쇠약한 말을 타면 조심하게 되므로 말에서 떨어지는 일이 없지만, 날래고 힘 좋은 말을 타면 빨리 가기는 하지만 떨어질 위험이 크다는 말이다.

『취고당검소』에 보면, "붓은 몇 달을 사용하고, 먹은 몇 년을 쓰고,

벼루는 몇 세대를 사용한다. 붓이 가장 예민하고, 먹이 그 다음이고, 벼루는 무디다. 바로 무딘 것이 가장 오래 산다. 예민한 것이 가장 일찍 죽는다. 붓이 가장 동(動)적이고 벼루는 정(靜)적이다. 무딘 것을 본체로 삼고 정(靜)을 쓰임으로 삼는다면 장수할 것이다"라는 말이 있다. 이순신은 벼루의 정적인 면과 붓의 동적인 면을 같이 갖춘 사람이다. 일본 해군준장 사토 데쯔라로는 1926년 「조선지방행정」 제6권 2월호 '절세의 명장 이순신'에서 이렇게 말했다.

> 이순신 장군은 풍신수길의 목적을 좌절케 했고 바다를 제압하는 것이 국방상 얼마나 중요한 것인지를 사실적으로 증명한 명장이었다. 그런데 중도에서 모함을 당해 백의종군했지만 어떠한 원망도 하지 않고 고통을 달게 받았다. 이 한 가지 사실만 보더라도 장군 인격의 고매함을 알 수 있다.

2) 명(明) 진린도 탄복한 2인자 리더십

명나라 장수 진린은 성질이 고약하기로 유명했다. 그는 강화도에 도착해서는 군량미가 제대로 조달되지 않는다고 관할 수령을 때리고, 찰방 이상규의 목에 새끼줄을 매어 피가 흐르도록 끌고 다녔다. 그러나 이순신은 강직하기로 이름이 난 장수였다. 과연 이 둘이 만나게 된다면 어떤 일이 벌어질 것인가.

명나라 진린은 정유재란 중인 1598년 7월 16일, 5000여 병사를 이끌고 고금도에 온다. 이순신의 태도는 예상을 깬 것이었다. 이순신은 즉각 휘하의 장교들과 함께 수십 리 길을 마중 나갔다. 크게 절하고,

환영하며 그들을 위해 큰 잔치를 베풀었다. 즉 이순신이 한발 숙이고 들어간 것이다. 『취고당검소』에 다음과 같은 말이 있다.

> 하늘이 사람에게 재앙을 내리려면 먼저 작은 복을 내려 그를 교만하게 만드는데, 그가 감당할 수 있는지를 보려는 것이다. 하늘이 복을 내리려면 먼저 재앙을 내려 그를 경계하나니 그 스스로 헤쳐 나갈 수 있는지를 보려는 것이다.

이순신은 공훈이 있다고 해서 교만하지 않았다. 오히려 받은 복을 통해 한결 여유로움을 가지고 상대방을 배려하기에 이른다. 첫 합동 전투에서 명나라 수군은 이렇다 할 전과를 올리지 못했다. 진린은 전과를 세우지 못한 자신의 부하들을 크게 질책했다. 그러는 가운데 이순신이 보낸 물건이 진린에게 도착한다. 상자에는 왜군의 수급(首級)이 들어 있었다. 진린의 전과가 되었다. 이후 명의 도독 진린은 신종에게 이순신에 대해 극찬의 장계를 올린다.

> 폐하, 조선 전란이 끝나면 조선의 왕에게 명을 내리셔서 통제사 이순신을 요동으로 오라 하게 하소서. 신(臣)이 본 이순신은 그 지략이 매우 뛰어날 뿐만 아니라 그 성품과 또한 장수로 지녀야할 품덕을 고루 지녔습니다. 만일 조선 수군통제사 이순신을 황제폐하께서 귀히 여기신다면 우리 명(明)국의 화근인 저 오랑캐(청나라)를 견제할 수 있을 뿐만 아니라, 저 오랑캐의 땅 모두를 우리의 명(明)국으로 귀속시킬 수 있을 것이옵니다.

또한 진린은 "천지를 주무르는 재주와 나라를 다시 세운 공이 있다."(經天緯地之才 補天浴日之功)라고 말했다. 이순신이 어느 날 막사를 허물고 있자 진린이 이상하게 여겨 그 이유를 물어본다. 그러자 이순신은 "우리 백성들은 명나라 군대를 부모와 같이 섬기는데 약탈이 심해서 모두 떠나고 있으니 저 같은 대장이 남아 있을 이유가 없습니다."라고 대답한다. 그러자 진린은 자신의 부하에 대한 현장 지휘권을 이순신에게 맡긴다.

노량 해전에서 진린은 도망가는 적을 추격해서까지 공을 세우려 무리하게 쫓아가다가 수심이 얕은 곳에서 왜군의 협공을 받게 되었다. 이를 본 이순신이 진린을 구하게 된다. 이후 이순신이 전사했다는 소식을 들었을 때 진린은 땅에 뒹굴며 통곡했다고 한다. 그는 자신의 묘비에 쓴 글에서 이순신을 제갈량에 비유하기도 했다.

이순신은 헌신하고 공을 세우되 공을 돌리고, 이끌어가되 지배하지 말라는 원칙을 잘 지켰다. 이 때문에 진린의 마음을 사로잡았고, 명나라에 돌아간 그의 보고를 통해 오히려 조선보다 명나라의 신임을 더 얻게 된 것이다. 이순신이 몸을 굽혀서 얻은 것은 컸다. 그것은 어쩌면 이순신이 선조와 조정 대신의 핍박에서 살아남을 수 있는 최선의 대안일 수도 있었다. 공자(孔子)는 "자벌레가 구부리는 것은 펴지기 위함이라"라고 했다. 이곡(李穀)은 경보설(敬父說)에서 이런 공자의 말을 다음과 같이 풀이했다.

> 대개 구부러지고 펴지 못하면 그 고요함을 유지하지 못할 것이며, 펴 있고 구부리지 못하면 그 움직임을 가지지 못한다. 그러므로 곧고 굽지 않으면 곧 그 곧음을 기를 수 없는 것이다. 이것이 곧기도 하며 굽기도 하다는 뜻이다. 이를테면 순(舜)은 큰 성인이었으니 그가 마음을 가지며 몸을 처신하는 도리가 어찌 기만하고 굽지 않음이 없겠는가.

개구리가 앞으로 뛰쳐나가기 위해서는 약간 뒤로 몸을 빼야 한다. 뒤로 물러서는 것이 앞으로 나가는 것이다. 굽히는 것이 서 있는 것이며 서 있기 위해서는 굽혀야 한다. 서서만 있는 것이 서 있는 것은 아니다.

서양인들은 동양인들이 허리를 구부려 인사하는 것을 이상하게 생각한다. 비굴하게 허리를 굽히느냐고 말하기도 한다. 허리를 구부리는 것은 상대방에 대한 겸양을 의미한다. 자신을 낮추어 상대방을 높이는 것이다. 상대를 배려하는 예절 의식이다. 그것은 자신이 잘났다고 뽐내는 교만을 경계하는 것이다. 교만을 경계하고 다른 이들을 상대적으로 높인 것이다. 자신이 가장 잘났다고 생각하는 이들은 사고를 할 수가 없다. 할 필요성을 느끼지 못한다. 더 이상 발전이 없다. 인간이 만약 완벽한 존재였다면 사고의 능력이 발달하지 않았을 것이다. 인간은 나약하기 때문에 사고를 하게 되었다. 자신이 최고의 경지, 완벽한 존재라고 생각하는 순간 사고의 기능은 멈춘다.

함석헌은 '세계 구원과 양심의 자유' 이라는 글에서 이렇게 말했다.

> 사람이 사람 된 점은 생각하는 것에 있는데 생각은 항상 못났어야 할 수 있다. 생각하던 사람도 스스로 잘났거나 하는 의식에 빠지면 생각하기를 그치고 또 생각해도 그것은 참 생각이 아니요, 망령된 생각, 곧 살리는 것이 아니라 죽음에 이르게 하는 생각이 되어 버린다. 생각은 못난 자리에 있어야 할 수 있다. 인간의 인간됨은 스스로 못났다는 의식, 그래서 늘 알아차리고 적응할 준비태세에 있고 가르쳐주면 들을 수 있는 심정에 있다. 인류가 생물 중에 어느 종류보다도 더 준비기간 즉 교육 받는 기간이 긴 것은 이 때문이다. 항상 못난 줄 알아야 인간적일 수 있다. 사람이 스스로 잘났다고 생각하는 순간 발달을 그친다.

사람이 오랫동안 성장하는 것은 그만큼 사유와 사고의 기능을 더 고도화하기 위해서이다. 인간은 스스로 부족한 면을 깨달았기 때문에 인류문명을 창조할 수 있었다. 이순신이 큰 일을 할 수 있었던 것은 항상 준비하고 실력을 닦았기 때문이다. 항상 겸손하고 자신을 낮추었기 때문에 문제점을 발견하고 그것을 보완하며, 창의적인 생각을 할 수 있었다. 자신과 그 주변 환경이 완벽하다고 여겼다면 왜군에 대한 방비도 허술하게 이루어졌을 것이고, 군사경영도 제대로 이루어지지 않았을 것이다. 왜군보다 조선군, 자신의 수군이 우월하게 느껴졌다면 섣부른 공격과 대응으로 이순신은 진즉에 전멸했을 것이다. 그것은 원균과 비교하면 확연하게 드러나는 점이다.

3) 왜 원균은 실패했는가
— 죽음으로 몰고간 1인자 리더십

조정은 이순신에게 부산에 상륙하는 왜군을 막으라고 명령한다. 가토 기요마사가 부산에 닿으니 잡으라는 것이다. 그러나 조정은 울산의 서생포에 상륙한 이순신에게 왜군을 막지 않았다고 그를 옥에 가둔다. 대신 원균을 통제사에 임명해 부산 공격을 명한다. 하지만 실제로 원균이 통제사의 위치에서 보니 부산 공격은 쉽지 않은 일이었다. 원균은 수군과 육군이 같이 공격해야 한다고 했지만, 병마절도사 권율은 수군이 단독으로 공격할 것을 명령했다. 권율은 부산으로 나아가지 않는 원균을 곤장까지 친다. 조정과 권율이 잘못한 것은 조선의 수군이 1인자의 위치에 있는 것으로 착각하고 있었던 점이다. 왜군은 수많은 병사와 선단 그리고 물자를 가지고 있었던 대군이었다. 조선 수군이 승리를 이끌어 낼 수 있었던 것은 바로 전력의 열세를 파악하여 전면전을 피하고 기동타격전투를 한 점과 중요한 전략적 요충지를 끼고 구사한 연합전선이 있었기 때문에 가능했다. 무엇보다 뛰어난 장수 한 명의 용맹함으로 승리한 것이 아니라 리더십을 서로 절제하며 연합했던 전략이 있었기 때문인데, 명령은 이를 간과하고, 무조건 앞서서 공격할 것만을 종용했다. 1인자 리더십의 패착이었다.

1597년 7월 5일 원균은 할 수 없이 부산으로 출정하게 된다. 부산 입구인 절영도쯤 갔을 때 원균 함대는 폭풍우를 만난다. 이때 절호의 기회를 잡은 왜군은 유인 전략을 세웠다. 전면적인 공격을 하지 않은 이유는 원균의 성격과 리더십 스타일을 간파하고 있었기 때문이다. 원균은 앞장서는 돌격형 리더였다. 즉 1인자형 리더였던 것이다. 왜군이 나타나서 슬금슬금 후퇴하자, 원균은 불리한 상황임에도 불구하고 왜선들을 추격하도록 명령했다. 그러자 조선 수군은 왜군의 매복전에 걸려들게 된다.

왜군은 칠천량 연안에 3000여 명을 포진시키고 600여 척의 함선에 동원해서 수륙 양면으로 공격해 왔다. 하지만 원균은 "임전불퇴, 결사항전"만 외쳤다. 결과는 자멸이었다. 200여 척의 함선과 1만여 명의 조선 수군은 전멸했다. 이 전투에서 전라우수사 이억기도 전사한다. 또한 완전히 그 지역을 빠져나가지 않고 칠천도 근처에 있던 원균의 군사들은 정작 7월 16일 왜선 2척이 다가오자, 당황해서 변변히 전략을 구사하지 못하고 말았다. 원균은 전략상 아군의 불리한 시점에서는 퇴각하여 전력을 가다듬는 것이 유리했지만, 이도저도 못하는 형국에 이르게 된다. 결국 적절한 타이밍을 놓친 채 육지로 퇴각하던 그는 전사했고 조선군은 궤멸되었다. 그런데 이 와중에 경상우수사 배설이 12척을 가지고 도망쳤다. 그는 나중에 잠적해버리지만, 배설이 가져온 12척의 배가 바로 명량해전에서 승리한 이순신의 배 12척이 된다.

만약 원균이 이순신과 같은 겸손함과 치밀함의 2인자 리더십을 발휘했더라면 조선 수군은 대패하지 않았을 것이라는 평가가 있다. 또한 이는 원균만의 책임이 아니라 조정과 병마절도사 권율의 책임도 컸다. 더구나 권율은 연합작전이 아니라 육군과 수군을 따로 분리하는 작전을 구사하기에 급급했다. 이런 점들은 나중에 선조를 비롯한 조정 중신들에게서 권율이 비판받는 이유가 된다. 만약 이순신이 병마절도사였다면 단독으로 수군만 진군하게 만드는 전략은 사용하지 않았을 것이고, 정유재란이 일찍 끝나 수많은 생명이 희생되지 않았을 것이라는 아쉬움이 남는다.

다음은 노승석 교수가 2009년 3월 발굴한 이순신의 칠언율시(七言律詩)이다. 부귀와 공명에 연연해하지 않으면서 자신의 길을 가겠다는 이순신의 마음가짐이 잘 담겨 있다. 이 시에는 2인자의 철학이 담겨 있다.

> 빈궁과 영달은 오직 저 하늘에 달렸으니
> 모든 일은 모름지기 자연에 맡기리라
> 부귀함은 때가 있으나 홀로 차지하기 어려운 법
> 공명이란 임자가 없어 번갈아 서로 전하는 것이네
> 마침내 멀리 갈 때는 천천히 걷고
> 처음에 먼저 오를 때는 넘어질 것을 염려하라
> 도성의 누런 티끌 속을 헤쳐 나아갈 길에
> 남의 뒤를 따라가되 (말을) 채찍질하지 말라

窮通只在彼蒼天 (궁통지재피창천)
萬事聊須任自然 (만사료수임자연)
富貴有時難獨擅 (부귀유시난독천)
功名無主遞相傳 (공명무주체상전)
終當遠到宜徐步 (종당원도의서보)
初若先登恐躓顚 (초약선등공지전)
九陌黃塵前去路 (구맥황진전거로)
且隱人後莫加鞭 (차수인후막가편)

멀리 갈 때는 천천히 가야 끝까지 갈 수 있다. 처음부터 무리하게 나아가면, 금방 힘이 빠지고 지친다. 먼저 오를 때는 잘 나갈 것만을 생각하지 말고 넘어질 것을 생각해 조심해야 한다. 남의 뒤를 따라가는 위치에서는 그 앞에 나서서 가로막는 장애가 되어서는 곤란하다. 그것은 누구에게도 도움이 되지 않는다. 더구나 공적인 리더는 혼자만의 이익이나 명예만을 생각해서는 곤란하다. 비록 최고의 지위에 올라있더라도 필요한 것은 항상 겸손하고 열린 귀를 지니는 2인자의 철학과 자세이다.

9장

거북선을
만든 사람은
누구인가

혁신 리더십의 본질

1) 이순신, 180여 년 잠자던 거북선을 깨우다

> 다만 이미 지나간 사적에 따라 말씀드리면 수전水戰은 자못 우리나라의 소장이요, 거북선은 더욱 승첩에 요긴한 것입니다. 그러므로 적이 꺼리는 바가 이 거북선에 있고 강사준의 보고도 그러했습니다.
> — 1595년 (선조 28) 10월 27일 장계

하늘에서 갑자기 떨어지는 것은 없다. 문화와 테크놀로지의 산물은 더욱 그렇다. 끊임없는 혁신이 중요할 뿐이다. 조개가 처음에는 별거 아닌 것을 품어서 결국에는 빛나는 보석 진주를 만드는 것과 같다. 처음부터 거창한 것은 없다. 조악한 것이 씨앗이 되어 거대한 열매가 된다.

몽골의 원사(元史)에는 '태풍을 만나 많은 우리 함선들은 다 파괴됐지만 고려 군함은 견고하여 정상적인 전투임무를 수행했다'는 내용이 있다. 거북선도 조선 선박 기술 혁신의 산물이지만 갑자기 세상에 나타난 것은 아니다. 이때 중요한 것은 혁신의 리더십이다.

거북선은 임진왜란 당시 왜군이 가장 두려워했으며 이순신 수군의 가장 중요한 전투 수단이었다. 왜군이 무서워했기에 한국인이 더 자랑스러워하는 이 거북선을 누가 만들었는가에 대한 논쟁이 그동안 줄기차게 있어 왔다.

대부분의 위인전은 이순신이 만든 것으로 알려져 있다. 거북선 때문에 이순신이 영웅이 되었다고 해도 지나친 말이 아니다. 초등학교 2학년 학생들을 대상으로 가장 존경하는 인물을 조사했더니 1위가 이순신이었다.(『꽃핀 아이들』, 2002년 2호 통권 42호 참조) 이유는 거북선을 만들어서였다. 그만큼 이순신은 거북선과 떼어놓을 수 없으며, 거북선은 이순신을 존경하는 이유 가운데 가장 큰 요인 중 하나였다.

다음 글은 초등학생들이 이순신 전기를 읽고 쓴 독후감 발표 대회 출품작과 편지형식의 글이다.

> 이순신 장군님은 임진왜란 때 거북선이라는 무시무시한 배를 만들어 적군의 배를 다 부수고 큰 승리를 거두었습니다… 저는 이순신 장군님이 만드신 거북선이 조선에서 최초로 만들어진 무기이며 가장 훌륭한 무기라고 생각합니다.
>
> — 안천초등학교 3학년 이○○

> 임진왜란 때 활약하시고 머리를 쓰셔서 거북선도 만드시고, 여러 곳의 전쟁에서 승리를 하셨다니, 장군님은 정말 대단한 분이신 것 같네요. 거북선은 우리나라 최초의 그렇게 지혜를 이용해서 만든 튼튼한 배인데,

어떻게 그런 것을 만들 생각을 하셨어요?
― 맹동초등학교 이○○

위인전에 등장한 이순신이 거북선을 최초로 만들었다는 이야기는 아이들뿐만 아니라 대부분의 어른들에게도 확인되지 않은 사실로 각인되어 평생 기억하게 된 것 같다. 우리가 흔히 접하는 위인전에서 거북선은 이순신의 창작품으로 그려지는데 다음과 같은 내용들이 대체적이다.

이순신은 어느 날 비밀리에 목수를 불러서 거북선의 설계도를 내놓았습니다. 그동안 연구에 연구를 거듭하여 완성한 세계최초의 설계도였습니다.
"이 설계도대로 두 척을 만들자면 시일이 얼마나 걸리겠느냐?"
설계도를 들여다보면서 두 눈이 휘둥그레진 목수가 고개를 갸웃거렸습니다.
"서둘러도 다섯 달은 걸리겠습니다."
"전라좌수영 안에 있는 목수를 다 모아 줄 터이니 더 빨리 지어 보아라, 나라의 앞날이 바로 이 거북선에 달려있느니."
―『밀레니엄 북스-이순신』, 김영만, 태서출판사, 2002. pp51-52

그럴 즈음에 이순신은 새로운 문제를 고민하기 시작했습니다. 그것은 돌격선으로 쓸 배를 만드는 것이었습니다. 돌격선은 전투가 벌어질 때 적진으로 가장 먼저 나아가 적을 맞서 싸우는 전함입니다. 맨 앞에서 적과 맞붙어 싸우다보니 돌격선의 장수와 군사들은 목숨을 잃을 위험이 컸습니다. 가장 용감하게 싸우는 군사들이 가장 먼저 죽음을 맞다니……. 이순신은 너무나 안타까웠습니다. 그래서 군사 기술자들을 모아다가 밤낮 없이 연구한 끝에 놀라운 설계도를 한 장 그려냈습니다. 그것은 거북모양의 돌격선 거북선의 설계도였습니다.
― 『임진왜란의 명장 이순신』, 햇살과 나무꾼, 어린이중앙, 2003. pp31-34

이렇게 어린 시절부터 읽은 거북선에 대한 이야기는 거북선이 이순신의 단독 작품이며 이순신 이전에는 없었던 것으로 생각하게 되기에 충분하다. 혼자 만들지는 않았다고 하더라도 이순신 이전에는 거북선이 없었다고 생각하는 것이다. 이러한 점은 위인전이나 영웅전뿐만 아니라 『조선왕조실록』에서도 오해를 준다.

하교에 응답하여 비변사가 아뢰었다. "옛날 임진년과 정유년 사이에 이순신은 기이한 꾀를 내어 왜적을 막으면서 바다를 방어하는 여러 가지 일들을 하나하나 빠짐없이 했습니다. 그러니 한결같이 순신이 왜적을 방어하던 방식대로 거북선을 만들고 기계를 갖출 일을 전라좌수사와 우수사에게 명백하게 지시하여 보내는 것이 합당하겠습니다."
다시 전교했다. "아뢴 대로 하라. 빨리 순신의 거북선을 만들며 무기를 수리하고 사졸들을 훈련시켜 착실히 변란에 대비하기를 한결같이 순신이 한 것과 같이 하도록 각별히 말해 보내라."
― 1622년 (광해 14) 7월 22일

이순신이 꾀를 내어 만들었다고 했으며 순신의 거북선이라 가리키고 있다. 이순신이 거북선을 만들어낸 것으로 보는 대목이다. 그렇다면 광해군 때의 실록 외에 임진왜란 당시의 『선조실록』은 어떨까?

이에 앞서 순신은 전투 장비를 크게 정비하면서 자의로 거북선을 만들었다. 이 제도는 배 위에 판목을 깔아 거북 등처럼 만들고 그 위에는 우리 군사가 겨우 통행할 수 있을 만큼 십자+字로 좁은 길을 내고 나머지는 모두 칼·송곳 같은 것을 줄지어 꽂았다. 그리고 앞은 용의 머리를 만들어 입은 대포 구멍으로 활용하였으며 뒤에는 거북의 꼬리를 만들어 꼬리 밑에 총 구멍을 설치하였다. 좌우에도 총 구멍이 각각 여섯 개가 있었으며, 군사는 모두 그 밑에 숨어 있도록 하였다. 사면으로 포를 쏠 수 있게 하였고 전후 좌우로 이동하는 것이 나는 것처럼 빨랐다. 싸울 때에는 거적이나 풀로 덮어 송곳과 칼날이 드러나지 않게 하였는데, 적이 뛰어오르면 송곳과 칼에 찔리게 되고 덮쳐 포위하면 화총火銃을 일제히 쏘았다. 그리하여 적선 속을 횡행橫行하는데도 아군은 손상을 입지 않은 채 가는 곳마다 바람에 쓸리듯 적선을 격파하였으므로 언제나 승리하였다. 조정에서는 순신의 승보를 보고 상으로 가선대부嘉善大夫를 가자加資했다.

— 1592년 (선조 25) 5월 1일

이순신이 임의로, 자발적으로 만들었다며 여러 가지 운용 방법에 대해서 상세하게 적고 있다. 그런데 이러한 기록은 사관이 직접 가서 보고 기록한 것이 아니라 아무래도 이순신이 보낸 장계를 토대로 만든 것으로 보인다. 이순신은 장계에서 거북선을 만든 사람에 대해서 이렇게 말하고 있다.

그런데 일찍이 섬 오랑캐들의 침입이 있었던 것을 염려하여 별도의 거북함을 만들었는데 앞에는 용의 머리를 붙이고 그 아가리로는 대포를 쏘고 등에는 쇠못을 꽂았으며 안에서는 밖을 내다 볼 수 있지만 밖에서는 안을 들여다 볼 수 없게 했으며 비록 적선 수백 척 속이라고 하더라도 돌입하여 포를 쏘게 되어 있으므로 이번 출전 때에 돌격장이 그것을 타고 나갔습니다. 거북선을 운용하는 요령은 먼저 거북선으로 하여금 왜적선이 있는 곳으로 돌진케 합니다. 그 다음에 먼저 천자, 지자, 현자, 황자 등 여러 가지 총통을 쏘게 합니다.

— 1592년 5월 29일 전과 장계, 제2차 당포 당항포 네 곳의 승첩을 아룀

이 장계에서 이순신은 거북선을 자신이 만들었다고 말하고 있는데 주목되는 대목은 장계의 '別制龜船前設'이다. 이 부분을 풀어보면 "거북선을 따로 만들어 이전에 설치, 배치했다"는 말이다. 따로 거북선을 만들었다는 것은 당시 이순신 이전에 해상 방어에 있지 않은 거북선을 만들어 실전 배치했다는 것을 말한다. 이순신의 장계만을 볼 때는 이순신 혼자 만든 것으로 볼 수 있다. 이는 이순신이 창제했다는 말과 맥락이 같아지는데 『인조실록』에 최명길(崔鳴吉, 1586~1647)이 거북선을 언급한 대목이 보인다.

김류가 강도에 토성을 급히 쌓고 또 병선을 전투용 선박으로 바꾸어 만들자고 청했는데, 인조가 일렀다. "경의 말이 옳기는 하지만 모두 쉽게 할 수가 없는 일들이다. 오늘날의 급선무는 다만 이·호·병 3조에 달려 있을 뿐이니, 이조는 양리(良吏)를 선발하고, 호조는 저축에만 뜻을 두고, 병조는 군정을 정비하여 깨끗하게 하라. 그런데 요점은 인심을 잃지 않도록 해야 한다."
최명길이 말했다. "경기 수사에게 거북선을 제조하여 시험해 보도록 하려고 하는데, 이것은 이순신이 창제한 것입니다."
인조가 다시 일렀다. "아뢴 대로 시행하라."

— 1639년 (인조 17) 7월 14일

인조 때 다시 거북선을 만들 것을 최명길이 어전회의에서 말하는 장면이다. 이때는 거북선이 일선에서는 이미 존재하지 않고 있다는 것을 알 수 있다. 호란을 당한 처지에서 보면 새삼 해상 방어의 필요성을 인지해서 거북선의 필요성을 인식하고도 남음이 있다. 그런데 여기에서 최명길은 이순신이 거북선을 창제한 것이라 언급하고 있다. 최명길은 이괄의 난과 정묘호란의 극복에 큰 공을 세우고, 1632년(인조 10) 이후 예조·이조·호조의 판서와 예문관, 홍문관, 대제학을 거쳤다. 1636년에는 병조판서가 되었으나 거절했고, 다시 이조판서에 올라 병자호란에서 강화책을 주도했다. 호란 중에 인조의 깊은 신임을 받게 되고 1637년에는 우의정과 좌의정을 거치고 다음해에는 영의정에 올라, 대청·대명 외교의 난제에 대처하면서 개혁을 추진하는 등 국정을 주도했다. 당시 실록에서 거북선을 언급한 최명길은 영의정에 올라 있었던 것으로 보인다. 이러한 이력을 볼 때 최명길의 언급은 상당한 무게를 가지고 있다 하겠다. 다시 실록의 기록 중 '창제'라는 말을 보자.

'창제'는 사전적으로 (전에 없던 것을) 처음 만들거나 제정한다는 뜻을 지니고 있다. 이순신이 창제했다는 말은 이순신이 거북선이라는 전에 없던 것을 새로 만들었다는 것을 의미한다. 물론 창제가 100% 순수한 창작품을 의미하는 것은 아니다. 훈민정음 창제와 같은 단어를 미루어보면 알 수 있는데 훈민정음의 경우에도 완전히 100% 새롭게 만든 것은 아니다. 여러 가지 자료와 연구 결과를 바탕으로 만든 것이다. 하지만 어느 누구도 창제임을 부인하지는 않는다. 이를 미루어 거북선의 경우도 이순신이 100% 순수하게 독창적으로 만든 것으로 볼 수는 없는 것이다. 이 세상에 완벽하게 100%의 창조란 있을 수 없는 점을 생각한다면 더욱 그러하다. 아울러 이순신이 혼자서 만들었다거나 완전한 이순신의 작품이라고 말하는 것은 곤란하다. 세종 25년 12월 초에 "이 달에 상께서 언문 28자를 친히 제정하였다(是月 上親制諺文二十八字)"라는 기록만이 있다고 해서 집현전 학사들을 중심으로 한글 창제에 많은 공을 들인 사실이 간과되지 않아야 하는 것과 마찬가지다. 이순신 이전에 거북선이 없었던 것은 아니다. 거북선이 등장한 것은 이미 태종 때로 거슬러 올라간다. 거북선에 대한 기록은 『조선왕조실록』에 다음과 같이 남아 있다.

> 통제원通濟院 남교南郊에 머물렀다.
> 이날 아침에 세자에게 명하여 조정으로 돌아가도록 하자, 세자가 따라가기를 굳이 청하였다. 태종이 여러 대신에게 말했다.
> "세자가 감국監國하는 것은 예에 맞는다. 당초는 세자로 하여금 하룻밤만 지내고 돌아가게 하고자 하였으나, 지금 세자가 호가扈駕할 수 없다고 하여 앙앙怏怏대고 밥을 먹지 아니한다. 세자는 나의 자식만이 아니라 나라의 저부儲副인데, 그 거동擧動이 이와 같으니, 어찌하면 좋겠는가?" 이천우李天祐·이숙번李叔蕃 등이 진언했다.
> "이번에는 탕목湯木의 행차이니, 마땅히 거가를 따르게 하소서."
> 이에 태종이 "잠시 동안이다" 하고 그대로 쫓으니, 세자가 안색이 기쁜 빛을 띠었다.
> 태종이 임진도臨津渡를 지나다가 거북선龜船과 왜선倭船이 서로 싸우는 상황을 구경했다.
> — 1413년 (태종 13) 2월 5일

태종이 임진도 즉 임진강 주변을 지나다가 침입한 왜선에 거북선이 맞서 싸우는 것을 보았다는 거북선에 대한 최초의 기록이다. 조선 초기에 이미 거북선은 존재하고 있었으며 실전 배치되어 전투를 여러 차례 한 것으로 볼 수 있다. 왜냐하면 거북선이 처음 전투에 투입된 것이라면 자세한 설명이 있어야 할 것이지만 그러한 설명이 전혀 없기 때문이다. 다시 2년 뒤에 거북선에 대한 기록이 실록에 등장한다.

> "거북선龜船은 많은 적과 충돌하여도 적이 능히 해하지 못하니 가위 결승決勝의 좋은 계책이라고 하겠습니다. 다시 견고하고 교묘하게 만들게 하여 전승戰勝의 도구를 갖추게 하소서." 탁신卓愼이 이때에 병조를 맡았는데, 임금이 보고 병조에 내리었다.
>
> — 1415년 (태종 15) 7월 16일

좌대언 탁신이 병비(兵備)에 대해 올린 사의 조목거북선을 더 보강해야 한다는 내용이다. 『태종실록』에는 당시 거북선이 어떤 형태와 규모, 용량, 성능을 지녔는지 그 자세한 기록은 언급되어 있지 않지만, 이미 거북선이 그 성능을 높이 인정받고 있음을 알 수 있다. 그럼에도 불구하고 그 후 180여 년간 거북선은 기록에서 사라졌다가 갑자기 임진왜란이 일어난 1592년(선조 25)에야 기록에 등장하는 것이다. 그 최초의 기록은 『난중일기』다. 임진년 『난중일기』 2월 8일 내용에 "(거북선에 쓰일) 베 29필을 받다"라는 기록이 등장하는데 무엇보다 확실한 것은 『난중일기』의 기록에 임진왜란 발발 하루 전인 4월 12일에 거북선을 완성한다는 내용이다.

거북선이 그렇게 사라져 버린 것은 육군과 비교해 상대적으로 수군에 대해 신경 쓰지 않았던 조선 국방 정책의 결과라고 할 수 있다. 그 원인 중 하나는 고려시대부터 조선에 이르기까지 속 썩이던 일본의 침략이 1419년(세종 1) 조선이 대규모 원정군을 파견하여 쓰시마를 정

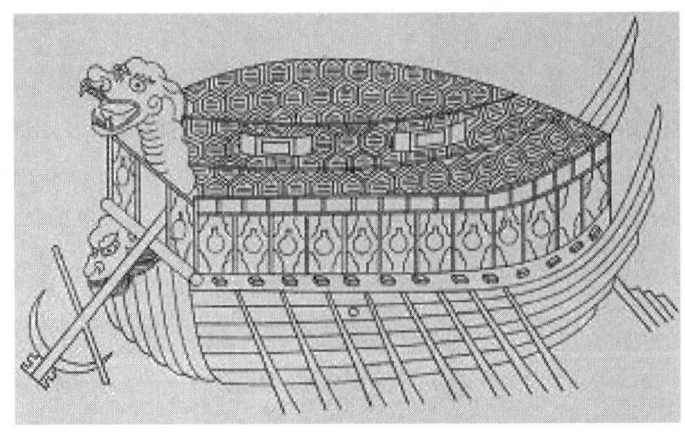

『이충무공전서』의 통제영귀선

벌한 이후로 점차 그 패악을 그치게 된다. 여러 가지 기록을 보자면 당시 이순신이 전라좌수영으로 오기 이전에 조선에 현전하는 거북선이 전혀 없었다고 볼 수 있다. 기존에 거북선이 남아 있었다면 그에 대한 설명이 있었을 것인데 『실록』 등지에는 이순신의 거북선 이야기만 너무 자세하게 설명하고 있기 때문이다. 100% 독창물이었다면 '귀선-거북선' 이라 이름 짓지 않았을 것이다. 두 가지 상황이 남는다. 하나는 이순신이 좌수영 내에 있던 기록상의 거북선과 다르게 거북선의 이름만 따서 독창적으로 만든 상황이고, 다른 하나는 설계도가 전해 내려 온 것을 이순신이 직접 시범으로 만들어 보였을 가능성이다. 이 경우 설계도를 발견하거나 좌수영 내부에서 거북선에 대한 이야기를 듣고 여러 가지 자료를 모아 실험 끝에 만들어냈다는 가정을 생각할 수 있다. 당시 배에 대해 잘 아는 나대용이란 사람을 시켜 만들었다는 이야기가 있는데, 그럼 나대용이 조선기술자라도 된다는 것일까?

민간 구전에 따르면 나대용(羅大用, 1556~?)은 임진왜란 1년 전인 1591

년(선조 24)에 전라좌수사로 있는 이순신을 찾아가 그 동안 연구한 거북선의 설계도를 보여주었다고 알려져 있다. 이순신은 그를 휘하에 두고, 거북선 건조를 위시한 모든 전구(戰具)의 준비 계획과 추진에 참여시켰다. 나대용은 임진왜란 후에도 새 전함인 창선을 창안·건조했고, 남해 현감으로 있으면서 쾌속정인 해추선(海鰍)을 발명한 것으로 보아 그가 배에 대한 높은 식견을 가지고 있었다는 것을 알 수 있다. 더구나 그는 나주에서 태어났기 때문에 배에 대해서 접할 기회가 이순신보다 많았을 것임을 짐작할 수 있다.

- 1593년 5월 24일(양력 6월 22일) 아침에 거제 앞 칠천량 바다 어귀로 진을 옮겼다. 나대용이 명나라 관원을 사량 뒷바다에서 발견하고 먼저 와서 전하되, "명나라 관원과 통역 표헌과 선전관 목광흠이 함께 온다"고 했다.
- 1594년 2월 13일(양력 4월 3일) 오후 여섯 시쯤에 첫나발을 불자 출항하여 한산도로 돌아올 때, 경상우수사의 군관 제홍록이 삼봉(고성군 삼산면 삼봉리)에서 와서 말하기를, "적선 여덟 척이 들어와 춘원포에 정박하였으므로, 들이칠 만하다고 했다. 그래서 곧 나대용을 경상우수사 원균에게 보내어 상의케 하면서 전하게 한 말은, "작은 이익을 보고 들이치다가 큰 이익을 이루지 못할 우려가 있으니, 아직 가만히 두었다가 다시 적선이 많이 나오는 것을 보고 기회를 엿보아서 무찔러야 한다"는 것이었다.

일기를 보면 나대용에게 이순신이 전략적으로 중요한 역할을 맡겼다는 것을 짐작할 수 있는 대목이다. 나대용은 이순신의 핵심 참모 중 한 명이었다. 나대용을 조선기술자로 여기는 경우가 많은데 나대용은 훈련원 별시 병과에 합격한 무관이었다. 임란이 일어날 때 36세의 종8품 훈련원 봉사에 있었던 나대용이 거북선에 대한 정보나 기술, 거북선 설계도를 통해 초기 건조 책임자로 있었다는 것이 타당하다. 하지만 당시 거북선 건조는 단지 군관 나대용과 이순신만의 노력으로는 힘들었다.

2) 다중지성과 리더의 중요성

 많은 기술자들과 노역자들도 거북선을 만드는 데 큰 공을 세웠다. 분명한 것은 이순신의 기록이나 성장 배경, 이전 군 생활, 수군 경험인 발포만호 근무의 경험으로 본다면 배에 대해 전문성 내지는 소양이 많았다고 보기는 어렵다는 점이다. 이순신이 수군에서 복무한 경험은 1580년 6월부터 1582년 1월 사이(약 18개월)였다. 오히려 이순신 리더십이 수평적 리더십의 강조라는 점을 생각할 때 전라좌수영의 씽크 탱크들의 결집이 거북선을 만든 것으로 보아야 한다. 또한 이러한 조건 외에 상위 기관의 승인이 없으면 만들어질 수 없었다는 점도 생각해야 한다.

 1795년(정조 19) 간행된 『이충무공전서』에는 거북선을 약 3척 건조한 것으로 기록되어 있다. 거북선을 만들기 위해서는 많은 인력과 물자가 들어가야 한다. 이러한 큰 작업에는 반드시 상위 기관의 허락이나 감독이 필수적일 수밖에 없었다. 그렇다면 이러한 작업을 누가 승인, 인정했는가도 매우 중요하다. 『난중일기』를 보면 다음과 같은 대목이 나온다.

• 1592년 4월 12일(양력 5월 22일) 식사를 한 뒤 배를 타고 거북함의 지자 총통, 현자총통을 쏘았다. 순찰사의 군관 남한이 이를 살펴보고 갔다.

거북선의 성능 시험을 순찰사 휘하의 군관이 보고 간 사실을 통해 순찰사가 거북선이 만들어지는 과정을 알고 있었다고 추측할 수 있다. 순찰사(巡察使) 제도는 전시와 평시에 따라 구분이 조금 달라지는데 전시에 두었던 순찰사는 임시직이다. 따로 벼슬을 주는 것이 아니라 대개 지방의 병권을 가졌던 행정관이 이를 겸직하였다. 목사나 관찰사가 순찰사를 동시에 수행했는데, 그 예로 임진왜란 때 정3품의 문관으로 광주목사였던 권율이 전라도순찰사를 겸직하여 왜군과 싸운 일을 들 수 있다. 이들 순찰사를 지휘하는 벼슬은 도순찰사(都巡察使)라 하며 중앙에서 파견했다. 예를 들면 경상도, 전라도, 충청도 순찰사를 모두 총괄하는 직책은 3도순찰사가 되는 것이다. 앞에서 보았듯이 평시에 운영되던 순찰사 제도에서 각 도의 국방과 군비를 살피던 직책을 순찰사라고도 하는데 이때에는 지방의 병권을 장악했던 종2품의 관찰사(觀察使)가 이를 겸직했다.

『난중일기』에서 등장하는 순찰사는 관찰사이면서 순찰사를 함께하고 있던 이광(李洸, 1541~1607)이다. 이광은 임진왜란이 일어나자 관군을 이끌고 북상하여 용인에서 싸우다 참패할 때까지 전라도 지역을 관할하는 관찰사이자 순찰사였다. 물론 이순신이 있었던 전라좌수영은 순찰사이자 관찰사인 이광의 통제를 받고 있었다. 이광은 이순신이 조산보만호 시절 호인의 침입을 막아내지 못했다는 죄로 백의종군하고 있을 때 전라도 조방장으로 발탁했던 인물이다. 이후에 이순신이 전라좌수사가 되는 과정에서 이광의 역할도 있었다. 일기의 내용을 미루어 보면 조정에서 거북선에 대한 인식이 어느 정도 있었기 때문에 건조하는 데 동의할 수 있었을 것이고, 그래서 순찰사의 동의와 허락 하에 이순신이 거북선을 완성할 수 있었던 것이다. 만약 거북선이 전혀 생소한 이순신의 100% 창제물이었다면 조정에서 허락하기에는 거부감이 컸을 가능성으로 인해 거북선을 만드는 데 필요한 물자들을 징발하기가 쉽지 않았을 것이다.

『난중일기』 1592년 2월 초8일(양력 3월 21일) 기록을 보면 "이날 거북선 돛에 사용할 베 스물아홉 필을 받았다"고 기록되어 있는데 이를 일부에서는 순찰사가 내려준 것이라고 본다. 자체 징발이나 손쉬운 일상의 조달이었다면 기록하지 않았을 것이라는 점 때문이다. 이순신과 이광의 사이가 친밀했다는 대목이 『난중일기』에 나온다. 1592년 3월 23일(양력 5월 4일)에 보면 "겨우겨우 순천부에 이르렀다. 저녁에 순찰사(이광)와 격조를 터놓고 이야기했다"고 되어 있다. 임란이 일어나기 전에 이미 이광과 격조를 터놓고 이야기를 하는 수준이었다. 또한 임진왜란이 일어났을 때 이광은 이미 이순신의 방비를 충분히 알고 있었고 전라우수사 이억기에게 좌수영의 이순신과 합류하라는 명령을 내렸다.

> 소속 전함을 모두 합해 봐야 30척 미만으로 세력이 매우 고하기 때문에 겸관찰사 이광도 이미 이 실정을 알고 본도 우수사(이억기)에게 명령하여 "소속 수군을 신의 뒤를 따라서 힘을 모아 구원하도록 하라"고 했습니다. 그래서 일이 매우 급해도 반드시 구원선이 다 도착되는 것을 기다려서 약속한 연후에 발선하여 바로 경상도로 출전해야 하겠습니다.
> — 1592년(임진) 4월 29일 장계

이렇게 이순신이 이광과 관련한 기록을 따로 기록해둔 것을 보면

전쟁기념관의 재현 거북선

거북선을 만들 때 이순신은 이광으로부터 든든한 지원을 받았음을 알 수 있다. 조선시대는 조그만 사안이라도 탄핵의 대상이 된다는 점을 생각해보면 일선 장수가 함부로 이러한 건조작업을 독단적으로 할 수는 없는 일이다. 거북선 건조가 무모한 일이 아니라는 점을 이순신이 어떻게 설득했는가를 생각해본다면 거북선에 대한 태종 때의 기록을 근거로 제시했음을 생각할 수 있다.

왜구의 노략질이 잠잠해지자 자연스럽게 역사 속으로 사라졌던 거북선을 다시 기억해낸 것은 당연한 것이었는지도 모른다. 잊혀진 과거를 통해 거북선을 눈앞에 내놓음으로써 재발견 하게 만든 인물이 이순신이다. 해안 방어의 중요성을 인식하고 거북선의 유용성을 간파했을 뿐 아니라 실전에 배치했을 경우, 조선 수군이 전략적 우위를 확보할 수 있는 여러 장치들의 고안으로 거북선을 거의 새로 만들었다고 봐야 하겠다. 이런 이유 때문에 해전에서 승리의 주역인 거북선을 『이충무공전서』에는 이순신 거북선이라고 하지 않고 전라좌수영귀선(全羅左水營龜船)이라고 했는지 모른다. 이렇게 태종 때의 거북선에 대한 기록과 이순신의 기록을 바탕으로 최근 임란 당시 이순신이 만든 거북선에 대해 최초의 거북선이라고 하지 않고 최초의 철갑선 내지 철갑 거북선이라고 한다.

리더의 역할이 중요한 것은 사실이지만 거북선이 임진왜란 당시 최초로 만들어진 것이 아니며 제작 역시 이순신과 그의 주변 씽크 탱크와 테크노그라트들이 만든 것이다. 또한 이순신을 인정하고 후원한 관료들의 역할도 빼놓을 수 없다. 그런데 여기서 저자가 말하고 싶은 것을 박준성의 다음 글을 통해 대신한다.

> 임진왜란과 거북선을 생각해보자. 무엇부터 떠오르는가, 자동적으로 충무공 이순신이 머리에 연상되도록 배워왔다. 그렇다면 이순신이 혼자 산에 올라가 톱으로 나무를 자르고, 해변까지 끌고 내려와, 나무를 켜서 다듬어 혼자 거북선을 만들었는가.
> ―『올바른 역사 이해와 '국정' 국사교과서의 문제점』, 박준성

거북선에 대한 과장과 신화화도 간과하면 안 될 점이다. 역사 속에서 보여진 완벽함의 뒤에 가려진 거북선의 한계도 있다. 전투 중 활쏘기가 불편하고 인원도 많이 필요하기 때문에 군사가 부족할 경우에는 출정하지 못하는 약점이 있다. 『이충무공전서』에는 약 130명이 필요했다고 했으므로 보통의 판옥선보다 많은 사람을 필요로 했다. 『조선왕조실록』에는 다음과 같은 기록이 있다.

겸삼도통제사兼三道統制使 이운룡李雲龍이 치계하기를 … "거북선龜船은 전쟁에 쓰기는 좋지만 사수射手와 격군格軍의 숫자가 판옥선板屋船의 1백 25명보다 적게 수용되지 않고 활을 쏘기에도 불편하기 때문에 각 영營에 한 척씩만을 배치하고 더 이상 만들지 않고 있습니다. 신이 늘 격군을 줄일 방도를 생각하다가 기해년 간에 감독할 때, 판옥선도 아니고 거북선도 아닌 다른 모양의 배를 만들었는데 칼과 창을 빽빽이 꽂았으므로 이름을 창선이라 하였습니다. 격군 42명을 나누어 태우고 바다에 나아가 노를 젓게 하였더니 빠르기가 나는 듯했고, 활쏘기의 편리함도 판옥선보다 나았습니다"라고 했다.

— 선조 39년 10월 24일

이순신 휘하에서 싸웠던 이운룡이 삼도수군통제사가 되어 올린 장계인데, 그는 거북선이 활쏘기에 편하지 않고, 판옥선보다 많은 인원이 필요하다는 점을 지적하며, 특히 필요한 점을 이야기하고 있다. 크고 무거운 배가 움직이려면 사공이 많이 필요한 것은 당연했다. 전시에는 어쩔 수 없지만, 평시에는 불편했을 수도 있다. 그런데 이운룡은 자신이 창선을 만든 것처럼 이야기하지만, 그것은 나대용이 만든 것으로 전해지고 있다. 물론 나대용이 직접 만들었는지 관리 감독을 했는지는 따져보아야 할 문제이다.

어쨌든 이순신이 만들어 임란에서 왜군을 격퇴시킨 거북선은 전해지지 않고 있다. 우리가 보고 있는 실물이나 사진 속의 거북선은 모두 근래에 만든 것이다. 아무도 이순신이 만든 거북선의 참 모습을 알지 못한다. 하지만 끊임없이 새롭게 변할 뿐이며 이후에 거북선이 다른 모습으로, 첨단의 모습으로, 이순신이 했듯이 역사에서 다시 등장할 수 있다. 이렇게 기존 것에서 새롭게 변화를 이끌어내는 리더십이 이순신의 뛰어난 점이다.

　우리가 거북선을 통해 다시금 생각해야 할 것은 혁신이란 어느 날 갑자기 만들어지는 것이 아니라는 것이다. 이미 존재했었던 거북선을 다시금 성능을 창조적으로 개선한 것은 이순신의 리더십 덕분이며, 그 실무적인 일들은 분명히 많은 기술자와 노역자들이 담당했다. 이 과정에서 민중들의 지성(대중지성)이 가미된 것이다. 혁신은 많은 시간과 노력의 결집체이며 그 과정에서 필요한 의사결정과 판단, 물적·기술적 네트워크, 리더십이 중요하다는 것을 새삼 재확인하게 한다. 어쨌든 일본 해군준장 사토 데쯔라로는 "영국의 넬슨이 세계적인 명장으로 명성이 높은 것은 누구나 다 잘 아는 바이지만 그 인격에 있어서나 창의성에 있어서는 도저히 이순신의 짝이 될 수 없고 그 인격에 있어서도 도저히 어깨를 견줄 수 없다"라고 평가한 바 있다. 이순신은 창의성만이 아니라 인격이 뛰어났기 때문에 능력 있는 많은 사람들이 포진하게 되었던 것이다.

10장
훌륭한 팀워크를 만드는 따뜻한 리더십

1) 이순신을 만든 사람들

> 리더가 명성을 얻는 것은 그 자신의 소질이 아니라 측근의 조언에 달렸다는 말이 있다. 이 생각은 잘못된 것이다. 리더 자신이 현명하지 않다면 좋은 조언도 받아들여지지 않는다. 물론 여기에 예외는 있다. 어쩌다 지극히 뛰어난 측근이 있어 리더가 만사를 그에게 위임하고 있을 때에는 이야기가 다르다. 다만, 이런 경우는 오래가지 않는다.
> — 마키아벨리

신채호의 전기 기술방식과 달리 이광수의 전기 기술방식에서 우려스러운 것은 이순신만을 띄우고 다른 사람들은 별스럽지 않은 사람들로 만들어 버린다는 점이다. 전기를 읽는 사람들은 전기 안의 위대한 사람, 영웅과 자신을 일치시키고 다른 주변 인물은 배제한다. 이광수

식 전기의 가장 강점이자 맹점이 여기에 있다. 업적을 한 사람의 것으로 만들기 때문이다. 무엇보다 이러한 전기는 어린 아이들이 읽었을 때 주인공의 위대함이 비전을 제시해주기 보다는 평범한 자신을 바라보며 재능을 발견하기보다 꿈을 좌절시킬 수도 있다. 또한 우연과 필연으로 신격화된 위인을 보며 현실에서는 스스로의 노력으로 되는 것이 없을 것이라는 선입견으로 자기의 능력을 비하하기도 쉽다.

특히 픽션이 가미된 위인전일수록 되도록 사건과 인물 구도를 전쟁영웅 중심으로 만들기를 좋아한다. 이러한 과정에서 주인공 외 수많은 병사들이나 백성이 당하는 죽음과 고통, 그 일상사는 관심의 대상이 되지 못한다. 주인공과 자신을 동일시하는 사람의 심리가 강하게 작용하기 때문이다. 삼국지를 읽으며 사람들은 제갈량과 자신을 일치시키지 일개 병사와 자신을 동일시하며 책을 읽지는 않을 것이다. 또한 관우가 움직이는 동선에 관심을 기울이며 읽지 이름 모를 장수에게 자신의 마음을 싣지는 않을 것이다. 마찬가지로 자신도 모르게 이순신과 자신을 동일시하지 이순신의 참모에 자신을 일치시키지는 않는다. 그러다보면 어느새 책 속의 다른 사람들은 중요하게 보이지 않게 된다.

사람에 대한 평가는 개인 자체보다 사회적 관계 속에서 만들어지는 것이다. 라깡의 '거울 이론'의 논지와 같이 나 이외에 다른 존재가 있기 때문에 거울을 비쳐보듯이 자신과 남을 비교하면서 평가를 내린다. 그리고 상호 영향을 주고받는다. 또한 다른 사람의 행동이나 존재를 통해 자신을 만들어간다. 위인이 위대한 점은 자신의 능력이 뛰어난 것도 있지만, 사회적 관계 속에서 무엇인가를 만들어간 데 있다. 한 사람의 장수가 만들어질 때 그에게 영향을 주거나 그가 그렇게 행동할 수 있도록 도와준 사람들이 있을 수밖에 없다. 심지어는 위인이 만들어질 수밖에 없도록 상황을 만든 악인에 비유될 법한 사람도 사회적 관계 속에 서 있는 것이다. 구체적으로 말하면 이순신을 무장이 되게 한 결정적인 사람도 있었고, 거북선을 움직이기 위해 필요했던 노 젓는 수많은 격군도 있었다. 또한 수많은 참모들이 이순신과 회의를 했고 이순신은 이러한 과정에서 많은 도움을 받았다.

어떠한 리더도 혼자 모든 판단을 할 수는 없다. 자신의 뛰어난 능력과 판단, 지략만을 믿는 사람일수록 자신을 속이는 것이며 스스로 감당하지 못할 딜레마에 빠지게 될 뿐이다. 원균의 경우는 이순신을 덕장 또는 인품이 훌륭한 사람으로 만들어준 사람이었다. 자신의 뜻과는 상관없이 악인으로서 이순신을 선한 주인공으로 만드는 데 드라마틱한 역할을 하기에 이르렀고, 당시의 비효율적인 인사 시스템에서 이순신을 바르게 평가할 만한 수단이 없었던 선조는 무능한 임금으로, 실전은 아무 것도 모르면서 이순신을 곡해하는 무리들의 말만 듣는 실없는 임금이 될 뿐이다. 나아가 선조는 이순신을 한 차례 고문한 뒤 죄를 줄 수 없어 방면하기에 이른다.

"한산도의 장수는 편히 누워 뭘 하고 있는가."(1597년 1월 23일)
"이순신은 용서할 수 없다. 무이 어찌 조정을 능멸하는 마음을 품을 수 있는가"(1월 27일)
"이순신의 죄는 용서할 수 없다. 당연히 사형에 처할 것이며 이제 고문으로 그 죄상을 밝히고자 한다."(3월 13일)
— 승정원 비망기

이순신을 만든 사람들 중 대표적인 사람은 유성룡과 정탁이다. 대부분의 위인전에서는 유성룡이 이순신의 친한 친구로 나온다. 든든한 친구가 도와주는 것은 우리들이 모두 바라고 원하는 것이기도 하니 일종의 수호천사라고나 할까. 그런데 이순신이 부산에 나가지 않는다는 이유로 옥에 갇히고 사형을 받게 되었을 때 그를 살려낸 사람이 유성룡인 것으로 생각하는 경향이 있다. 유성룡은 언제나 이순신의 편에서 그를 발탁하고 돌보며 함께 의논을 하기도 했으니 말이다.

그러나 이순신을 결정적으로 살려낸 사람은 유성룡이 아니었다. 당시 유성룡은 소극적인 발언을 할 수밖에 없는 처지였다. 자신이 발탁한 이순신을 변호하는 것이 오히려 역효과를 낼 수 있었고, 이순신을 살려내지 못하고 오히려 자신만 위험해질 수도 있었다. 당시 권한이 강화된 비변사 수장에 영의정인 자신이 있었으므로 비변사에서 탄핵한 이순신을 무조건 감싸줄 수 있는 처지가 아니었다. 1597년(선조 30) 1월 27일의 『조선왕조실록』을 보면 다음과 같은 내용이 있다.

> 선조가 말했다. "글을 잘 하는 사람인가?"
> 유성룡이 아뢰었다. "그렇습니다. 성품이 굽히기를 좋아하지 않아 제법 등용할 만하기 때문에 그 사람이 어느 곳 수령으로 있을 때 신이 수사水使로 천거했습니다. 임진년에 신이 차령車嶺에 있을 때 이순신이 정헌正憲이 되고, 원균이 가선嘉善이 되었다는 말을 듣고는 작상爵賞이 지나치다고 여겼습니다. 무장은 교만해지면 쓸 수가 없게 됩니다."
> 유성룡이 다시 아뢰었다. "거제에 들어가 지켰다면 영등·김해의 적이 반드시 두려워했을 것인데 오랫동안 한산에 머물면서 별로 하는 일이 없었고 이번 바닷길도 역시 쫓지 않았으니, 어찌 죄가 없다고 하겠습니까. 다만 체대하는 사이에 사세가 어려울 것 같기 때문에 전일에 그렇게 계달하였던 것입니다. 비변사로서 어찌 이순신 하나를 비호하겠습니까."

원래는 좋은 인재였는데 임진년 공으로 벼슬이 높아져 교만해졌을 수 있다고 하면서도 아군이 매우 불리해질 수 있기에 부산포를 공격하지 않고 있다는 변호를 해주고 있다. 유성룡은 이순신이 교만해졌다는 표현을 쓰지만 결국 이순신을 보호해주고 있는 것이다. 선조는 이순신에 대해서 잘 모르고 있었다. 이순신이 글을 잘 하는 사람인지 아닌지도 몰랐다. 어쩌면 선조의 관심은 글짓기에 있었는지 모른다. 정보가 통제된 상태에서 문과 리더십의 핵심 신하들이 하는 말만 듣고 인사 배치가 이루어지고 있었기 때문에 당사자를 한번 만나보기도 어려웠다. 이러한 상황에서 이순신이 갇혔을 때 그를 위해 나선 것은 정탁이다.

정탁은 여러 번 결정적일 때 이순신을 도와준 사람이다. 이순신이 54세에 이른 1597년 2월 26일 원균의 상소에 의해 이순신은 삼도수군통제사에서 파직되었으나 28일 만에 정탁이 올린 상소로 특사되어 도원수 권율 밑에서 백의종군하게 되었다.

그는 상소에서 "비록 대역죄를 지었다고는 하지만 나라가 위태한 때에 우선 한 명의 장수라도 그 목숨을 보전해 두는 것이 현명하다"고 했다. 이 상소가 받아들여졌던 것이다. 첫번째 백의종군을 끝내고 이순신을 전라도 조방장으로 쓴 것은 당시의 전라순변사 이광이었다. 또한 이광은 임란 전에 거북선을 만드는 데도 그가 지원했다는 점을 앞에서 보았다.

당시 동인이었던 유성룡과 정탁은 동인 편 사람을 전라도에 보내려 했던 모양이다. 서인 세력을 등에 업고 있었던 원균은 이러한 정치적 배경 때문에 이순신을 견제한 것으로도 볼 수 있다. 원균의 처지에서 보면 애초에 이순신은 너무나 파격적인 승진을 해왔고, 1592년의 해전 승리로 삼도수군통제사에 정헌대부까지 되었으니 충분히 불합리

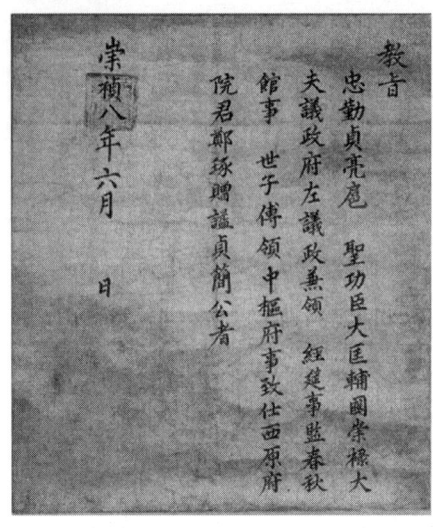

정간공교지(貞簡公敎旨) _도 16

조선 중기의 문신인 약포 정탁(1526~1605)은 이황의 문인이었다. 1558년 문과에 급제하여 벼슬이 대사헌에까지 올랐으며, 임진왜란이 터지자 좌찬성으로 왕을 의주까지 호종했다.

천문, 지리, 군사에 이르기까지 뛰어난 능력을 보였으며, 임진왜란 중에는 곽재우, 김덕령 등의 뛰어난 장수들을 추천하기도 하였다. 1597년 3월에 이순신이 옥중에서 죽게 되자 적극 말려 그를 구했다. 저서로『약포집』,『용만문견록』등이 있다.

교지는 1장이며 인조 13년(1635) 나라에서 정탁 선생에게 '정간(貞簡)'

하다고 지적하며 불만을 품을 이유가 되었을 것이다.

흔히 거북선이나 다른 전선을 만든 사람으로 군관 나대용만 부각되는데 알려지지 않은 숨겨진 많은 사람들이 있었다. 양성에서 태어나 1579년에 무과에 합격한 이설(李渫, ?~1598)은 임진왜란이 일어나자 이순신 부대에서 나대용과 함께 거북선을 만들었다. 좌별장으로 부산포 해전에서 큰 공을 세웠고, 1595년 11월 발포가장이 되었으며 1598년 노량 해전에서 이순신과 함께 전사했다. 이순신과 함께 행동하고 생을 같이 한 셈이다.

송덕일(宋德馹, 1566~1616)은 남양 사람으로 1594년 이순신의 진중에서 자귀쟁이 등 목수들의 산역을 했고 장선사(裝船使)겸 전부장이 되어 나대용, 정걸 등과 거북선뿐 아니라 장선 수백 척을 만들었다. 명량 해전에서 공을 세웠다. 이언량(李彦良, ?~1598)은 1588년 무과에 합격해 훈련원 참정이 되어 이순신 휘하에서 거북선을 만들었고, 거북선 돌격장으로 맹활약했다. 이러한 활약은『난중일기』에도 기록되어 있다.

- 1592년 4월 29일(양력 6월 8일) 돌격장에 영군관 이언량 등을 모두 배치하고 거듭 계획을 명확히 하였다. _ 옥포 출전
- 1592년 9월 초1일 우부장 녹도 만호 정운, 귀선 돌격장 군관 이언량, 전부장 방답첨사 이순신, 중위장 순천부사 권준, 좌부장 낙안군수 신호 등이 먼저 곧바로 돌진하여 선봉의 왜 대선 네 척을 쳐부수니, 왜적들이 헤엄쳐 뭍으로 오르므로 뒤에 있던 여러 배들은 곧 이 때를 이용하여 승리한 깃발을 올리고 북을 치면서 "장사진"으로 돌진했다.
  _ 부산포 출전

이언량은 옥포, 당포, 당항포, 견내량, 부산포, 2차 당항포 싸움에서 공을 세웠다. 그 공으로 훈련원 주부, 초계군수 부호군으로 승진했다. 1598년 노량 해전에서 명나라 도독 진린의 배가 왜 적선에 포위되자 그가 돌진하여 가다가 적탄에 맞아 전사했다. 뒤에 선무종원 1등에 올랐다.

최근 발굴된 32일치 『난중일기』 중 1598년 7월 24일에는 송여종(宋汝悰, 1553~1609)에 대한 기록이 있었다.

> 복병장(伏兵將) 녹도 만호 송여종(宋汝悰)이 전선(戰船) 8척을 거두다가 적선 11척을 절이도(折爾島)에서 만나 6척을 통째로 포획하고 적군의 머리 69급(級)을 벴으며 용기를 발휘해 진영에 돌아왔다.

송여종은 선조에게 올리는 이순신의 장계를 가지고 적진을 돌파해 행재소(行在所)에 전달하는 공을 세워 녹도 만호(鹿島萬戶)가 되었다. 이미 향시에 합격했지만, 대과에 여러 차례 낙방하고, 낙안군수(樂安郡守) 신호(申浩)의 막료로 있다가 한산도대첩 때 이순신 휘하에 들어와 공

을 세웠다. 1597년 원균의 휘하에서는 패전했지만, 이순신 휘하에서 다시 공을 세운 것이다. 새롭게 발굴된 일기는 전쟁 막바지에 조선 수군이 이긴 '절이도 해전'의 기록이 있다. 절이도는 전남 거금도다. 이곳에서의 승리는 『선조실록』과 이순신의 조카 이분의 『행록』 등에만 짧게 기록되어 있었고 정작 난중일기에는 언급조차 없던 부분이다.

이순신이 해상 출전 중일 때 진영을 책임졌던 정경달(丁景達, 1542~1602)은 1570년(선조 3) 식년 문과에 병과로 급제했다. 임진왜란이 일어나자 관찰사 김성일(金誠一), 병마절도사 조대곤(曺大坤)과 함께 경상도 금오산(金烏山)에서 적을 크게 물리쳤다. 1594년부터 수군통제사 이순신의 종사관으로 활동했다. 각종 군무를 담당했고, 특히 군량 확보와 둔전 관리의 실무를 맡았다. 1597년 이순신이 옥에 갇히자, 이순신의 처지를 대변하기 위해 한양에서 동분서주했다. 유성룡과 이항복이 그에게 원균과 이순신 중 도대체 누가 옳은 것이냐고 물었을 때 "누가 옳고 누가 그른 것은 말로써 해명할 게 아닙니다. 모든 군민들이 울며 부르짖지 않는 이가 없는데 한결같이 이야기합니다. '장군이 죄를 입었으니 우리들은 어떻게 살거나' 이를 보면 누가 옳은지 알 수 있습니다." 그는 또 조정에 나가 선조에게 "전쟁에 나가 싸움을 미루는 것은 병가의 승책(勝策)인데, 어찌 적세를 살피고 싸움을 주저한다고 해서 죄를 물을 수 있겠습니까?"라고 말하며 석방을 주장했다. 무엇보다 그는 실무 행정가이자 뛰어난 정무직을 잘 수행한 인물이다. 이 때문에 일부에서는 그를 이순신의 대변인이라고 부르기도 한다.

이종호(李宗浩)는 경북 영천 사람이고 23살에 무과에 합격했는데 이순신은 그가 지혜와 용맹이 있다는 소리를 듣고 편지를 보내 불러왔다. 용맹이라는 단어 때문에 이종호가 무장의 역할을 한 것으로 생각할 수 있지만 전쟁이 그렇듯이 당시에 싸우는 무장의 역할만 있었던 것은 아니다. 수나라가 고구려를 칠 때 백만 대군이라고 하는데 이 군사의 대부분은 양식과 물자 등을 나르는 사람들이었고 백만 대군의 핵심은 별동대라는 30만 군사였다. 마찬가지로 이순신 배는 90여 척에 이르지만 60여 척이 식량 같은 물자를 실은 배였고, 이종호는 이러한 군수품을 담당했다. 솜 몇 천 석, 청어 몇 만 두름, 곡식 천여 섬을 모아와 군량으로 쓰게 했다. 뒷날 이러한 공으로 선무원종 공신이 되었다. 군관 이봉수의 경우에는 화약에 들어가는 염초를 다량으로 만들어내어 이순신에게 큰 힘이 되기도 했다. 이순신은 이를 장계에서 다음과 같이 말하고 있다.

> 본영과 진포에 있는 화약은 기본 수량이 넉넉하지 못하였는데 전선에 나누어 싣고 다섯 번이나 영남해역에서 출전하여 거의 다 쏘아 버렸습니다. 더구나 본도 순찰사, 방어사, 소모사, 소모관 및 여러 의병장과 경상도 순찰사 및 수사들의 청구도 번거로울 정도로 많으며 뿐만 아니라 달리 쌓아둔 것이 너무나 적었습니다. 그 받을 곳이 없고 또 보충할 길이 없어서 백방으로 생각했지만 별다른 계책이 없으므로 본영에서 경우에 따라 끓여 사용할 즈음에 군관 훈련주부 이봉수李鳳壽가 그 방법을 알아내어 석 달 동안이나 염초를 천근이나 끓여내었으므로 그 염초를 조제하여 본영과 각 포구에 골고루 나누어주었습니다.
>
> — 1593년 1월 26일 장계

화약과 함께 총은 임진왜란의 승패를 가르는 중요한 무기 중의 하나였다. 우선 임진왜란 전에 조선에는 조총이 없었을까? 그렇지 않다. 1589년(선조 22) 일본에 사신으로 갔던 황윤길 일행은 쓰시마 도주에게서 몇 자루의 조총을 받아왔다. 그러나 조정에서는 조총에 주목하지 않다가 임진왜란 때 왜군이 쓰는 것을 보고 놀라 노획한 총으로 군사를 훈련하고 조총을 사용하게 했다. 조총이란 명칭은 조선에서 붙인 것이고 일본에서는 '뎃뽀(철포)'라고 했다. 이순신도 조총에 많은 관심을 보였다. 훈련주부 정사준은 철로 조총을 만들었다. 이 총은 조총과 승자총을 절충한 새로운 소(小)승자총인데, 조선 화기 특유의 마디(竹節)가 없었다. 또한 기존의 승자총에 있던 목병(木柄)을 끼우는 총미(銃尾)가 없고 조성(照星)과 조문(照門)이 있어서 일본의 조총과 비슷했다. 당시 이순신은 조총을 매우 흠모했고 이것을 개발하는 데 많은 관심을 기울였다.

여러 나라의 승자나 쌍혈의 총통은 총신이 짧고 총구멍이 좁아서 그 힘이 왜적의 총통만 같지 못하고 그 소리도 우렁차지 못하므로 언제나 조총을 만들려고 노력했습니다. 그런데 신의 군관 훈련주부 정사준이 그 묘법을 생각해내어 대장장이 낙안 수군 이필종, 순천 사삿집 종 안성, 피난 와 본영에 사는 김해 절종절의 종 동지, 거제 절종 언복 등을 데리고 정철무쇠을 두드려 만들었는데 심지 구멍에 불을 붙이는 기구가 비록 다르기는 하지만 얼마 안 가서 다 마쳐질 것입니다.

— 1593년 8월 장계

- 1593년 9월 14일 정철 총통은 전쟁에 긴요한 것인데도 우리는 만들지 못했다. 이제야 온갖 연구 끝에 왜놈의 총보다 더 잘 만들어 내었다. 명나라 사람들까지 와서 시험해보고는 좋아하지 않는 이가 없었다. 이미 그 방법을 알았으니 도내에 같은 모양으로 넉넉히 만들어내도록 순찰사와 병마사에게 견본으로 보내니 또 공문을 돌려서 알도록 했다.

장계를 보면 이 조총을 개발한 사람은 정사준임을 알 수 있지만 더이상 정사준의 행적은 알려진 것이 없다. 그가 만든 총이 호응을 얻지 못했거나 조정에서 관심을 주지 않았기 때문인 것으로 보인다. 조정에서 관심을 가졌다면 나중에 정사준이 공을 인정받아서 공식 기록에 남았을 것이기 때문이다. 이순신이 상당히 실망했으니 정사준도 그러했을 것이다.

이순신이 무신의 길에 들어설 수 있었던 것은 누구보다 그의 장인 방진의 공이 컸다. 그가 없었다면 무예에 대해서 공부할 수 있는 길이 없었을 것이다. 또한 이순신이 32세에 이르기까지 집안에서 아들 셋을 기르며 뒷바라지 한 그의 부인 방씨가 제대로 조명되지 않는 것은 안타까운 일이다. 그밖에 이순신 집안의 수많은 종들이 이순신의 일을 도와주었을 것이며 그들이 그렇게 사라진 것은 슬픈 일이다.

- 1593년 6월 12일(양력 7월 10일) 소문에 종 갓동, 종 철매 등이 병으로 죽었다 하니 불쌍하다.
- 1594년 6월 5일(양력 7월 22일) 밤 열 시쯤에 급창관청의 심부름하는 종 김산과 그 처자 등 세 명이 유행병으로 죽었다. 세 해나 눈앞에 두고 미덥게 부리던 사람인데, 하루 저녁에 죽어가다니, 참으로 슬프다.
- 1595년 정월 15일 우후虞侯·수군절도사 밑에 두었던 무관직 이봉구와 여필이 왔다. 이 편에 "이천주李天柱 씨가 뜻하지 않게 갑자기 죽었다"는 말을 들으니, 경탄함을 이기지 못했다. 천리 밖의 땅에 던져진 사람이 만나보지도 못하고 갑자기 죽으니 더욱 애통과 슬픔이 심했다.

이렇게 많은 사람들이 보이지 않는 곳에서 이순신을 만들었는데, 특히 수많은 군사들과 격군, 지역 주민들의 이름은 전해지지 않는다.

2) 이순신이 아낀 참모진
― 훌륭한 리더 밑에는 훌륭한 장수가 모여든다

한나라의 고조 유방은 행정의 소하, 전략의 장량, 군사의 한신이 자신보다 뛰어나다는 것을 알고 있었다. 그러나 그는 이를 시기하지 않았고 그들이 능력을 발휘할 수 있도록 했다. 초나라 항우에게도 많은 부하들이 모였고 이들의 능력도 매우 뛰어났다. 그러나 항우는 이들의 능력이 자신보다 뛰어난 것을 알고는 시기하여 그들의 인기가 높아지는 것을 막기 위해 그들이 능력을 발휘하지 못하도록 했다. 그러나 결국 전쟁에서 이기고 역사에 크게 남은 사람은 유방이다.

이순신이 역사에 남을 수 있었던 것은 모든 사람의 능력과 지혜를 모았기 때문에 가능했다. 이 때문에 이순신이 아낀 사람들에 대해 후한 평가가 이루어지지만 안타깝게도 몇몇을 제외하고는 구체적으로 남겨진 기록이 없다. 1592년 9월 11일의 장계를 보면 "여러 장수들 가운데 권준, 이순신(李純信), 어영담, 배흥립, 정운 등은 달리 믿는 바가 있어 서로 같이 죽기를 기약하면서 모든 일을 함께 의논하고 계획을 세우기도 했습니다"라는 대목이 있다. 『난중일기』 1592년 5월 1일에는 "진해루에 앉아서 방답첨사(이순신), 흥양현감(배흥립), 녹도 만호(정운) 등을 불러들이니, 모두 분격하여 제 한 몸을 잊어버리는 모습이 실로 의사들이라 할 만 하다"라고 했다. 이순신이 꼽는 믿을 만한 장수는 이순신, 배흥립, 정운, 어영담 등으로 보인다.

그중 이순신이 가장 아꼈던 사람이 정운이었다. 우선 정운(鄭運, 1543~1592)은 이순신보다 두 살이 많았다. 본관은 하동이고 자는 창진(昌辰)이며 시호는 충장(忠壯)이다. 전남 영암에서 훈련 참군 정응정의 아들로 태어나 이순신과 달리 일찍부터 무예를 접하여 무과에 급제해

거산도 찰방이 된다. 그러나 감사의 미움을 받아 고향으로 귀향했다가 다시 웅천현감이 되지만 곧 물러났다. 얼마 후 다시 제주판관이 되지만 목사와 갈등을 일으켜 또 다시 파직되었다. 이렇게 자주 파직이 되었던 이유는 그가 강직한 성품을 지녔기 때문이다. 제주에서 올 적에 망아지 한 마리 가지고 오지 않고 그대로 왔다는 일화는 그 성격을 드러내주는 것으로 유명하다. 그는 다시 1591년(선조 24) 전라도 해남의 녹도 만호가 되는데, 이때부터 계속 남해안에 머물게 되고, 임진왜란이 일어나면서 그의 진가가 드러나기 시작한다.

임진왜란 초기 후퇴하던 경상우수사 원균은 옥포 만호 이운룡이 경상우도에 있는 통영 견내량의 중요성을 주장하자, 곤양 부근에서 뒤늦게 전라좌수사였던 이순신에게 원군을 요청했다. 그런데 이순신이 처음에는 망설이며 거절했다가 조정으로 장계를 보내어 기다리는 모양새를 취한다. 왜 망설였을까. 앞에서 살펴본 전력이나 전략적인 문제만으로 망설인 것은 아니었다. 이순신의 휘하 장수들이 관할론(管轄論)과 부원론(赴援論)으로 나뉘었기 때문이다. 경상우수영은 관할 지역이 아니기에 지원을 하지 않아도 된다는 관할론과 경상도 역시 조선 땅이므로 원군을 보내야 한다는 부원론이 부딪친 것이다. 지금이야 당연히 경상도로 가야 한다고 하겠지만 당시에는 재빨리 경상도로 출정할 여건도 되지 않았고 잘못하면 남겨진 전라도가 공격당할 수 있었다. 무엇보다 경상도 지역을 잘 알지 못하는 상황에서의 출정은 위험 부담이 컸다.

이때 원군 요청의 교섭을 책임졌던 경상우도 율포 만호 이영남(李英男, 1571~1597)은 바삐 전라좌수영으로 달려왔지만 이순신이 출정 의사를 부정적으로 보이자, 좌수영 문밖에서 3일 동안 통곡하고 오가기를 대여섯 차례 했다고 한다. 이 당시 이순신 휘하에서 강력하게 부원론을 주장했던 사람들이 정운과 어영담 등이었다. 4월 20일 경상순찰사 김수가 이순신에게 원군 요청을 또 다시 하고, 27일에는 조정의 허락이 떨어진다. 결국 이순신은 경상도 출병을 최종 결정했고, 정운은 전라좌수영군의 선봉장이 되어 옥포·적진포·당포·당항포·한산도 해전에 참가해 많은 공을 세운다.

- 1592년 6월 초7일(양력 7월 15일) 아침에 출항하여 영등 앞바다에 이르니, 적선이 율포에 있다고 했다. 복병선에게 탐지케 했더니, 적선 다섯 척이 먼저 우리 군사가 오는 것을 알고 남쪽 넓은 바다로 달아났다. 우리 여러 배가 일제히 쫓아가 사도첨사 김완이 한 척, 우후도 한 척을 온전히 잡고, 녹도 만호 정운도 한 척을 온전히 잡았다.

  녹도 만호 정운이 층각대선 두 척을 총통으로 뚫자, 여러 전선이 협공하여 불태웠습니다. 머리 세 급을 베고 우리나라 사람 두 명을 산 채로 빼앗았습니다.

  — 1592년 7월 장계

『난중일기』나 장계에서도 보여지듯 정운은 1592년에 있었던 모든 해전에서 수많은 공을 세웠다. 그러나 그에게 운명의 날이 서서히 다가오고 있었다. 1592년 8월 24일 전라좌·우수영군(이순신, 이억기)과 경상우수영군(원균)은 합세하여 왜군의 주력 근거지인 부산포를 공격하기로 결정하고, 9월 1일 이른 아침 부산포로 향했다. 먼저 왜선 5척, 다대포 앞바다에서 왜선 8척, 서대포 앞바다에서 왜선 9척, 절영도에서 왜선 2척을 격파했다. 이때 정운은 우부장(右部將)이었고, 부산포에는 적선 400여 척이 선창 동쪽의 산기슭에 줄지어 정박하고 있었다.

정운공순의비(鄭運公殉義碑) _도 17

몰운대에 자리하고 있는 이 비는 임진왜란 당시 부산포 해전(1592년 9월 1일)에 우부장(右部將)으로 출전하여 공격의 맨 앞에 서서 장렬하게 싸우다 전사한 녹도 만호 정운 장군의 의로운 죽음을 추모하고 있다.

임진왜란이 일어났을 때 전라좌수사 이순신 장군의 휘하에 있었던 정운 장군은 적병이 호남에 이르기 전에 먼저 나아가 칠 것을 주장하고, 맨 앞에 서서 공격할 것을 스스로 청하였다. 또한 옥포·사천·한산도 해전에서 공을 세우고, 왜적의 군영이 있던 부산포를 공격할 때에도 다시 맨 앞에서 공격을 하였다. 비문에는 장군이 수군 선봉으로 몰운대 아래에서 왜적을 만났을 때 몰운(沒雲)의 운(雲)자가 자기 이름자 운(運)과 음이 같다하여 이곳에서 죽을 것을 각오하고 싸우다가 순절하였다고 적고 있는데, 『충장공실기(忠壯公實記: '충장'은 정운 장군의 시호)』와 『충무공전서(忠武公全書)』에는 부산포 해전에서 순절하였다고 기록되어 있다.

직사각형의 비는 윗변을 둥글게 다듬은 간략한 형태이다. 정조 22년(1798) 정운 장군의 8대손 정혁이 다대첨사로 왔을 때 세운 것이며, 비문은 이조판서 민종현이 짓고, 훈련대장 서유대가 썼다. 1974년 부산시가 비각을 세워 비를 보호하고 있다.

부산포에서는 많은 군사들이 희생되는 고된 싸움 중에도 왜선 100여 척을 격파하고 많은 왜군을 사살했다. 거북선 돌격대장인 정운의 힘이 크게 작용했다. 하지만 수적 우세에 있는 왜군을 전멸시킨다는 것은 역부족이었으므로 이렇게 적선을 격파한 후 돌아 나오기로 했다. 그런데 정운은 부산포에서 거의 돌아 나올 때 총탄에 맞아 1592년 9월 부산포 해전에서 전사한다. 이에 그의 죽음을 매우 애통해 하며 이순신은 다음과 같이 장계했다.

> 녹도 만호 정운은 맡은 임무에 온힘을 다했고 또 답략이 있어 서로 의논할 만한 사람이었습니다. 왜란이 일어나자 줄곧 의기를 뿜어 나라를 위해 제 몸을 돌보지 않고 잠시도 마음을 놓지 않고 방비에 힘쓰기를 전보다 배나 더했습니다. 제가 믿는 사람은 오직 정운 등 2~3명뿐인데 정운은 이 앞의 세 대첩에서 모두 선봉에 섰습니다. 이번 부산 싸움에서도 제 몸을 생각하지 않고 앞장서 왜구의 소굴로 나갔습니다. 하루 종일 싸우면서도 어찌나 힘을 다하여 쏘았던지 왜적들이 움직이지 못했습니다. 이는 오로지 정운의 힘이었습니다. 그런데 싸움을 마치고 돌아올 무렵 그는 철환에 맞아 죽었습니다. 그 늠름한 기상과 순결한 정신이 헛되이 없어져서 뒤 세상에 전혀 알려지지 못할까 참으로 염려스럽습니다. 이 대원의 사당이 아직도 그 흥양 포구에 있으므로 같은 제단에 초혼하여 함께 제사를 지내게 한다면 의로운 사람의 혼령을 위로하고 다른 사람을 격려하게 될 것입니다.
> — 1592년 9월 11일 장계

정운은 강직하고 정의감이 많아 선봉장 역할을 하면서 많은 공을 세웠다. 그의 이러한 성격과 활동 이력은 정운과 같은 맹장이 없기 때문에 이순신이 부산으로 다시 가지 않았다는 오해를 낳기도 했다. 『조선왕조실록』을 보면 조정에서는 이순신보다 오히려 정운에게 상당한 신뢰를 보내고 있는 것을 볼 수 있다.

> 윤두수가 아뢰었다. "이순신은 왜구를 두려워해서 그런 것이 아니라 실로 나가 싸우기를 싫어하는 것입니다. 임진년 정운이 죽을 때에도 절영도에서 배를 운행하다 적의 대포에 맞아 죽었습니다."
> 이산해는 아뢰었다. "이순신은 정운과 원균이 없어서 그렇게 체류한 것입니다."
> 김응남은 아뢰었다. "정운은 이순신이 나가 싸우지 않는다 하여 참하려 하자 이순신이 두려워 마지못해 억지로 싸웠으니, 해전에서 이긴 것은 대개 정운이 격려해서 된 것입니다. 정언신이 항상 정운의 사람됨을 칭찬했습니다."
> — 1597년 (선조 30) 1월 23일

이렇듯 정운에 대한 평가는 조정 대신 사이에서도 긍정적이었다. 정언신(鄭彦信, 1527~1591)은 함북순찰사일 때 이순신은 물론 정운도 부하로 두었다. 정언신은 1591년에 이미 죽었으니 정운에 대한 평가는 임진왜란 전부터 이미 긍정적이었다는 것을 말한다. 심지어 정운이 없었기 때문에 이순신이 앞으로 나아가지 못한 것이며 이순신이 세운 해전의 승리도 정운의 덕이었다고 선조에게 아뢰고 있다.

이운룡(李雲龍, 1562~1610)은 원균의 휘하이면서 이순신의 신임을 받고 동지가 된 특이한 경우였다. 그의 본관은 재령(載寧)이고 경북 청도에서 났다. 본래 경상우도 소속이었지만 여러 해전에서 이순신의 휘하로 함께 하며 전공을 세웠다. 당항포에서는 우척후장이 되어 싸웠고, 1593년 웅천현감으로 승진했다. 1596년 이순신이 그를 자신을 대신할 사람으로 천거하자 경상좌도 수군절도사가 된다. 이듬해 정유재란 당시 원균이 패하여 전사하고 수군이 전멸 당하자 영천, 창암(蒼巖) 등지의 육전에 참가했다. 그런데 이때 모함을 받게 되는데 이덕형이 변호해 다시 전장에 참전하게 된다. 이덕형은 이운룡을 매우 신임했다. 이후 이운룡은 육군에 속했기 때문에 수군과는 멀어지고, 1604년 선무공신으로 식성군이 되었으며 도총부(都摠府)부총관, 포도대장, 화기도감제조를 겸하고 비변사 유사당상(有司堂上)에 오른다. 다시 탄핵되어 은퇴하게 되지만 1607년 여진족이 침입하자 함경도 병마절도사가 되어 이를 막았다. 그후 충청도 수군절도사로 나갔으나 1610년(광해 2) 또다시 탄핵을 받고 고향으로 낙향하게 된다. 후에 그는 병조판서로 추증되는데, 아이러니하게도 마지막 임지는 수군이었다. 이운룡은 임란 초기 매우 중요한 역할을 했다. 임란 당시 그는 옥포 만호였는데 패전한 원균이 도망하려는 것을 막고, 이순신에게 원병을 청하여 왜적이 전라도로 넘어오는 위기를 피하게 했다. 이것은 매우 중요한 역할이었다. 만약에 이운룡이 이렇게 하지 않았다면 이순신이 경상도에 거북선을 끌고 가지 않았으며, 전라도로 넘어 오기 전에 제압할 수 없었을 것이다.

이영남은 경상우도 소속의 옥포 만호로서 원균과 함께 왜군에 맞서 싸웠다. 이순신이 통제사로 다시 돌아온 뒤에는 그의 휘하에서 활동했다. 진도 해전에 참전해 공을 세웠지만 노량 해전에서 패주하는 적을 추격하다 전사한다. 그의 역할은 원군을 요청하는 실무를 담당했으며, 그가 이순신의 출정을 청하며 3일간 통곡했다는 일화는 매우 유명하다.

정걸(丁傑, 1514~1597)은 이순신보다 서른한 살이 더 많았고, 이미 수

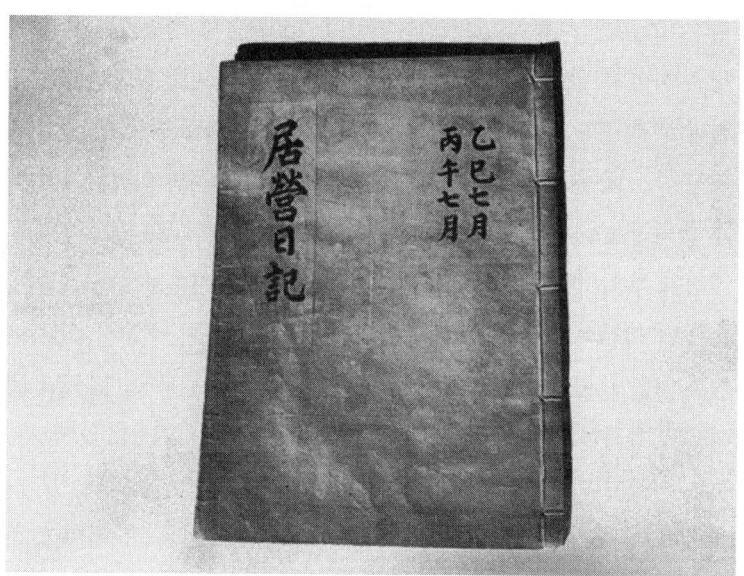

거영일기 및 계본등록(居營日記및啓本謄錄) _도 18

임진왜란 때 이순신 장군의 부장으로 활약했던 이운룡(1562~1610) 장군이 임진왜란 전후의 상황을 기록한 일기와 장계이다.

이운룡은 선조 18년(1585) 무과에 올라 선전관, 옥포만호 등의 벼슬을 거쳤다. 1592년 임진왜란이 일어나 부산 앞바다에 왜구가 나타나자 적의 거대한 외형에 밀려 대적하지 않고 도망하려는 경상우수사 원균에게 도망하는 것은 나라와 백성에 대한 배신행위라 하고, 이순신에게 원군을 요청, 함께 싸워 적선 50여 척을 불태우는 큰 전과를 거두었다. 그후 전쟁기간 내내 우리 수군이 남해를 장악하는 데 큰 공을 세웠다. 1596년 이순신의 추천으로 경상좌수사에 승진하였다. 그가 죽은 후 병조판서에 추증되었고, 청도의 금호서원과 의령의 기강서원에 그 위패가 모셔졌다.

『거영일기』는 선조 38년(1605) 7월 30일부터 선조 39년(1606) 9월 1일까지의 일을 빠짐없이 기록한 일기이다. 여기에는 병영예식(兵營禮式), 군의 장비, 훈련상황이 기록되어 있다.

『계본등록』은 선조 38년(1605) 9월 15일부터 선조 40년(1607) 6월 1일까지 수군통제사로 있으면서 왕에게 올렸던 장계 138건이 기록되어 있다.

이 문헌들은 임진왜란 때 수군의 활약상과 화기, 전선, 수군편제, 훈련과정 등이 총망라되어 있어 조선시대 전쟁사 연구에 매우 귀중한 자료로 평가된다.

차례 수군절도사를 역임한 인물이었다. 1557년 형 정준과 함께 이준경 휘하에서 달량전투를 통해 왜선을 격퇴한 공으로 부안현감이 된 얼마 뒤 함경도 온성에 여진족이 침입해 온성부사로 방어 했고, 여기에서 다시 공을 세웠다. 그런데 그는 단순히 무관뿐만 아니라 판옥선과 철익전(鐵翼箭), 화전(火箭), 대총통 외에 여러 가지 무기를 고안해서 왜적이 무서워했다는 말이 전해진다. 1572년 경상우도 수군절도사, 1577년 전라좌도 수군절도사, 1578년 경상우도 수군절도사, 1581년 절충장군, 1583년 전라도 병마절도사, 1584년 창원부사, 1587년 전라우도 수군절도사 등 수군의 요직을 두루 지냈다. 그는 1592년(임진) 충청 수사가 되어 이순신 부대에서 활동하게 된다. 이미 임란 전부터 왜적과 싸운 경험이 있던 그는 같은 해에 부산으로 쳐들어가자고 주장해 부산포 해전에서 공을 세웠을 뿐 아니라 그의 다양한 수사 직무 경험과 왜군 전투 경험은 이순신에게 도움이 되었다.

전라우도의 이억기(李億祺, 1561~1597)는 이순신이 많은 신세를 진 사람이다. 그는 경흥 부사, 온성 부사로 북방 경비의 공을 세웠다. 1591년(선조 24) 순천부사를 거쳐 전라우도 수군절도사가 되었다. 이억기도 이순신을 발탁한 정언신의 휘하에 있었고 전라우도수사로서 모든 해전에서 공동 전선을 이루었다. 1592년에 세운 공으로 원균과 같이 자헌대부(정 2품 품계)가 되지만 1597년 여름, 삼도수군통제사 원균의 지휘에 따라 부산의 왜군을 공격하다가 칠천량 해전에서 전사한다. 실록에는 삼도수군통제사 이순신의 후임으로 이억기를 기용하는 것이 어떠냐는 기록이 나온다.

선조가 일렀다. "이억기는 내가 일찍이 본 적이 있는데, 쓸 만한 사람이다."

이에 이정형이 아뢰었다. "원균만 못합니다."

선조가 말했다. "원균은 자기 소견대로만 하고 고칠 줄을 모른다. 체찰사가 비록 논리적으로 개유開諭해도 고치지 않는다고 한다."

― 1597년 (선조 30) 1월 23일

실록에서는 원균을 독불장군 같은 장수라고 선조가 말하지만 결국에는 이억기가 아닌 원균이 통제사가 된다. 그러나 칠천량 해전에서 원균이 이끈 조선 수군은 궤멸된다. 만일 통제사로 이억기가 임명되었다면 역사는 어떻게 달라졌을까. 만약 이억기가 원균처럼 패하지 않았다면 이순신은 통제사에 오르지 못했을 것이다.

어영담(魚泳潭, 1533~1594)은 정운과 같이 경상도 출전을 주장했던 장수로 임란 중 한산도에서 병사한다.

- **1594년 4월 초9일(양력 5월 28일)** 시험을 마치고 방을 내어 붙였다. 큰비가 왔다. 조방장 어영담이 세상을 떠났다. 통탄함을 무엇으로 말할 수 있으랴!

어영담의 죽음을 이순신이 매우 슬퍼하고 있다. 어영담은 담력과 지략이 뛰어나 과거를 거치지 않고 여도만호가 된 인물이다. 뒤에 무과에 급제하여 진해 등 여러 진에 있으면서 해로를 자세히 익혀 바다 출입을 제 집같이 자유롭게 했다고 한다. 1592년 광양현감으로 있을 때 임진왜란이 일어났고 이순신 부대가 5월 4일 경상도 지역으로 첫 출전할 때 바닷길을 안내하는 수로향도로 활동 했다. 그는 이순신이 옥포 해전에서 첫 승리를 하는 데 큰 공을 세운 인물로 매우 가까이 두었던 인물이다. 그러나 그의 세심한 성격은 오히려 화를 부르기도 했다. 그가 군량인 곡식을 종자용과 급식용으로 구분하자 이것을 본 어사 임발영이 따로 곡식을 숨겨두었다고 문제 삼아 파면시켰다. 백성들은 이순신에게 자세한 사정을 말해 어영담을 유임하도록 했으나 받아들여지지 않았다가 이순신이 다시 조방장으로 삼았다. 이순신이 수사에서 삼도수군통제사라는 높은 지위에 올랐기 때문에 가능한 일이었다. 그러나 어영담은 1593년 2월 불의의 전염병에 걸려 병사하는 바람에 공신에 오르지 못한다. 이를 두고 모든 사람들이 매우 안타까워했다고 한다.

권준(權俊, 1541~1611)은 본래 문관이며, 임진왜란 때 이순신 휘하에서 순천부사 겸 수군 중위장(中尉將)으로 공을 세웠다. 동지중추부사를 역임했다.

송희립(宋希立, ?~?)은 지도만호(智島萬戶)로 형 대립(大立)과 함께 의병을 모아 통제사 이순신 휘하에 들어가 이순신과 노량 해전까지 함께했던 장수이며, 쓰러진 이순신을 대신해 북채를 들고 해전을 지휘했다. 1598년 정유재란 때 노량 해전에서 왜군에게 포위된 명 도독(都督) 진린을 구출했는데 이때 전신에 중상을 당했다. 이러한 그의 전공은 뒤늦게 알려져 1601년(선조 34) 양산군수·다대포첨절제사를 지내고 전라좌수사 자리에 오르게 된다.

신호(申浩, 1539~1597)는 정읍 북면 우일리 원당에서 출생했다. 1567년(명종 22) 무과에 급제하여, 조산포만호를 거쳐 도총부도사를 지냈고, 임란 당시 낙안군수였다. 신망이 깊고 덕망이 뛰어나 육진에 있을 때부터 군사들이 아버지처럼 따랐다고 한다. 병법에 밝고 신중하면서 대쪽 같은 성격으로 죽도(竹刀)라고 불릴 정도였으며 이순신의 왼팔 같은 장수였다. 임란에서 세운 공으로 통정대부로 승차되고, 1595년 조방장이 되었다. 그 후 원균이 칠천량에서 대패한 후인 1597년 육지로 임지를 옮기게 되고, 남원성에서 왜군과 싸우다 전사했다.

정운, 어영담, 이억기, 정걸, 이운룡, 어영담, 이순신, 배흥립, 신호, 권준 등이 이순신과 함께했고, 이순신이 아꼈던 인물들이다. 이들은 이순신과 밤늦게까지 이야기를 나누었고 같이 편을 갈라 내기를 하면서 많은 화살을 쏘았다. 밥을 먹기도 하고 때로는 술에 취해 서로에게 못할 말도 했다. 같이 분노하고 슬퍼하는가 하면 안타까워했다. 노래와 춤을 추기도 했고 함께 죽음의 문턱에 이르기도 했으며 승리의 기쁨을 같이 나누었다. 전장에서 죽음을 넘나들었고 죽는 모습을 지켜보기도 했다. 추위와 더위 습열에 함께 고생했던 이들은 부하와 지휘관이기 이전에 모두 전우이자 동지일 수밖에 없었다.

3) 격군의 한(恨)을 보듬은 이순신의 한(恨)

이순신이 전란 내내 부족한 수군 문제로 고민하며 격군을 엄격하게 관리하고 있었음은 그의 일기에서도 알 수 있다.

- 1592년 5월 22일 황득중, 박주하, 오수 등은 격군을 잡아 올 일로 내보냈다.
- 1592년 8월 11일 도만호에게 격군을 잡아올 일로 사흘 기한으로 갔다 오라고 일러 보냈다.
- 1594년 7월 6일 아침에 정원명 등을 격군을 정비하지 않은 일로 이를 잡아 가두었다.
- 1594년 7월 9일 저녁나절에 순천, 낙안, 보성의 군관과 색리들이 격군을 소홀히 하고 또 기일을 어긴 죄를 처벌했다.

이미 앞서 이순신의 군영에 대한 어려움은 자세히 밝힌 바 있으나 격군을 채우기 위해 1594년 7월은 며칠 간격을 두고 격군을 엄하게 다스린 내용을 적고 있다. 그가 격군의 문제로 얼마나 신경을 쓰고 있었는지, 얼마나 분주했는지 알 수 있다.

또한 지휘관 사이에서 격군을 두고 신경전이 있었던 것도 알 수 있다. 1594년 5월 29일 일기에는 "저물녘에 정사립이 보고하는데, '남해 사람이 배를 가지고 와서 순천 격군을 싣고 간다'고 했다. 그래서 잡아서 가두었다"는 내용이 나온다. 남해는 경상우수영 소속이었다. 격군을 두고 싸우는 일도 벌어지고 있었음을 알 수 있다.

이순신의 입장에서는 격군을 엄격하게 관리해야 했다. 앞서 수군 내에서 격군이 차지하는 중요성을 다시 생각해본다면 해전을 앞둔 진영에서, 특히 이순신에게는 거북선을 출전시키기 위해서도 격군이 얼마나 중요한 존재인지 알 수 있다. 격군(格軍)이란 곁군, 노군, 허드렛 일꾼으로 주로 노 젓는 사람을 이른다. 거북선은 좌우현의 노 8자루씩 모두 16자루에 80명의 격군이 매달려야 했고, 20명은 예비병으로 일반 전선보다 훨씬 많은 100여 명의 격군이 필요했다. 기본적으로 노 한 자루당 노장 1명과 노수 4명이 붙들고 있었고, 예비병을 둔 이유는 교대로 쉬면서 노를 저어야 했기 때문이다.

1592년 12월 10일 이순신은 장계에서 "한 척의 전선에 격군과 사부를 합쳐 130여 명의 군사를 보충할 방법이 없어서 더욱 난처하고 걱정됩니다"라고 했다. 격군 100명에 사부 즉 활 쏘는 사람까지 포함해서 130명이 필요하다고 했다. 그런데 일단 그들이 부족한데도 그들을 채울 수 있는 방법이 없었다. 1593년 11월 17일 장계에서도 "비록 배는 많을지라도 격군이 없으면 장차 무엇으로 배를 움직일 수 있겠습니까?"라며 격군이 매우 부족했음을 나타내고 있다. 이미 앞에서 수군들이 매우 부족했고 이 때문에 이순신이 매우 골머리를 앓았다는 것을 보았다. 더불어 다음과 같은 일기 내용들만을 보면 격군들은 문제를 일으킨 이들이라고만 생각할 수 있다.

- 1594년 6월 12일(양력 7월 29일) 가뭄이 너무 심해 농사가 더욱 염려된다. 어둘 무렵에 본영의 배 격군 일곱 놈이 도망갔다.
- 1594년 9월 11일(양력 10월 24일) 일찍이 수루 위로 나가서 남평의 색리와 세 번이나 양식을 훔친 순천의 격군을 처형했다.
- 1596년 7월 16일(양력 8월 9일) 북쪽에 툇마루 세 칸을 만들었다. 이날 충청도 홍주 격군으로 있는 신평에 사는 사삿집 종 엇복(㐖卜)이 도망가다 붙잡혔으므로 목 베어 걸어 보였다.

격군들이 도망가니 그들을 붙잡아 처형하고 효수했다는 기록이 그대로 나온다. 참혹한 일이지만, 진영 조직의 질서를 유지하기 위한 일벌백계의 의미였다. 다만, 『난중일기』 곳곳에서 격군은 무엇보다도 중요한 사람들로 어쩌면 거북선보다 중요했다고 볼 수 있다. 『난중일기』의 한 대목은 이를 짐작하게 해준다.

- 1592년 3월 12일(양력 4월 23일) 맑다. 식사한 뒤에 배 있는 곳으로 나가 경강(여수시 봉산동)의 배를 점검했다. 다시 배를 타고 소포(여수시 종화동 종포)로 나가는데 때마침 샛바람이 세게 불고 격군도 없어 다시 돌아왔다.

격군이 없어서 회군했다는 말이다. 임진왜란이 일어난 초기 이순신이 경상도 지역으로 출전할 때 격군들이 제대로 모집이 되지 않아서 출발이 늦어지기도 했는데 이순신뿐만 아니라 다른 장수들도 격군이 없으면 제대로 움직이지 못했다. 1594년 3월 4일 당항포 해전을 앞둔 시점에서 이순신은 전라우도의 우수사 이억기를 좌수영으로 오게 했다. 이 해전은 이순신이 백의종군 전에 대대적으로 싸운 마지막 해전인데 2월 25일 장계를 보면 다음과 같은 내용이 있다.

> 이번에 다시 장계합니다. 나머지 스물한 척은 전선을 새롭게 만든 것인데 격군이 없어서 약속한 날이 다 되어도 진작 거느리고 오지 못했습니다. 수군을 징발하여 보내지 않은 각 고을에 다시 전령을 보내어 독촉했습니다. 대개 우수사 이억기도 이같이 흉적들이 꾀를 부리는 일을 당하여 일정한 기한에 대지 못하였으니 기한 어긴 죄를 면하기는 어려울 것입니다. 다만 격군이 없어서 일정한 기한 안에 이르지 못한 것입니다 … 이억기가 말하길 '각 고을에서 입방 수군을 전혀 보내지 않아 격군을 정비하지 못하였으며 미리 모이지 못해 벌써 기한을 넘겨 난처하고 말았습니다. 걱정이 되어 전선 22척을 이끌고 이 달 17일 진에 이르렀습니다' 라고 했습니다.
>
> — 1594년 2월 25일 장계

이순신이 백의종군을 끝내고 다시 삼도수군통제사가 된 1597년까지의 일기에서도 격군의 문제가 여전했음을 알 수 있다.

- 1597년 8월 26일(양력 10월 6일) 전라우수사가 왔다. 배의 격군과 기구를 갖추지 못했으니 그 꼬락서니가 놀랍다.
- 1597년 9월 17일(양력 10월 27일) 어외도於外島: 무안군 지도면에 이르니, 피난선이 무려 삼백여 척이 먼저 와 있었다. 임치첨사는 배에 격군이 없어 나오지 못한다고 했다.

배보다 격군이 없는 상황이 더 결정적인 문제였음을 말해주고 있다. 여전히 격군이 부족하여 중요한 군사작전이나 장수들이 오가는 데도 불편함이 컸다. 이렇게 중요했던 격군들은 사실 노만 젓거나 해상 병력으로만 복무했던 것은 아니다. 이들은 번갈아 가면서 농사도 지어야 했다. 이순신은 1593년 4월 6일 장계에서 "전선에서는 사부와 격군들이 비록 번갈아 돌아가면서 농사를 지어야 하지만 달리 대신할 사람이 없어서 영영 살아갈 길이 끊어지겠습니다"라고 말하고 있다. 보통 때에는 일종의 로테이션 내지는 교대 근무 방식으로 돌아가면서 농사를 지었던 것이다.

언제나 전투가 있는 것이 아니었기 때문에 격군은 매일 노를 젓는 것은 아니었지만 자신의 병기나 진지의 관리 및 보수하는 육군보다 해야 할 업무가 더 많았다. 해상 전투에 사용했던 무기 점검 외에도 배를 만들거나 수선하는 일, 바다에서 전투 후 해야 할 전략 보강 외에 육지의 진 보수나 물자의 운반 등 많은 일에 동원되었다. 이 중 전투보다 격군을 더 힘들게 했던 것이 격심한 노동이었으나 노동보다 더 큰 어려움은 굶주림이었다. 밥이나 먹이고 일을 시켜야 하지 않나. 이러한 굶주림은 임진왜란 초기부터 계속된 악순환인데 이순신은 1592년 5월 제1차 옥포 해전 승첩 장계를 올린다.

> 왜선에 실려 있던 물건 중에 우리가 먹을만한 쌀 300여 섬은 여러 전선의 굶주린 격군과 사부들의 양식으로 나누어 주었습니다.

1593년 5월 10일 장계에서 이순신은 당시의 식량사정의 실상을 보고하고 그 어려움을 다시 한 번 강조하면서 호소했다.

경상 지방에는 재물을 다 써서 바닥이 드러났고 더구나 천자의 군대를 지원하느라고 격군을 보충할 길이 없습니다. 겨우 전선을 정비하였는데 사부와 격군들이 모두 굶주려 쇠약해져 노를 저어 배를 부릴 수 없는 형편입니다.

천자의 군대 그러니까 명나라 군대까지 지원하느라 그나마 있던 식량마저 주어야 했으니 먹는 식량의 양도 갈수록 줄어들고, 갈수록 쇠약해질 수밖에 없었다.

겨우 남아있는 군졸들은 아침, 저녁으로 밥 먹는 것이 곡식 2-3홉에 지나지 않아 고달픔이 극에 이르러 활쏘기와 노 젓기를 도저히 감당하지 못합니다.
— 1593년 8월 10일 장계

곡식 2,3홉으로 버티며 노 젓기나 활을 쏘아야 하는 참상을 전하고 있다.

- 1594년 7월 10일 저녁나절에 우수사를 만나 서로 이야기했다. 양식이 떨어져도 아무런 해결방법이 없다는 말을 많이 했다. 무척 답답하여 괴롭다.

식량이 부족해서 많은 격군들과 병사들이 고생하고 있음을 알 수 있다. 이러한 형편없는 와중에 그래도 영남의 격군들보다는 전라좌도의 격군들이 나았던 모양이다.

- 1594년 1월 21일 아침에 본영 격군 칠백마흔두 명에게 술을 먹였다.
- 1594년 1월 19일 영남의 여러 배의 사부 및 격군이 거의 다 굶어 죽겠다는 말을 들으니, 참혹하여 차마 들을 수가 없었다.

전라도가 원균의 지휘권인 경상우수영, 즉 영남보다 형편이 나았던 것은 이순신이 있던 전라도에서는 농사를 짓게 하여 나름대로 진중 경영을 했었기 때문이었다. 그러나 경상우수영은 일본과 바다를 사이에 두고 있었기에 농사를 겸할 정도로 그렇게 안전하지 않았으므로 전라 지역 보다 상대적으로 굶주리는 격군이 많을 수밖에 없었다.

- 1592년 5월 29일 격군 중에서 탄환을 맞은 사람이 또한 많았다.

해상전투에서 부상 당하거나 전사하는 일은 병사들 뿐 아니라 격군들도 포함되었음을 말해준다. 또한 해상 위라는 상황 때문에 더 많은 안전사고와 뜻하지 않은 사고로 다치거나 죽는 경우도 있었다.

- 1595년 3월 17일 충청우후(원유남)가 와서 보고하는데, 수사 이계훈이 불을 내 자신은 물에 빠져 죽었으며, 군관과 격군 백마흔여 명이 불에 타 죽었다고 하니, 놀랍기도 하다.

이러한 사고는 같은 해전을 치루는 이순신 진영에서도 예외가 아니었을 것이다.

1597년 4월, 옥에서 나와 백의종군 뒤에 이순신은 그가 가지고 있던 감수성이 더 풍부해진다. 그래서 전에 일기에는 보이지 않던 내용이 등장하기도 하는데 다음 일기에서 격군들을 괴롭혔던 또 다른 원인이 무엇인지 알 수 있게 한다.

- 1597년 9월 6일(양력 10월 16일) 바람은 조금 자는 듯 했으나, 물결은 가라앉지 않았다. 추위가 엄습하니 격군들 때문에 걱정이다.
- 1597년 10월 21일(양력 11월 29일) 바람이 몹시 추웠다. 뱃사공이 추위 얼까 걱정이 되어 마음을 잡지 못했다.

당시에는 마땅한 방한복이나 난방 장치가 되어있지 않았기 때문에 내륙보다 해풍까지 부는 해안이나 배 안의 고통은 말할 수 없었을 것이고, 굶주림 속 혹독한 추위는 이순신이 걱정으로 마음을 잡지 못했을 것임을 짐작하게 한다. 인력이 부족한 상태에서 격군들의 노동 강도는 더욱 강해질 수밖에 없었다.

식량도 매우 부족해서 제대로 먹지도 못한 채 누적된 피로와 배고픔으로 양식을 훔치거나 도망을 가는 격군들이 발생했다. 이를 이순신은 엄격하게 대하고 처형까지 하며 군율을 잡으려고 했다. 그러나 한편으로 이순신은 격군에 대해서 한없이 연민하고 그들의 고통을 잊지 않고 끊임없이 장계를 올려 지원책을 호소한다. 일본 해군준장 사토 데쯔라로는 『절세의 명장 이순신』에서 "장군은 군기에 엄하고 위엄이 있으며 부하 사랑하기를 친자식 같이 했으며 기분에 따라 행동하지 않고 매사에 정성으로 임하는 모범적인 장군이었다"라고 적었다.

이순신에게 감옥에 투옥되거나 백의종군했던 경험은 격군이 겪는 고통을 더 보살피고 공감하게 해주었을 것이다. 한 번도 옥에 갇혀 보지 않은 사람들은 그 같은 고통을 모를 것이다. 가장 힘든 밑바닥 경험없이 항상 부족함 없이 엘리트 코스만을 밟고 그룹을 이끄는 리더는 자신을 따르는 이들의 고통과 심정을 모르기 때문에 눈높이를 맞추는 리더십을 발휘하기 어렵고, 나아가 이런 리더십으로는 애초의 목적도 달성할 수 없게 된다.

  이순신에게 격군없는 전쟁이란 생각할 수 없는 것이었다. 격한 노동과 굶주림, 죽음과 부상을 겪어낸 그들이 있었기에 해전의 승리가 있었다. 이순신이 옥에서 겪었던 추위는 격군의 추위였다. 수하의 사람들을 목적에 필요한 수단으로만 보지 않고, 그들을 둘러싼 전체적인 문제를 함께 고민하는 리더가 이순신이었다. 그러나 이런 리더와 함께 했을 격군의 삶일지라도 그들이 부르는 노래가 달빛 속에서 더 애달팠으리란 것은 저자 혼자만의 생각일까. 이순신은 모든 것을 해줄 수 있는 군주가 아니었으며, 한칼에 날아갈 수 있는 무장에 불과했기에 그가 지샌 밤은 애달팠으리라.

11장

사람의 향기가 나는 장수, 후마니타스 리더십

공적 우상을 넘어서 일상의 사람으로

    우리나라 사람들에게 이순신은 특히 공적인 측면에서 비장한 우국충정, 해전에서 이룬 혁혁한 전공, 탁월한 군사적 운용 등 신성불가침의 우상이 되어왔다. 이순신은 그렇게 우리나라 역사에서 하나의 신화가 되어 하늘에 떠있다. 그러나 이제는 우리 곁으로 내려와 우리와 함께 숨을 쉬어야 한다. 이를 위해서는 이순신에 접근하는 방법과 내용이 달라져야 할 것이다.

    전기는 크게 두 가지 사실에 근거해서 쓴다. 하나는 공적(公的) 사실이고, 다른 하나는 사적(私的) 사실이다. 공적 사실은 말 그대로 그 사람의 사회적 공적 지위에 따른 행위와 업적을 가리킨다. 예를 들면 한 나라의 재상이나 장수로서 행한 행위나 업적이 그것이다. 사적 사실은 개인의 품성, 인간관계, 가족사항, 일상생활의 행적들을 말한다. 대개 영웅전에는 공적 사실에 사적 사실이 종속되고 수단화되는 경향이 있다. 공적인 업적을 부각시키기 위한 수단의 하나로 사적인 영역에서 나타나는 탁월함이 이용되는 경우가 그것이다. 하지만 한 인물의 행위나 업적이 인간관계나 개인의 성품과 반드시 일치하거나, 그 사이에 어떤 인과관계가 있는 것은 아니다. 개인 성품에 대한 타인의 평가나 인간관계가 좋지 않아도 위대한 업적을 이루어 역사에 그 이름을 남길 수도 있기 때문이다.

사람에게는 누구나 인간적 약점이 있다. 제아무리 대단한 영웅이라 할지라도 우리와 같은 과정을 거쳐 이 세상에 태어난 인간이 틀림없기 때문이다. 그런데 영웅 만들기를 하면 할수록 사적 사실이 과대평가되어 인간적인 참모습은 사라지고 박제된 가공의 인물만 남게 되거나 심지어 신적 존재로 승화되기도 한다. 아무리 위대한 영웅이라 할지라도 피곤하면 자야 하고 공부하다가도 때로는 게으름도 피웠을 것이며 생리적인 욕구 또한 우리와 마찬가지였을 것이다. 악한 감정이 발동할 때도 있었을 것이며 자기의 이익을 침해 받으면 화를 내거나 다투기도 하고, 이기적인 모습과 공명을 탐내어 갈등하며 고민하는 등 현실에서 우리가 품게 되는 인간으로서의 욕망들이 똑같이 있었을 것이다.

이순신이 위기에 처한 조선을 구할 수 있었던 것은 끊임없는 학습과 고민, 인간적인 갈등과 고통 속에서 일궈낸 결과이지, 결코 전지전능한 초인의 능력만으로 이룬 것은 아니다. 그것을 초인적인 능력이나 신적인 혜안으로 이룬 것이라면, 후대 사람들은 자조와 자학의 늪에서 벗어나지 못했을 것이다. '나는 이순신 같은 사람이 될 수 없어!', '왜 우리 시대에는 이순신 같은 영웅이 없는 것일까?' 라는 넋두리와 푸념을 쏟아낼 것이다. 그러나 영웅은 이 순간에도 만들어지고 있으며, 앞으로도 계속 만들어질 것이다. 진정한 영웅은 영웅전에 등장하는 하늘의 별처럼 공적인 영역으로 신화가 되어 떠 있는 것이 아니라 사적인 부분과 공적인 부분의 상호작용 속에서 나타나기 때문이다.

이순신 역시 공적인 영역에서 위대한 업적을 세웠지만, 사적인 영역에서는 우리와 똑같은 나약함을 가진 인간이었다. 그 때문에 그가 더욱 위대한 것이다. 인간의 한계를 알고 그 속에서 고민하며 한계를 벗어나고자 했기 때문이다. 광화문 한복판에 세워진 이순신 동상은 건장한 체격에 위풍당당한 무인으로 약골이나 질병과는 절대 거리가 멀어 보인다. 그러나 실존의 이순신은 건장한 무인의 체격도 아니었으며 몸에 병도 많았다. 광화문 한복판에서 늠름한 모습으로 모두를 내려다 보는 이순신은 가상으로 만들어진 이미지일 뿐, 실존의 이순신과는 판이한 형상이다. 이순신 매트릭스인 것이다. 매트릭스, 그래서 지금부터는 이순신에 대해 기억되었던 그동안의 공적인 영역의 우상·신화 같은 인물상을 깨고, 우리와 같은 일상의 인간에서 다시 출발해야 한다. 그래야만 우리 곁에 수많은 이순신이 계속 나올 수 있기 때문이다.

1) 약골의 장군, 아픈 몸과 질병에도 불구하고

사람들은 장애·어려움을 극복하고 보통 이상의 일들을 이루어낸 이들을 가리켜 위인이라고 부른다. 그들이 겪었던 장애나 고난은 처음부터 그들의 삶과 시작되었을 수도 있고, 아니면 인생의 중간에 갑작스럽게 끼어들었을 수도 있다.

세종은 시각 장애인이었다. 1440년(세종 23) 안질에 걸린 눈이 점점 악화되어 정사를 돌볼 수 없게된 임금은 세자에게 보위를 양위하겠다고 했지만 신하들이 울면서 거듭 반대한다. 그러나 눈병만이 아니라 다리통증, 등창, 당뇨, 대상포진 등 각종 질병에 시달리고 있었다. 그럼에도 불구하고 많은 업적을 남겼다.

헬렌 켈러는 눈과 귀가 멀고 말도 못 했으며 베토벤은 귀가 멀었다. 슈만, 니체, 루이 알튀세르 그리고 영화 〈뷰티플 마인드〉의 실제 주인공인 존 내쉬는 정신병에 시달렸다. 슈만은 1833년경부터 증상을 보이기 시작해 1844년경부터는 창작력이 왕성한 시기와 우울증에 빠진 시기가 서로 교차되어 나타났고, 결국 1854년 2월 심각한 망상에 사로잡혀 라인강에 투신했다. 다행히 구조되어 이후 본 교외의 엔데니히 정신병원에 수용되었고, 1856년 여름 2년간의 투병 끝에 46세로 세상을 떠났다. 니체는 1888년 말경부터 정신이상 증세를 나타내기 시작하며, 다음해 1월 토리노의 광장에서 졸도했다. 그 이후 정신착란인 채 바이마르

광화문에 서 있는 이순신 동상

에서 사망했다. 알튀세르는 정신분열, 착란증세를 보여 자신의 부인을 교살하기에 이른다. 그런데 이들의 공통점은 장애에도 불구하고 후세에 평가될 만한 업적을 남긴 것이다.

영화 〈슈퍼맨〉의 주인공 크리스토프 리브는 "영웅이란 힘센 사람이 아니라 힘을 잘 쓰는 지혜와 용기가 있는 사람입니다"라고 인터뷰 때마다 말했다. 그런데 1995년 말에서 떨어진 후 척추 아래를 움직일 수 없게 되었다. 이 일을 겪고 나서 그의 대답은 달라졌다. "아무리 심한 장애가 있어도 끈기 있게 노력하고 견뎌내는 수많은 평범한 개인

들이 바로 슈퍼맨입니다"라고 했다.

1963년 이래 서 있는 광화문의 이순신 동상은 건장한 무장의 모습으로 으레히 장수의 모습은 그렇게 건장할 것이라는 선입견을 갖게 만든다. 이렇게 동상의 이미지는 모든 장수의 상징적 모습처럼 사람들 머리 속에 쉽게 남겨지게 된다. 이런 동상의 모습만이 대표적 상징성을 보이는 것은 아니어서 은연 중에 접하는 많은 이미지들 속에서 우리는 텔레비전의 스타를 꿈꾸듯 위인의 모습을 꿈꾸게 된다. 건장하게 그려진 이순신의 영정 또한 사람들에게는 그러한 상징의 이미지일 것이다. 조선 시대에는 충성을 장려하기 위해 공신 책봉과 함께 공신의 초상을 제작했다. 조선시대에 모두 28회에 걸쳐 약 977명의 공신 책봉이 있었는데 개국공신(開國功臣)부터 왕자의 난을 수습한 정사공신(定社功臣), 임진왜란 때 공을 세운 선무공신(宣武功臣), 이인좌의 난을 진압한 분무공신(奮武功臣) 등이 대표적이다.

공신 초상은 국가에 변란에 있을 때 공을 세운 신하들을 1등부터 4등으로 등급을 나누어 상을 내리고 그 초상을 그려 국가와 가묘에 봉안하게 한 것이다. 이것은 중국 한나라 때 고조가 능연각(凌煙閣)을 만들고 공신 초상을 봉안케 한 이래로 동양 국가들의 중요 국가사업이 되었다.

이순신은 1등 선무공신이었지만 공신 책봉 전 노량 해전에서 전사했기 때문에 초상이 없었다. 현재 우리가 보고 있는 이순신 영정들은 근세에 그려진 것이다. 이순신이 살아있을 때 그린 것이 아니라 후대에 그린 것이므로 실제의 모습과는 다를 수밖에 없다. 이순신의 조카 이분(李芬)이 쓴 행록(行錄 1)을 보면 이순신이 부상당하여 총탄을 꺼내는 장면이 기록되어 있다.

이상범 화백의 이순신 영정

그 날 공이 철환을 맞아 왼편 어깨가 관통되었다. 어깨를 뚫고 등에까지 박혀서 피가 발꿈치까지 흘러내렸지만 몸은 그대로 활을 놓지 않고 종일 독전하다가 싸움이 끝난 뒤에 칼끝으로 살을 쪼개고 철환을 파내었는데 깊이가 두어 치나 되었다. 이를 보던 온 군중이 비로소 이를 알고 모두 놀라지 않는 이가 없었지만 공은 그저 웃고 이야기하며 태연했다.

이러한 기록만을 보면 이순신이 대단한 체력을 지닌 것으로 볼 수 있다. 그런데 이 상처는 매우 깊어 어깨뼈까지를 다쳐 활을 당길 수 없게 되었고 제대로 낫지 않았다. 이순신은 이러한 상황을 적은 편지를 많은 사람들에게 보냈다. 이순신의 육성고백을 듣는 듯하다.

가뭄과 더위가 혹심한데 살피지 못했지만 안녕히 잘 지내셨습니까. 전에 아팠던 이질은 이제 어떠하십니까? 삼가 사모하는 마음 그지 없습니다. 제가 엎드려 안부를 묻고 싶었습니다만, 지난번 접전할 적에 분투하며 조심하지 않고 먼저 시석矢石을 무릅쓰고 나갔다가 적의 탄환을 맞은 자리가 심하였고 비록 죽을 만큼 다치지는 않았으나, 어깨뼈까지 깊이 다쳐 더러운 물이 줄줄 흘러 아직도 옷을 입을 수 없으며, 온갖 약으로 치료하지만, 아직 별로 차도가 없습니다. 또 활시위를 당길 수 없어 무척 민망스럽습니다.

이 편지는 1592년 7~8월경에 쓴 것으로 사천 해전 후 2~3개월이 지난 시점이 된다. 2~3개월이 지났는데도 제대로 옷을 입을 수 없을 정도의 부상이라면 고통이 어떠했을 것이라는 점은 충분히 짐작할 수 있다. 이순신은 군중이 동요하는 것을 막기 위해 부상 당한 현장에서는 태연한 모습을 보였지만, 육체의 엄청난 고통을 참은 것이지 그러한 고통이 아무것도 아닌 만큼 강한 몸은 아닌 것이었다. 그런데 앞서 행록에서는 심한 부상을 당한 이순신을 지나치게 의연하고 태연한 모습으로 설명하는 것이 아닌가 한다. 그가 편지글에서 보이는 고통을 생각했을 때 이순신의 조카가 행록을 썼다는 점도 생각하지 않을 수 없다. 조카로서는 이순신에 대해 좋게 써야 했을 것이다. 아무튼 이러한 기록뿐으로만 아니라 이후 고통을 참고 1년 동안 계속 해전을 치르며 수많은 전투에서 승리했던 이순신을 건장하고 병 같은 것은 앓지 않는 사람으로 생각하는 것은 당연할 것이다. 그러나 이순신을 위인으로 부를 수 있는 점은 그가 전투에서 승리한 것 외에 건장하지도, 건강하지도 못한 몸을 이끌고 여러 가지 많은 일들을 해낸 것에 있을 것이다.

　이순신이 어떠한 몸 상태였는가는 『난중일기』를 보면 알 수 있다. 『난중일기』는 빠진 부분이 많고 자신의 병명을 자세하게 적지 않았기 때문에 정확한 증세를 알 수는 없으나 오늘날 의료 전문가들은 이순신에게 신경성 위장염, 장티푸스, 구토, 고열, 몸살, 식은 땀, 체력 소진 등의 증상이 있었다고 본다. 장티푸스는 1594년 3월에 걸린 것으로 추정된다. 『난중일기』에는 약 160여 회의 병증이 등장하는데 이순신은 보통 신체 증세를 '불편'이라는 단어로 사용한다. '불편'이라는 단어가 등장하는 날이 90여 회이다. 우리가 보통 현기증, 열, 통증 등으로 말하는 것을 이순신은 몸이 '불편하다' '불편해서 앓았다' '불편하여 신음하였다' '눕지도 앉지도 못하였다'는 네 가지 유형으로 표현하는 것을 볼 수 있다. 불편해도 공무를 계속 보기도 하고 불편해서 하루 종일 공무를 보지 않았거나 밖에 나가지 못한 경우, 방안에 있어도 아파서 누워 있지도 못한 경우도 많았다. 대표적인 유형을 뽑아 보면 다음과 같다.

- 1592년 4월 초2일(양력 5월 12일) 식사를 하고 나니 몸이 몹시 불편하더니 점점 더 아파 온종일 밤새도록 신음했다.
- 1593년 1월 14일(양력 2월 22일) 몸이 불편하여 누워서 끙끙 앓았다.
- 1593년 8월 11일(양력 9월 5일) 몸이 몹시 불편하여 온종일 앉았다 누웠다 했다.
- 1594년 1월 30일(양력 3월 21일) 나는 몸이 몹시 불편하여 종일 땀을 흘렸다.
- 1594년 3월 초6일(양력 4월 25일) 나는 몸이 몹시 괴로워서 앉고 눕기조차 불편하다.
- 1594년 3월 초7일(양력 4월 26일) 몸이 극도로 불편하여 꼼짝하기조차 어렵다.
- 1594년 4월 26일(양력 6월 14일) 통증이 극히 심하여 거의 인사불성이 되었다.
- 1594년 7월 6일(양력 8월 21일) 몸이 불편하여 공무를 보지 않았다.
- 1595년 12월 초5일(양력 1월 4일) 몸이 불편한 것 같아 종일 나가지 않았다.
- 1596년 6월 초7일(양력 7월 13일) 몸이 몹시 불편하여 신음하며, 앉았다 누웠다 했다.
- 1596년 8월 초5일(양력 8월 28일) 몸이 불편하여 나가지 않고 앉아 있었다.
- 1597년 9월 27일(양력 11월 6일) 몸이 몹시 불편하여 밤 내내 아팠다.

　　이순신은 식은땀을 많이 흘렸다. 『난중일기』에서 식은땀을 흘린 것에 대해 45회 정도가 나타난다. 주로 밤에 많이 흘리는데 이런 것을 도한이라고 한다. 도한(盜汗)은 수면 중에 나는 땀이다. 수면 중에 뇌안의 발한 중추가 활성화되어 땀을 흘리는 자연스런 현상도 있지만 보통은 병증이다. 이순신은 밤중에 몇 번씩 잠옷을 갈아입어야 할 정도로 땀을 많이 흘렸으며, 매우 불쾌감을 느꼈었다. 이런 모습은 옛날부터 폐결핵의 한 증세로 여겨졌다. 결핵균의 독소가 혈관신경계의 기능에 이상을 일으키기 때문이다. 결핵 이외에 매우 쇠약해졌을 때에도 나타나는 증상인데 이렇게 심각하게 땀을 흘리는 모습은 특히 1596년에 나타난다.

- 1596년 3월 20일(양력 4월 17일) 몸이 몹시 불편하다. 바람막이 두 개를 만들어서 걸었다. 밤새도록 비가 왔다. 땀이 옷과 이불을 적셨다.
- 1596년 3월 25일(양력 4월 22일) 낮에 땀이 옷을 적셨다. 밤에는 두 겹 옷이 젖고 방 구들막까지 젖었다.
- 1596년 6월 29일(양력 7월 24일) 초저녁에 땀이 줄줄 흘렀다.
- 1596년 7월 28일(양력 8월 21일) 밤 열시쯤 꿈속에서까지 땀을 흘렸다.

얼마나 많이 흘렸으면 옷뿐만 아니라 요에 방구들까지 땀으로 젖었겠는가 싶다. 이순신이 식은땀을 얼마만큼 많이 흘렸는지 알 수 있다. 이러한 모습은 꿈에 나타나기까지 했다. 밤새 아프고 땀이 축축하게 배일 때까지 흘렸다니 탈진할 수도 있는 상황이었다.

일부에서 이런 증상을 폐결핵이 다한증을 일으키기 때문에 폐결핵으로 추측하는 경우도 있지만, 땀에 대한 기록이 1597년 이후에는 증상이 사라지기 때문에 폐결핵이 아니라는 주장을 피력하기도 한다. 폐결핵은 대개 진전이 되거나 완치되기가 힘든데 이후의 기록에 그같은 내용이 없기 때문이다. 어찌되었든 식은땀을 흘린 것을 보면 이순신의 몸이 많이 약했던 것을 알 수 있다. 땀 흘림 다음으로 이순신의 병증 중에 많이 보이는 것이 구토나 복통이다.

- 1595년 5월 초5일(양력 6월 12일) 몸이 춥고 불편하고 아파 토하고서 잤다.
- 1596년 3월 21일(양력 4월 18일) 초저녁에 도와리를 만나 구토를 한 시간이나 했는데, 자정이 되니 조금 가라앉았다.
- 1597년 8월 21일(양력 10월 1일) 날이 채 새기 전에 도와리가 일어나 몹시 앓았다. 몸을 차게 해서 그런가 싶어 소주를 마셨더니 한참동안 인사불성이 되었다. 하마터면 깨어나지 못할 뻔했다. 토하기를 10여 차례나 하고 밤을 앉아서 새웠다.
- 1597년 8월 22일(양력 10월 2일) 도와리가 점점 심하여 일어나 움직일 수가 없었다.

1596년 3월 일기에 나오는 도와리는 곽란의 우리말이다. 곽란은 한의학의 공식 병명으로 배나 차를 타서 위를 자극하거나 손상되면 장과 위가 꼬여 위축되고 추워 떨리는 일이 벌어지면서 두통과 손발이 차가워지면서 구토·설사를 하는 증상이다. 또한 차가운 물이나 음식을 먹고 마시거나 크게 화를 낸 후, 찬 기운이 몸에 스며들어도 역시 곽란의 증세가 보인다. 곽란에는 건곽란과 습곽란이 있다. 건곽란(乾亂)은 구토와 설사를 하지 않는 곽란을 말하며, 구토 설사를 하는 곽란을 습곽란(濕亂)이라 한다. 이순신은 아무래도 바다에서 많이 활동했기 때문에 습곽란으로 보여진다.

습열(濕熱)이란 얼굴에 열이 불그스름하게 올라오는 증상이다. 열은 바닷가에서 많이 활동할 때도 일어나며 곽란으로 이어지기도 한다. 또한 소화기 계통에도 문제가 있었던 것으로 보인다. 이순신이 신경성 위장병이 있었던 것으로 짐작되는 이유는 스트레스를 받으면 몸이 불편해지는 경향이 있었기 때문이다. 이 같은 점은 스트레스가 많이 쌓일수록 많이 나타난다. 예를 들어 1593년과 1597년 선조나 권율, 광해군이 부산으로 진격하라는 명령을 내릴 때마다 병증이 나타나는 것으로 보인다.

- 1593년 5월 18일(양력 6월 16일) 이른 아침에 몸이 무척 불편하여 온백원(원위장약) 네 알을 먹었다. 아침밥을 먹은 뒤에 우수사와 가리포 첨사가 와서 봤다. 조금 있다가 시원하게 설사가 나오니 좀 편안해진다.
- 1597년 12월 초1일(양력 1월 7일) 맑고 따뜻했다. 아침에 경상수사 입부 이순신이 진에 왔다. 나는 배가 아파서 저녁나절에야 수사를 보고, 그와 종일 이야기하며 대책을 의논했다.

『난중일기』에는 밥을 먹지 못하는 장면도 나온다. 몸이 아파서 밥도 먹지 못하고 굶는 것이다. 몸이 불편해서 음식을 먹지 않는 것은 자주 나타나는 증상이다. 식욕이 왕성한 사람이 아니라는 것을 말해 주는 것이기도 하지만 신경이 예민하거나 병증에 민감하게 반응하는 체질일 가능성도 충분히 있어 보인다. 이렇게 몸이 아파 밥을 먹지 못하는 것은 시기에 관계없이 골고루 나타난다.

- 1592년 5월 19일(양력 6월 17일) 아침밥을 봉사 윤제현과 같이 먹는데, 여러 장수들이 몹시 권하고, 몸이 불편해도 억지로 입맛을 내게 하니 더욱 더 비통하다.
- 1594년 4월 초1일(양력 5월 20일) 매일 먹는 밥인데도 먹지 못했다.
- 1594년 6월 초5일(양력 7월 11일) 나는 몸이 몹시 불편하여 저녁식사도

먹지 않고 종일 쓰리고 앓았다.
- 1597년 6월 8일(양력 7월 21일) 몸이 매우 불편하므로, 저녁밥을 먹지 않았다.
- 1597년 8월 20일(양력 9월 30일) 창고로 내려가니 몸이 몹시 불편하여 음식도 먹지 않고 앓았다.

한편 1597년 10월 19일 일기에는 "어두울 무렵 코피를 되 남짓이나 흘렸다. 밤에 앉아 생각하니 눈물이 났다. 어찌 다 말하랴!"라는 대목이 나오는데 코피 한 되는 매우 많은 양이다. 이순신이 외상의 원인을 이야기하지 않는 것으로 보아 몸의 내부 원인으로 난 모양이다. 몸의 내부 원인으로 코피가 난 경우에는 고혈압 및 동맥경화증, 심장질환 등의 순환장애나 혈액질환 즉 혈우병, 백혈병, 빈혈, 자반병 등이 해당한다. 혹은 간장 또는 신장 질환, 비타민C 혹은 K의 결핍으로 나타나기도 한다.

아이들 중 밤에 잠자다가 또는 오랜 시간 심하게 떠들며 놀고 난 다음에 갑자기 출혈하는 경우가 있다. 이것은 전형적인 피로와 스트레스에 따른 혈관계의 압박에 따른 것이다. 이순신은 당시 막중한 스트레스와 임무에 대한 부담감, 어머니의 죽음, 그 충격에서 벗어나지 못하고 한없는 외로움과 배신감에 젖어 잠을 못 이루는 경우가 많았다. 모두 몸이 허약하거나 피로한 때라고 할 수 있다. 어찌되었든 이순신의 몸 상태는 말이 아니었던 것이다. 그럼 이순신은 자신의 병에 대해서 어떻게 치유했을까. 앞에서 총상 당한 부위를 뽕나무 물과 잿물로 씻어내는 것을 보았다. 이 외에 침과 뜸이 주로 사용되었고 여기에 약간의 한방에서 쓴 생약재를 사용한 모양이다.

- 1593년 6월 10일(양력 7월 8일) 뜸 스무 닢을 떴다.
- 1594년 5월 7일(양력 6월 24일) 기운이 편안한 것 같다. 침 열여섯 군데를 맞았다.
- 1596년 2월 28일(양력 3월 26일) 일찍 침을 맞았다.
- 1596년 4월 19일(양력 5월 15일) 습열濕熱: 습기로 일어나는 열로 침 스무여 곳을 맞았다. 몸에 번열煩熱: 열이 나고 가슴이 답답함이 나는 것 같아 종일 방에서 나가지 않았다.
- 1597년 7월 12일(양력 8월 24일) 이희남이 사철쑥더위지기, 생당쑥: 입추 때에 베어 말려 냉, 황달, 습열, 간장염 등의 한약재로 씀 백 묶음을 베어 왔다.

　몸에 습열이 있으면 날이 흐리거나 비가 오려고 할 때 몸이 아파 오는 것이 특징이다. 열이 많고 잠을 자지 못하는 것을 보고 일부에서 결핵일 것이라는 의견이 제기되기도 하지만 이순신이 기침을 많이 하거나 가래가 많았다는 사실은 드러나지 않는다. 더구나 정유년 이후의 일기를 보면 이순신이 정유년 이전에 보였던 열 증상이 안 보이게 된다. 습이 너무 많아지면 얼굴이 푸석푸석 부어오를 뿐만 아니라 자꾸만 눕고 싶고 피곤도 많이 느낀다. 이순신은 바다의 습기 때문에 그러한 경향이 보일 수 있는데 그만큼 몸이 안 좋아졌다는 것을 의미한다. 습열은 높은 열과 땀이 나며 가슴이 답답하고 설태가 두껍게 끼는 증상을 일으킨다. 이순신이 보이는 열과 답답한 증상은 아마도 많은 부분 이 습열 때문인 것으로 보인다. 또한 이희남이 사철쑥을 가지고 온 것을 보면 습열이나 간장염의 증세에 대한 약재로 사용하려 한 것으로 보인다. 해안의 사철쑥은 약효가 좋은 것으로 알려져 있는데 『난중일기』에 나오듯이 "사철쑥이 백 묶음"이나 되었다면 이것은 이순신이 중증이었음을 나타내는 것이다.

이순신이 한동안 목욕을 자주 하는 장면이 나온다. 1596년 4월에서 5월에 이르러 목욕하는 기록이 9일이나 되는데 하루에 몇 번씩도 한다. 이런 잦은 목욕은 혈액 순환을 좋게 하며 간장의 피로를 풀어주는 것인데 아마도 습열이 쌓인 것을 그런 식으로 풀었던 모양이다. 목욕은 긴장 등을 풀어주므로 스트레스 해소에도 도움이 되었을 것이다.

이렇게 이순신은 눈앞의 왜적뿐 아니라 많은 병과 싸우고 있었다. 몸이 그 지경이면서도 많은 공무와 전략, 전투 수행, 지역의 살림살이, 아버지로서, 아들로서의 고민을 감당하고 있었고, 그런 그의 몸을 지켜주거나 낫게 하는 탁월한 약이나 치료법은 마땅하지 않았다. 건강하고 건장한 그를 기억한다는 것은 무장 이순신의 고통을 외면하고 간과하는 것이 된다. 이순신을 신화화하는 것은 이렇게 이순신을 두 번 죽이는 일이 되는 것이다. 이순신 주변의 인물들에 대해 보면 그 이력을 알 수 없어 궁금증을 자아내는 경우가 많은데 1593년 8월의 일기에 이순신의 건강을 돌보던 의원의 이름이 기록되어 있다. 그러나 이순신에게나 역사에서 매우 중요한 인물이지만, 그에 대한 기록이나 평가도 없어 안타깝게 한다.

- **1593년 8월 초2일(양력 8월 27일)** 아들 염(苒)이 아픈 데가 곪아서 종기가 되었는데, 침으로 쨌더니, 고름이 흘러 나와, 며칠만 늦었더라면 고치기 어려울 뻔했다고 한다. 큰일 날 뻔했다. 지금은 조금 생기가 났다 하니, 다행이다. 의사 정종(鄭宗)의 은혜가 매우 크다.

2) 술의 철학

> 그대에게 술 한 잔 권하노니 마음 편히 지내시게.
> 세상 인정 뒤집어지는 것이 파도와 같아 오래도록
> 사귀어온 사이에도 경계심 여전하고
> 먼저 높이 되면 자기를 따르던 자를 비웃는다네.
> 풀빛은 가랑비라도 내려야 젖게 마련이고
> 꽃가지 몸이 트려는데 봄바람은 아직 차갑네.
> 세상일 뜬 구름만 같으니 물어 무엇하리.
> 조용히 지내며 맛있는 것 맘껏 먹느니만 못하다네.
> — 왕유, 배적에게 술 따르며

사람들은 술을 마셔도 실수하지 않는 사람이 이순신일 것이라고 생각하겠지만 이순신은 술 때문에 토하기도 하고 술 때문에 잠도 못자고 괴로워도 했으며 다음날 숙취로 밖에 나가지 못하기도 했다. 또한 술기운에 배를 타기도, 공무 시간에 술을 마시기도, 다른 장수들과 낮에 술을 마시면서 환담을 하기도 했다. 만약 지금 이러한 일이 있다면 난리가 날 일이지만 또 한편으로 보면 술은 이순신의 괴로움과 슬픔을 달랬고, 인간관계의 시작이자 매듭의 풀이였다. 이순신의 음주를 담은 일기 내용은 약 90여 회이다.

임란이 일어났던 1592년에는 거의 술을 마시지 않았다. 2번의 음주 장면은 모두 관내를 순찰하다가 그 지역에서 먹는데 전투가 가장 많은 해였기 때문에 더욱 술을 먹지 않은 것으로 보인다. 그런데 1593년부터 술자리가 늘어난다. 이것은 아마도 본격적인 전쟁 중에 많은 장수들이나 사람들이 모여 들었기 때문인 것으로 보이는데 특히 한산도의 통제사 진영 그리고 활터 주변에서의 음주 장면이 자주 있다. 음주 장면이 가장 많이 나오는 해는 1596년인데 다시 1597년에는 음주 장면이 많지 않다. 그럼 이순신은 술을 즐겨 마시는 타입일까? 『난중일기』의 기록대로라면 이순신은 술을 그렇게 즐겨 마시지는 않았다. 혼자서 술을 마시는 장면이 없고 반드시 다른 사람들과 함께 마시는 장면만이 있다. 또한 공무상으로 술을 마시는 장면이 많은데 예를 들면 아랫사람이 술을 가지고 왔다거나 누구를 전별하고 위로하면서 술자리를 마련하는 것이 대표적이다.

이순신의 주량은 어떻게 될까? 미루어 짐작해보면 이순신은 술을 많이 마시지 못했던 것으로 보인다.

- 1593년 6월 11일(양력 7월 9일) 그 길로 우수사의 배에 갔더니, 가리포 첨사, 진도군수, 해남현감 등이 우수사와 같이 술자리를 베풀었다. 나도 몇 잔 마시고서 돌아왔다.
- 1593년 6월 21일(양력 7월 19일) 새벽에 진을 한산도 망항포閑山島 望何應浦로 옮겼다. 점심을 먹을 때 원연이 왔다. 우수사도 청해서 같이 앉아 술을 몇 잔 마시고 헤어졌다.
- 1594년 5월 초6일(양력 6월 23일) 우수사도 왔다. 술을 세 순배 돌렸다가 상을 물리고 돌아갔다.
- 1594년 8월 초2일(양력 9월 15일) 저녁나절에 수루 위로 옮겨 앉아 충청수사, 순천부사 및 마량첨사와 함께 이야기하며 새로 빚은 술을 몇 잔 마셨다. 비가 종일 내렸다.
- 1595년 7월 초10일(양력 8월 15일) 조방장 박종남도 왔다. 술 두어 잔을 마셨더니, 몹시 취했다.

이순신의 주량은 대개 서너 잔이면 족했던 것 같다. 1594년 7월 25일에는 술을 마시고 토한 기록도 나온다. 이날의 일기를 보면 "하천수 편에 장계를 보냈다. 아침 식사를 하고 충청수사 순천부사 등과 함께 우수사에게 가서 활 열 순을 쏘았다. 몹시 취해 돌아왔는데 밤새도록 토해냈다"고 되어 있다. 1597년 8월 21일 일기에는 "토하기를 10여 차례나 했고 밤을 앉아서 새웠다"고 했다. 한편으로 이순신이 만취하거나 그 때문에 한밤에 쪼그리고 앉아 토하고 있는 모습을 생각해보면 오히려 인간적으로 보인다. 그러나 이순신은 술에 취해서 흐트러지는 모습을 싫어했다.

- 1593년 2월 14일(양력 3월 16일) 증조부의 제삿날이다. 이른 아침에 본영 탐후선이 왔다. 아침밥을 먹은 뒤에 삼도의 군사들을 모아 약속할 적에 영남수사원균는 병으로 모이지 않고, 전라좌우도의 장수들만이 모여 약속하는데, 다만 우후가 술에 취하여 마구 지껄이며 떠드니, 그 기막힌 꼴을 어찌 다 말하랴. 어란포만호 정담수, 남도포만호 강응표도 역시 그러했다. 이렇게 큰 적을 맞아 무찌르는 일로 모이는 자리에 술이나 만취되어 이렇게까지 되니, 그 인물됨이야 더욱 말로 나타낼 수가 없다. 통분함을 이길 길이 없었다.

우후가 취하여 마구 지껄이는 것을 비판하고 있다. 이순신의 단아한 이미지를 생각한다면 이러한 일기 내용은 충분히 짐작이 간다. 이순신이 술 취한 장수를 못마땅해 하는 것은 한 번이 아니다. 그 대상의 대부분은 다름 아닌 원균이다. 『난중일기』를 보면 이렇게 술을 마구 마신 사람 중에 대표자는 원균으로 되어 있다. 사실 원균과 이순신이 앙숙이었다고는 하지만 많은 술자리를 가졌다. 1593년까지 같은 수사이기도 했고 경상도 지역 수군과 그 방비를 책임지는 장수였기 때문에 회의나 이야기를 많이 했고 이것이 술자리와 연결되었던 것이다. 이순신은 술을 얼마 마시지 않았고, 마셨어도 조용히 마셨지만 원균은 그 반대였다. 원균은 술을 마셔도 많이 마셔서 만취하거나 인사불성이 되도록 마시는 타입이었다. 한국 사람들의 전통적인 기준으로 보면 오히려 원균을 남자답다고 할 수도 있다. 『난중일기』를 보면 원균은 주사도 심했던 것으로 그려진다.

- 1593년 5월 14일(양력 6월 12일) 나는 우수사(이억기)의 배에 옮겨 타고 선전관과 이야기하며 술을 두어 순 배 돌리자, 영남우수사 원균이 나타나 술을 함부로 마시고 못할 말이 없으니, 배안의 모든 장병들이 분개하지 않는 이가 없다. 그럴 듯이 속이는 것도 말할 수 없을 지경이다.
- 1593년 3월 11일(양력 4월 12일) 아침밥을 먹은 뒤에 원균 수사와 이억기 수사도 왔다. 같이 이야기 하고 술도 마셨다. 원균 수사는 몹시 취하여 동헌으로 돌아갔다.
- 1593년 6월 11일(양력 7월 9일) 아침에 적을 쳐부수자는 공문을 작성하여 영남우수사 원균에게 보냈다. 술에 취하여 정신이 없더라고 한다. 이를 핑계 삼아 대답이 없었다.
- 1594년 2월 11일(양력 4월 1일) 식사를 한 뒤에 활터 정자로 올라가니, 경상우수사(원균)가 와서 봤다. 술 열 잔을 마시니 취하여 미친 말을 많이 했다. 우습다. 우조방장도 왔다. 같이 취했다.
- 1594년 4월 12일(양력 5월 31일) 순무어사 서성이 내 배에 와서 이야기 했다. 우수사(이억기), 경상수사(원균)·충청수사(구사직)가 함께 왔다. 술이 세 순배 돌자, 경상수사 원균은 짐짓 술 취한 척하고 미친 듯이 날뛰며, 억지소리를 해대니, 순무어사도 무척 괴이쩍어 했다.

- 1594년 7월 19일(양력 9월 3일) 점심을 먹은 뒤에 경상 원 수사가 혼자서 술 한 잔을 올리는데, 상은 무척 어지럽건만 한 가지라도 아래쪽 힘쓸 것이 없었다. 우습고 우스웠다.
- 1594년 9월 초4일(양력 10월 17일) 저녁나절에 경상수사 원균이 와서 이야기하자고 했다. 그래서 활터 정자로 내려가 앉아 활을 쏘았다. 원균 수사가 아홉 푼을 져 술이 취해서 갔다.

1593년부터 1594년 사이 이순신은 원균과 잦은 술자리를 했지만 원균은 술에 취해 술주정이 심했던 것으로 나타난다. 이때의 원균은 이순신에게 경상도 지역, 특히 부산 지역으로 자주 출동하자고 했다. 술자리에서도 이런 요청들을 한 모양이다. 출동하지 않는다고 주사를 부렸다면 이를 이순신이 미친 소리나 해괴한 소리라 했을 법하다. 술버릇을 보더라도 원균은 이미 이순신과 성격이 달랐다. 흔히 장수의 성격이라고 여겨지는 이미지는 원균이 맞았다. 다만 호령하고 돌진하는 장수가 전부는 아니다. 오히려 해전에서는 이순신과 같은 성격이 더 유리할 수 있다. 하지만 원균의 술버릇과 단순 비교하여 이순신이 반드시 좋은 술버릇을 지녔다고 할 수는 없다. 이렇게 절조만 있었던 게 사실대로라면 깊은 인간관계를 만들기 힘들지 않았을까.

이순신은 대개 술을 서너 잔 먹는 것에 그치지만 취하도록 마시는 경우도 있었다. 그런데 이러한 모습은 임진왜란이 일어나기 전이나 초반에는 보이지 않다가 시간이 지날수록 이순신은 술을 많이 마시게 된다. 대표적으로 취한 기록을 길게 정리해 보면 술자리 풍경에서 여러 가지를 느낄 수 있다.

- 1594년 7월 5일(양력 8월 20일) 우수사 충청 수사가 같이 왔다. 여도만호

는 술을 가져와 같이 마셨다. 활 십여 순을 쏘았다. 너무 취해서 수루에 올랐다가 밤이 깊어서야 헤어졌다.

- 1594년 9월 12일(양력 10월 25일) 우수사, 충청수사가 함께 왔다. 장흥부사가 술을 내어 함께 이야기하다가 몹시 취해서 헤어졌다.

- 1595년 3월 20일(양력 4월 29일) 그 길로 우수사에게로 가서 몹시 취하고, 저물어서 돌아왔다.

- 1595년 5월 25일(양력 7월 2일) 경상수사, 우수사, 충청수사가 모여서 같이 활 아홉 순을 쏘았다. 충청수사가 술을 내어 몹시 취하여 헤어졌다.

- 1595년 7월 25일(양력 8월 30일) 충청수사의 생일이라 음식을 마련하여 왔다. 우수사 경상수사 및 조방장 신호申浩 등과 함께 취하여 마구 이야기했다.

- 1596년 2월 초5일(양력 3월 3일) 저녁나절에 삼도의 여러 장수들을 불러 모아 위로하는 음식을 먹이고, 겸하여 활을 쏘고 풍악을 잡히다가 취하여 헤어졌다.

- 1596년 2월 16일(양력 3월 14일) 장흥부사, 우우후, 가리포첨사가 와서 같이 활을 쏘았다. 군관들은 지난날 승부내기에서 진 편이 한턱내었는데 몹시 취하여 헤어졌다. 이날 밤은 너무 취하여 잠을 이룰 수가 없어 앉았다, 누웠다 했다.

- 1596년 2월 19일(양력 3월 17일) 경상수사 권준이 왔다. 장흥부사, 웅천현감, 낙안군수, 흥양현감, 우우후, 사천현감 등과 같이 부안에서 온 술을 끝까지 다 마셔 버렸다.

- 1596년 3월 5일(양력 4월 2일) 아침밥을 먹고 난 뒤에 잘못된 것을 말하니 우수사이억기는 사과를 마다하지 않았다. 그 일로 술을 마시고 잔뜩 취하여 돌아왔다. 그 길에 이정충의 장막으로 들어가 조용히 이야기

하는데 취하여 엎어지는 줄도 깨닫지 못했다. 비가 많이 쏟아지므로 먼저 배로 내려가니, 우수사는 취하여 누워서 정신을 못 차려서 말을 못하고 왔다. 우습다.

- 1596년 3월 8일(양력 4월 5일) 식사 뒤에 나가 앉아 있으니, 우수사·경상수사, 좌수사, 가리포첨사, 방답첨사, 평산포만호, 여도만호, 우우후, 경상우후, 강진현감 등이 와서 같이 종일 몹시 취하여 헤어졌다.

- 1596년 3월 10일(양력 4월 7일) 아침에 다시 좌수사를 청했더니 와서 작별의 술잔을 나누니 온종일 무척 취하여 나가지 못했다.

- 1596년 4월 8일(양력 5월 4일) 저녁 나절에 들어가 마주 앉아 부찰사와 같이 마주하여 술을 마시니 몹시 취하였다.

- 1596년 4월 16일(양력 5월 12일) 우수사, 경상수사도 같이 앉아서 아우 여필이 가져온 술로 취했다. 가리포첨사, 방답첨사가 같이 마셨는데, 밤이 되어서야 헤어졌다.

- 1596년 4월 21일(양력 5월 17일) 아침밥을 먹은 뒤에 경상도의 진으로 가는 길에 우수사의 진에 들러 같이 갔다. 경상수사를 맞아주며 종일 활을 쏘았다. 잔뜩 취해서 돌아왔다.

- 1596년 5월 5일(양력 5월 31일) 일찍이 아침밥을 먹고 나가 앉아 있고, 회령포만호가 교서에 숙배한 뒤에 여러 장수들이 와서 모였다. 그대로 들어가 앉아서 위로하고 술을 네 순배 돌렸다. 경상수사가 술이 거나하게 취했으므로 씨름을 시켰더니, 낙안군수 임계형이 으뜸이다. 밤이 깊도록 이들에게 즐겁게 마시고 뛰놀게 한 것은 내가 즐겁고자 한 것이 아니라, 오랫동안 고생한 군사들의 노고를 풀어 주려 한 것이었다.

- 1596년 6월 4일(양력 6월 29일) 식사를 한 뒤에 나가 앉았는데, 가리포첨사, 임치첨사, 목포만호, 남도포만호, 충청우후 및 홍주판관 등이

왔다. 활 일곱 순을 쏘았다. 우수사가 와서 다시 과녁을 그리고 활 열두 순을 쏘았다. 술에 취하여 헤어졌다.

- **1596년 9월 19일**(양력 11월 8일) 이날 아침 광주목사최철견가 와서 같이 아침 식사를 했다. 이어서 술이 나와 밥을 먹지 않아서 취해버렸다. 광주목사의 별실에 들어가 종일 몹시 취했다.

- **1597년 4월 초1일**(양력 5월 16일) 옥문을 나왔다. 지사 윤자신이 와서 위로하고 비변랑 이순지가 와서 보았다. 슬퍼지는 마음을 이길 길이 없다. 지사가 돌아갔다가 저녁밥을 먹은 뒤에 술을 가지고 다시 왔다. 윤기헌도 왔다. 정으로 권하며 위로하니 사양할 수 없어 억지로 마시고서 몹시 취했다. 이순신이 술병 채로 가지고 와서 함께 취하며 위로해 주었다.

- **1597년 8월 15일**(양력 9월 25일) 저녁에 밝은 달이 수루 위를 비추니 심회가 편치 않았다. 술을 너무 많이 마셔 잠을 자지 못했다.

- **1597년 12월 18일**(양력 1월 24일) 해는 어제 취한 술이 깨지 않았는데도 오늘 새벽에 출항했다. 마음이 편하지가 않다.

1596년에 이르러 이순신은 약 12회에 걸쳐서 많이 취했다고 기록했다. 다른 해에는 볼 수 없었던 모습들이다. 이순신이 1596년에 집중해서 술을 많이 마신 것은 어느 정도 전쟁이 끝나가고 있었기 때문일 수 있다.

그럼 이순신은 어떤 술을 마셨을까. 『난중일기』에 정확한 술의 명칭은 나오지 않지만 과하주(過夏酒)를 마신 기록이 나오는데 일종의 약주라고 해서 마셨다고 한다.

- **1594년 7월 27일**(양력 9월 11일) 충청 수사가 과하주여름을 지내도 시어지지 않는 약

주를 가지고 왔다. 나는 몸이 불편하여 조금 마셨다. 역시 좋아지지 않았다.

과하주는 약주에 소주를 섞어 빚는 술이다. 말 그대로 여름을 지나도록 만든 술로 무더운 여름을 탈 없이 날 수 있는 술이라는 뜻에서 붙여진 이름이다. 소주는 독하고 약주는 알코올 도수가 낮아서 변하기 쉬워 둘을 섞은 데서 비롯했다.

과하주 가운데 유명한 것은 김천 과하주로 알코올 13~14도 정도고 독특한 향기와 맛이 좋아 조선시대에는 왕께 진상하기도 했다. 김천 과하주는 일제강점기까지 큰도가(김천주조회사)에서 빚었고, 맛은 국내뿐만 아니라 일본에까지 알려졌다고 하는데 만드는 시기는 우수와 경칩 사이가 최적기고 정월 보름에 빚어 4월 8일경에 마신다고 한다. 이 술이 약주로 마신 술이라면 보통 때는 어떤 술을 마셨을까? 유성룡의 『징비록』에는 이순신이 소주를 마신 장면을 다음과 같이 묘사하고 있다.

> 통제사는 갑옷을 입은 채 전고(戰鼓)를 베고 누웠다가 갑자기 일어나서 좌우의 사람들을 불렀다. 그리고는 소주를 가져오게 하여 한 잔을 마셨다.(取燒酒來飮一盃) 그리고는 여러 장수들을 모두 불러 앞에 오게 한 다음 이렇게 말했다. "오늘 밤은 달이 밝소. 왜적은 간사한 꾀가 많으니 달이 없을 때는 틀림없이 습격해오는데 달이 밝으니 습격을 해올 것이오. 경비를 엄중히 하지 않을 수 없소" … 한참 후에 척후선이 적의 내침을 알렸다.

이순신이 이렇게 한밤에 술을 내오게 했는데 그 술이 소주라면 평소에 마신 술이 소주였을 가능성이 크다. 그런데 이순신에게 술을 많이 마시는 것은 좋지 않았다. 앞에서도 보았지만 이순신은 습열로 고생했다. 술은 매우 성질이 뜨거워서 과음하면 간에 습열(濕熱)을 생기게 한다. 이순신을 괴롭힌 습열을 더욱 악화시켰을 것으로 보인다. 간의 습열을 없애는 한약으로는 인진호라는 사철쑥이다. 항 바이러스작용이 있고 지방 대사를 촉진하여 간염, 지방간 등에 효과가 있다. 『난중일기』를 보면 사철쑥을 부하들이 베어 바쳤던 것을 앞에서 보았다.

『난중일기』에서 이순신 혼자 술을 마신 장면은 볼 수 없다. 혼자 달빛이 좋아서, 잠이 오지 않아서 술을 마셨다는 기록이 없는 것이다. 마실만한데도 말이다. 어르신들이 술을 가르칠 때 '혼자는 절대 마시지 말라'는 주도를 이순신이 제대로 지킨 셈이다. 이순신은 항상 주위의 장수들이나 부하들과 술자리를 같이 했으며 때때로 활쏘기 내기를 하면서 술을 마시고는 했다.

1595년 정월 10일 일기를 보면 "순천 부사(=이순신의 부하 장수인 권준·權俊)도 공사(公私)간의 인사를 하려는 것을 잠시 보류했다가 조금 뒤에 불러들였다. 이들과 함께 좌석에 앉아 술을 권할 때 말이 매우 잔혹하고 참담했다."(順天公 私禮, 姑留之, 而有頃招入, 同坐饋酒之際, 言辭極兇慘.) 술자리에는 언제나 마음에 들지 않는 사람도 있는 법이고, 이순신도 그러한 감정이 빈번하게 있는 인간이었다. 조용히 술을 마시던 습관의 그도 전쟁의 막바지에서는 자주 취하고 떠들었다. 그동안 고생했던 격군들, 사부, 병사, 장수들이 흥겹게 술자리를 하며 그들의 노고를 치하했을 것이다. 또한 이는 단순히 이순신 개인만이 그런 것이 아니라 당시 진중에는 연회나 회식 자리가 많았다. 이 자리들을 미루어 보면 절제된 장수의 모습이라기보다는 보통 아저씨의 이미지가 느껴진다. 이제 모든 것이 끝나고 이순신은 그가 세운 공을 인정만 받으면

되었다. 그렇게 1596년이 가고 있었다. 하지만 1596년 12월에서 1597년 1월 사이 왜군은 다시 쳐들어왔고, 이것이 정유재란이다.

    이순신의 기분 좋은 술자리는 더 이상 보이지 않는다. 1597년 이후에 마시는 술은 애달프게도 이순신에게 회한과 위로의 술이었다. 정유재란 이전의 흥겨웠던 술자리는 그와 친했던 장수들 중에 죽은 사람도 많고 이순신이 이미 투옥의 경험으로 심신이 망가질 대로 망가져 있었기 때문이다. 술을 받아주는 사람들마저 없고 이미 진중은 완전 패배와 희망의 사라짐 속에 잠겨 있었다. 때로는 술자리가 기분 좋은 사람과 마시는 것만은 아니었다. 그러나 이순신이 이 와중에 잊지 못할 슬프고도 감동적인 술잔은 아마도 일반 백성들이 따라준 술일 것이다. 그것은 우리의 가슴에도 잊혀지지 않는 술이다. 아직 죄인의 몸이었으니 말이다. 술이며 노래며 모두 슬픔을 위한 반주였으니······.

- 1597년 4월 9일(양력 5월 24일) 동네 사람들이 술병 채로 가지고 와서 멀리 가는 길을 위로해 주므로 정리상 거절하지 못해 받아 마시니, 매우 취해 헤어졌다. 홍군우는 노래 부르고 이별좌도 노래 불렀다. 나는 노래를 들어도 조금도 즐거울 겨를이 없었다. 금부도사는 잘 마시면서도 실수함이 없었다.
- 1597년 8월 9일(양력 9월 19일) 관청과 창고가 모두 다 타버리고 관리와 마을 사람들이 흐르는 눈물을 가누지 못하고 말했다. 점심을 먹은 뒤에 길을 떠나 십리쯤 오니, 길가에 동네 어른들이 늘어서서 술병을 다투어 바치는데, 받지 않으면 울면서 억지로 권했다.

3) 여인을 사랑한 남자

서양사에 등장하는 영웅 또는 정치 · 예술가 등의 위인들에 대한 이야기를 접하다 보면 자연스럽게 그들의 가정생활 또는 여성과의 관계도 등장한다. 특히 남녀 문제에 관해서 의외로 사실들을 숨기지 않는 솔직한 기록을 보면 더욱 흥미롭다. 이것이 서양과 동양의 차이, 특히 조선시대 문화적 전통의 사상에서 비롯된 위인을 기록하는 시각적 차이가 아닐까 한다. 그렇게 차이가 나는 것은 위인을 평가하고 받아들이는 대중 역시 자신들이 살아온 역사의 터전 위에서 뿌리내리고 있기 때문에 동 · 서양의 차이를 자연스럽게 인정하며 역사를 보기 때문이다. 이것은 역사 속 인물에 대한 사고와 행동, 심리를 온전히 이해하고 있는 것이라 하겠다.

이순신은 가부장제 사회 속에서 살았던 인물이다. 그러한 사회에서 가부장제의 성 풍속을 벗어난다고 생각하는 것은 무리인지 모른다. 이러한 점을 제대로 지적하지 않는 것은 이순신이라는 인물 자체를 잘못 인식하게 할 수 있기 때문이다. 이제 이순신의 여인들을 간략하게 살펴보려 한다. 일단 이순신은 부인 방씨에게 각별한 정을 보였다.

- 1593년 8월 29일 이날 아침 탐후선이 들어왔는데, 아내의 병이 몹시 위독하다고 했다. 벌써 죽고 사는 것이 결판났는지 모르겠다. 나라 일이 이 지경에 이르렀으니, 다른 일은 생각이 미칠 수 없다. 그러나 아들 셋, 딸 하나가 어떻게 살아갈고! 쓰리고 아프구나.

나라 일이 바쁜 와중에 병든 아내의 소식을 듣고 탄식하는 이순신의 마음을 짐작할 수 있다. 또한 『난중일기』는 부인의 병이 걱정되어

점치는 장면도 나온다.

- 1593년 9월 1일 앉았다 누웠다 하면서 잠을 이루지 못하여 촛불을 밝힌 채 이리 저리 뒤척였다. 이른 아침에 손 씻고 고요히 앉아 아내의 병세를 점쳐보니, 중이 환속하는 것과 같고, 다시 쳤더니, 의심이 기쁨을 얻은 것과 같다는 괘가 나왔다. 아주 좋다. 또 병세가 덜해질지 어떤지를 점쳤더니, 귀양 땅에서 친척을 만난 것과 같다는 괘가 나왔다. 이 역시 오늘 중에 좋은 소식을 들을 조짐이었다.

아내의 병세가 얼마나 불안했으면 걱정되어서 안절부절 밤새 잠을 자지 못하고 새벽에 일어나 점을 치고 좋은 점괘가 나온 것이 실제로 맞았는지 아내의 병이 나아가는 소식을 듣게 된다.

1593년 9월 2일 일기를 보면 "저녁에 탐후선이 들어왔는데, 아내의 병이 좀 나아졌다고 했는데 원기가 몹시 약하다고 하니 염려스럽다"고 되어 있다. 병세가 호전되었다는 소식을 들었음에도 여전히 부인을 염려하는 지아비 이순신의 마음을 읽을 수 있다. 이 밖에도 1595년 5월 16일 일기에 "아내는 실수로 불을 낸 뒤로 마음이 많이 상하여 담천이 더해졌다고 한다"는 내용이 나온다. 여기에서 담천(痰喘)은 가래가 끓어서 숨이 찬 것을 말한다. 이 달에 아내가 불을 내서 집안이 타는 사고가 일어났다. 이 때문에 온양 방씨가 마음 상해하고 있는 것을 일기에 적고 있다. 온양 방씨는 이순신보다 두 살 아래인 1547년 8월 10일 생이다. 이순신은 충과 효를 잘 따랐다고 일컬어진다. 뿐만 아니라 아들에 대한 근심과 보살핌이 극진했던 것으로도 잘 알려져 있고 절조가 있어서 부인에게도 잘한 것으로 알려져 있다. 그런데 이런 이순신에게도 본부인 외에 첩이 있었는데 부안 사람이라고

만 전해진다.

- 1594년 8월 2일초 하루 한밤중에 꿈을 꾸었는데, 부안 사람이 아들을 낳았다. 달수를 따져보니 낳을 달이 아니었다. 그래서 꿈이지만 내쫓아버렸다.

『난중일기』에서 부안 사람, 즉 첩에 대한 더 이상의 언급은 없다. 그럼 이순신은 당시의 성 풍조에 대해서 어떻게 생각하고 있었을까? 1593년 7월 3일 일기를 보면 "음란한 계집을 처벌했다"는 내용이 나오고, 1595년 6월 24일에는 "(전라)우도의 각 고을과 포구에 부정 사실을 조사했다. 음탕한 계집 열두 명을 잡아다가 그 대장을 아울러 처벌했다"고 되어 있다. 앞의 일기는 음란한 행동을 한 여자를 처벌한 것으로 보이는데 간통일 경우에는 상대 남자가 있어야 하는데 없는 것으로 보아 풍기 문란이거나 매매춘일 수 있다. 두 번째 일기에서는 대장을 처벌했다는 것으로 보아 일종의 포주가 이끄는 매매춘을 단속하고 처벌한 것으로 보인다. 『난중일기』에 음란한 여자에 대한 처벌은 있으나 음란한 남자에 대한 처벌은 나오지 않는다. 그러나 장수들이 여자와 노는 것에 대해서 부정적인 견해의 피력이 많다.

- 1593년 5월 30일 남해현령 기효근이 배를 내 배 옆에 대었는데, 그 배 안에 어린 계집을 태우고 남이 알까봐 두려워한다. 가소롭다. 이 나라가 위급한 때를 맞았는데도 미인을 태우고 놀아나니 그 마음 씀씀이야 무엇이라고 말로 표현할 수가 없다. 그러나 그 대장 원균 수사부터 역시 그러하니 어찌하랴!

1595년 정월 27일 일기에는 "오늘이 바로 (맏아들) 회가 혼례를 올리는 날이니, 걱정하는 마음이 어떠하겠는가. 장흥 부사가 술을 가지고 왔다. 그의 서울에 있는 첩들을 자기의 관부(官府)에 거느리고 왔다고 하니, 더욱 놀랍다"라고 되어있다. 사사로이 첩을 거느리는 관리의 행태에 대해서 비판하고 있다.

1596년 2월 11일 일기에는 "막 해 떨어질 무렵 영등포만호가 그 소실을 데리고 술을 들고 와서 권했다. 나이 젊은 계집도 왔는데 놔두고 돌아갔다." 이순신을 보살피라고 영등포만호가 자신이 데리고 온 젊은 여자를 남겨둔 것으로 보인다.

1596년 3월 23일 일기에는 "초저녁이 지나 영등포만호가 그의 어린 계집을 데리고 술을 가져 왔다고 했다. 나는 거들떠보지 않았다."는 내용을 적고 있다. 이순신은 이러한 접대에 대해 부정적인 태도를 보였지만, 이순신이 본부인이나 첩 외에 다른 여자들과 어울리지 않은 것은 아니며 단순히 어울리는 정도에 그치지 않은 적도 있다. 1594년 2월 24일 일기에서 이순신은 이렇게 적고 있다.

> 우수사 이억기 영감, 순천부사, 가리포첨사, 진도군수 성언길과 노는 계집을 빼놓고서 조용히 이야기했다.

노는 계집은 관기를 의미하는 것으로 이순신도 다른 장수들과 마찬가지로 관기들과 같이 평소에는 어울렸다는 것을 알 수 있다. 1594년 9월 23일에는 "초저녁에 복춘(復春)이 와서 사사로운 이야기를 하다가 닭이 운 뒤에야 돌아갔다"고 되어있는데, 복춘은 관기일 것으로 짐작 된다. 또 1596년 3월 9일 일기에는 "개(介)와 같이 잤다"는 내용이 들어있다. 이순신의 집안에는 김개라는 종이 있었지만 이 사람은

『난중일기』 기록상 1595년 죽는다. 여기에서 개는 여자 종으로 생각할 수 있다.

1596년 9월 19일 일기에는 "최철견의 딸 최귀지(崔貴之)가 와서 잤다"는 내용이 있는데 최귀지는 최철견의 서녀이다. 이 일기의 내용은 나중에 영조시대에 편집한 『이충무공전서』본 『난중일기』에는 나오지 않는다. 일부러 뺀 것으로 보인다. 부하가 바친 그의 서녀를 이순신이 취했다는 것을 말하기 때문인 듯싶다.

그런데 1596년 6월 2일 일기에 아주 이상한 내용이 하나 들어있다. "아침에 우후가 방답첨사에게 갔다. 비인현감 신경징이 나갔다. 이날 아랫도리 속옷을 벗겨서 아래에다 넣었다"는 내용이다. 밑줄 친 내용의 원문은 피군조하(皮裙造下)인데 이은상은 가죽으로 앞치마를 만들었다고 번역했으며 최두환은 군(裙)이 여자가 입는 아랫도리 겉옷 내지는 속옷, 가랑이 없는 치마라는 뜻을 들어 여자관계가 아닌가하고 문제 제기하고 있다. 즉 마음에 두고 있는 여자의 속옷을 몸에 넣었다는 것이라고 본 것이다.

삼도수군통제사가 가죽으로 만든 앞치마를 난데없이 둘렀다는 것도 이상하지만 여자 속옷을 몸에 넣었다는 것도 이상한 일이다. 여자 속옷을 입으면 액화를 막는다는 속설을 믿고 그렇게 한 것인지 아직 뚜렷하게 밝혀진 것은 없지만 군(裙)이 여자의 속옷을 가리키므로 여자의 속옷을 걸쳤다는 점을 배제할 수는 없다. 다른 해석은 여성을 여성 속옷에 비유하여 여성과 잔 사실을 은유적으로 표현했을 수 있다는 것이다. 이순신은 좋아지내는 사람이 없었을까? 1596년 1월 7일 일기를 보면 휘하 장수인 이영남이 좋아지내는 듯한 여인에 대한 언급이 있다. 다음 내용은 『난중일기』 중에 흥미로운 것 중 하나가 아닐까 싶다.

- 1596년 9월 12일(양력 11월 1일) 저녁나절에 길을 떠나 저물 무렵에 무장茂長에 이르렀다. 여진女眞과 잤다.
- 9월 14일(양력11월 3일) 하루 더 묵었다. 여진女眞과 두 번 관계했다.
- 9월 15일(양력 11월 4일) 체찰사가 현무장현에 이르렀다고 하므로 들어가 절하고 대책을 의논했다. 여진과 세 번 관계했다.

이 일기는 지역을 순찰하는 가운데 무장에서 여진이라는 여인을 만나 그 여인과 잠자리를 같이한 내용을 적은 것으로 보인다. 이것은 논란이 있기는 하지만 『난중일기』 중에서 가장 충격적인 장면 가운데에 하나다. 이순신이 다른 여자와 잠자리를 함께 했다는 것이 집중적으로 나타난 것도 그렇지만 성관계 횟수를 표시하고 있기 때문이다. 이렇게까지 하는 것으로 보아 이순신은 여진이라는 여인이 매우 맘에 들었던 모양이다.

한편, 노승석 교수는 '공'(共)의 초서가 스물 입(卄)자와 비슷해 여진과 하룻밤에 20번 잠자리를 한 것으로 오역했다고 지적한 바 있다. 하지만 이 여인이 어떻게 되었는지는 기록에서 사라졌기 때문에 알 수 없다. 이순신의 일기는 1596년 11월부터 다음해 3월까지 없다. 즉 이러한 여진이라는 여인과의 관계가 있고 나서 이순신은 바로 투옥되었다가 백의종군을 한다. 이순신은 그때 이미 내리막길로 향하고 있었고, 여자에 대한 언급은 『난중일기』는 물론 일상에서도 사라진 것이다. 이순신의 성에 대한 인식은 그 당시 다른 관리들이나 남자들과 크게 다른 점이 없었다. 오늘날 페미니즘 운동 차원에서 보면 공격이나 개혁의 대상이 될 것이다. 하지만 기억해야 할 것은 전투가 한참일 때 주색에 빠진 장수가 아니었다는 것이다. 그가 여자를 언급한 기록은 1596년이 많은데 이때는 어느 정도 전쟁이 끝나가고 있었다. 무엇보다 그는 외로운 한 인간이었다는 점이다. 그 외로움을 달래주는 사람이 누가 있었을까.

4) 이순신은 워커홀릭이었나
― 놀이와 이순신

　노는 것을 부정적으로 여기는 사람들은 놀이는 천한 것 혹은 악으로 생각하기도 한다. 어떤 이들은 놀이를 부정적으로 규정하는 것은 강자의 논리이거나 지배하고 있는 통제자, 규제자의 속셈이 작용하는 것이라고 말하기도 한다. 프로이트(Sigmund Freud, 1856~1939)는 『불안과 문명』에서 인류의 문명은 인간의 에로스 즉 놀이, 유희적 요소를 억압하고 성장·발전했다고 지적했다. 그러나 호이징하의 견해에 따르면 이러한 프로이트의 논리는 설 자리를 잃는다. 호이징하는 인간의 모든 것이 놀이와 떼어놓을 수 없으며, 결국 문명은 놀이성의 과정이자 결과물로 보기 때문이다.
　놀이와 노동의 경계는 심리학적 연구결과에 따라 경영학에서 많이 적용시키려고 노력한다. 놀이가 있어야 노동이 잘 되고 노동이 있어야 놀이가 있을 수 있다. 창조성의 증가와 놀이가 연관성이 있고, 그것은 다시 생산성에 연결된다는 전제에 따른 것이다. 그만큼 인간의 활동이 놀이성과 분리될 수 없고 그 자체이다. 무엇보다 놀이는 그 자체가 인간의 모든 것에 생명력을 준다.
　"이순신은 작전을 짜고 전투를 어떻게 할 것인가만 고민했다. 왜적이 침범한 나라, 그리고 임금과 종묘사직의 안위만을 걱정했다."
　이렇게 보면 이순신이 워커홀릭, 일중독 환자는 아니었을까 하는 착각을 하게 한다. 이순신이 한가하게 놀이하는 모습은 어쩐지 어울리지 않아 보인다. 하지만 놀 때 놀아야 사람이다. 이순신도 '놀이하는 존재'인 인간이니 말이다. 이순신은 전쟁 중에도 막간을 이용해서 놀이를 했다. 이순신은 활쏘기, 장기, 바둑, 종정도 놀이 등을 했다. 또한 무신인데도 시에 조예가 있었던 것은 이채롭다. 이것은 모두 유교적 집안 가풍과 소양 때문이다. 이순신의 시가 초서체 『난중일기』나 『이충무공전서』에 여러 편 전한다. 또한 이순신은 다른 사람들과 시 짓기나 시 읊기를 종종했다.

- 1592년 2월 12일 침렵치(沈獵雉)라는 운자를 띄워 보았다. 좌중이 너무 조용했다. 내가 운자대로 짚은 것을 읊어 보니 군관들이 모두 일어나 춤을 추고 그제야 조이립이 시를 읊었다.
- 1595년 8월 15일 오늘 삼도의 사수와 본도 잡색군을 먹이고, 종일 여러 장수들과 함께 같이 취했다. 오늘 밤 으스름 달빛이 다락을 비치니, 잠을 이룰 수 없어 밤새도록 휘파람 불며 시를 읊었다.

그의 시 짓는 수준이 높았음을 간접적으로 드러내려 한 대목이다. 사실 이순신의 시는 여러 편 전해오고 있다.

이순신이 술에 취해 혼자 한산도 수루에 앉아 시를 읊는 모습을 생각하면, 그가 반드시 나라를 걱정하고 국가에 충성하는 시만 지었을 리는 없을 것이다. 그가 읊었을 다른 시들이 사뭇 궁금해진다. 이순신이 여가 시간에 한 것으로는 장기와 바둑을 들 수 있다. 바둑을 두는 장면이 5회에 걸쳐서 나오는데 직접 자신이 둔 것은 2회이고, 3회는 다른 장수들이 두고 있는 것을 보거나 들은 내용을 적고 있다.

- 1593년 3월 12일(저녁) 식사한 뒤에 우수사(이억기)의 사첫방에서 바둑을 두었다.
- 1593년 3월 13일(양력 4월 14일) 우수사 이억기와 첨사 이홍명이 바둑을 두었다.
- 1593년 5월 11일(양력 6월 9일) 저녁나절에 우수사의 진중으로 갔더니, 이홍명과 가리포첨사도 와 있었다. 바둑을 두기도 했다.
- 1594년 6월 3일(양력 7월 20일) 충청수사, 첨사 배경남이 와서 바둑을 두었다.
- 1594년 7월 29일(양력 9월 13일) 순천부사와 충청수사가 바둑을 두는데 구경했다. 몸이 몹시 불편하다. 낙안군수도 와서 같이 했다.

이순신은 바둑보다는 장기를 더 많이 두었다. 당시에 일반 사람들이 장기를 더 즐겨했던 것이나 어린 시절 이순신이 아이들과 어울려 놀았던 것을 생각한다면 오히려 더 서민적으로 보인다. 『난중일기』에는 장기를 둔 기록이 7회 나오는데, 4회는 직접 두고 나머지 3회는 다른 사람들이 장기를 두었다는 내용이 있다. 주로 순천 부사, 전라우수사 이억기, 충청 수사 정걸 등이 바둑과 장기를 자주 두었던 것을 알 수 있다.

- 1593년 3월 18일(양력 4월 19일) 우수사와 장기를 두었는데 이겼다.
- 1593년 8월 12일(양력 9월 6일) 순천부사가 와서 봤다. 우수사가 와서 봤다. 방답첨사 이순신도 왔다. 종일 장기를 두었다.
- 1594년 5월 10일(양력 6월 27일) 저녁나절에 우우후 이정충과 충청수사가 와서 두 사람이 장기를 두었다.
- 1594년 6월 초2일(양력 7월 19일) 나는 곧 몸이 불편하여 돌아가 누워서

충청 수사와 첨사 문길, 배경남이 내기 장기 두는 것을 구경했다.
- 1595년 1월 21일(양력 3월 1일) 이경명과 함께 장기를 두었다.
- 1595년 5월 20일(양력 6월 27일) 수사 선거이, 조방장 권준과 같이 장기를 두었다.

신선놀음에 도끼 자루 썩는 줄 모른다는 말이 있다. 여기에서 신선놀음은 신선들이 바둑을 두며 여유를 즐기는 것이다. 당시의 전황을 보았을 때 마냥 편하게 장기를 둘 수 있는 처지는 아니었을 듯싶다.

1594년 7월 14일 일기에는 "충청수사와 순천부사를 청해 와서 장기를 두게 하고 구경하며 시간을 보냈다. 그러나 근심이 뱃속에 있으니, 어찌 조금인들 편안하랴!" 같은 대목이 많은 것으로 보아 이순신이 다른 장수들처럼 장기나 바둑을 마음대로 즐기고 있지 못한 것을 알 수 있다. 그 외에 씨름 장면들도 나오는데 1594년 9월 21일 일기에는 "어둘 무렵 여러 장수들이 뛰어넘기를 하게하고, 또 사병들로 하여금 씨름을 하게 하다가 밤이 깊어서야 헤어졌다"고 했으며 1595년 7월 15일 일기에는 "경상수사도 와서 같이 이야기하고, 그로 하여금 씨름 내기를 했다"고 되어 있다. 이순신이 이러한 것들을 했다는 내용은 없고, 여러 장수들에게 뛰어넘기나 씨름을 시키고 이것을 즐겼다는 기록이다.

1593년 6월 15일 일기에는 "우수사(이억기), 충청수사(정걸), 순천부사(권준), 낙안군수(신호), 방답첨사(이순신)가 불려 와서 철 맞이 음식을 먹으며 놀다가 저물어서야 헤어졌다"고 되어 있기도 하다. 이순신이 직접 가장 많이 한 놀이 중의 하나는 "종정도(從政圖: 벼슬이름을 품계와 종별을 따라 그려 놓고 윷놀이 하듯이 말을 쓰는 놀이) 놀이"이다. 7회에 걸쳐서 종정도 놀이에 관련한 내용이 나온다.

- 1594년 5월 14일(양력 7월 1일) 영리(營吏)에게 시켜 종정도를 그렸다.
- 1594년 5월 15일(양력 7월 2일) 아전에게 시켜 종정도를 그렸다.
- 1594년 5월 21일(양력 7월 8일) 웅천현감, 소비포 권관이 와서 종정도를 했다.
- 1594년 5월 24일(양력 7월 11일) 웅천, 소비포가 와서 종정도를 놀았다. 해남도 왔다.
- 1594년 6월 4일 9일(양력 7월 21일) 충청수사, 미조항첨사와 웅천현감이 와서 보기에 종정도를 놀게 했다.
- 1596년 병신년 3월 21일(양력 4월 18일) 이날은 너무 심심해서 군관 송희립, 김대복 등을 불러 종정도 내기를 했다.
- 1596년 5월 27일(양력 6월 22일) 충청우후, 좌우후가 이곳에 와서 종정도 내기를 했다.

종정도 놀이는 '종경도 놀이', '승정도(陞政圖) 놀이' 또는 '정경도(政卿圖) 놀이'라고도 했다. 이것은 일종의 '관직 승진 놀이'이다. 이렇게 관직을 가지고 놀이를 만든 것은 단지 관직 따먹기 놀이를 하기 위해서가 아니라 양반의 공부할 과목과 연결되어 있다. 조선시대 양반계층은 보학(譜學)·전고(典故)·관방(官方)을 꼭 공부해야 했다. 보학은 씨족의 연원에 관한 학문인데 족보를 생각하면 된다. 전고는 전례(典例)와 고사(故事), 전거가 되는 옛일, 고실(故實)을 말한다. 그중 관방은 무슨 관청에 어떤 관리가 배치되고, 무슨 관리가 어떤 일을 맡는가 등의 관직 제도, 운영을 말한다. 양반가에서 이러한 관직 관련 정보를 잘 외우고 숙달하게 하려고 게임을 만든 것이 종정도 놀이다. 관직의 서열을 벌여놓고 승진 또는 탈락시키는 오락은 중국 당나라 때 비롯되었다. 그 뒤에 송·원·명을 지나 비슷한 놀이가 퍼졌다고 한다. 조

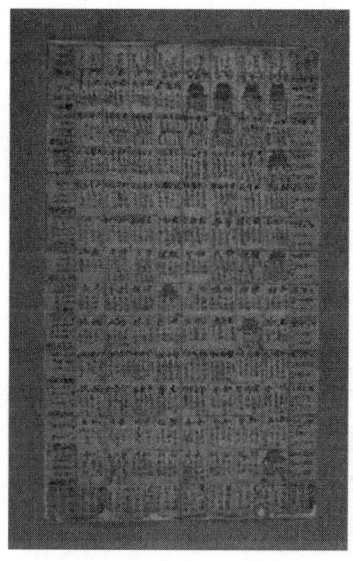

종정도 놀이_도 19

준비물은 관직도표, 종정도 알과 각 색깔의 말이다. 노는 사람은 4명에서 8명까지가 적당하다. 종정도 알은 길이 한 뼘, 굵기 3cm 정도의 윤목으로 다섯 마디의 모를 내고 그 마디마다 1에서 5까지의 눈금을 새긴다. 말은 아무것이라도 좋다. 다만, 구별이 쉽게 되어야 한다. 네 가지의 빛깔을 지니고 다섯 종류를 구분해야하기 때문에 말의 한 개는 누런 바탕에 붉은 테를 지니게 된다.
이순신의 『난중일기』에도 장면이 묘사되어 나오지만 관직도표를 그리는 것이 매우 중요하다. 전체 면적의 4분의 3에 해당하는 공간에는 300여 개의 칸을 만들고 관직명을 써넣는다. 남은 공간에는 놀이 규칙을 쓴다. 관직도표의 사방으로 이른바 외직인 팔도의 감사·경사·수사·중요 고을의 수령을 배치한다. 중앙부의 맨 위에는 정1품을, 다음에는 종1품을 놓고 맨 밑에 종9품이 온다. 벼슬자리를 모두 다 써넣기도 어렵고 지루해질

염려가 있어 품계에 따른 중요 관직만을 넣는다. 전해오는 것 중에는 최저 150여 칸밖에 되지 않는 것도 있으나 최고는 그것의 2-3배 이상도 있다.
놀이 방법은 우선 두 패로 갈라 순서에 따라 방망이를 두 번씩 굴려서 출신을 정하는 것에서 시작한다. 첫 번 굴린 것은 〈출신의 큰 구별〉이고, 두 번째는 〈출신의 작은 구별〉이다. 출신의 큰 구별은 문과 출신, 무과 출신, 은일 출신, 남행 출신, 그리고 군졸 출신 등 다섯 가지이다. 출신의 작은 구별은 증광과, 식년과 등으로 구분된다. 증광과는 경사 때에 임시로 보는 과거이며 식년과는 3년마다 한 번씩 정기적으로 열리는 시험이다. 은일 출신도 한 번 부름을 받은 것과 두 번 받은 것을 구분한다. 남행도 생원이나 진사와 같이 합격 여부를 보며, 군졸도 갑사(甲士)·정병(正兵)으로 나눈다.
큰 출신이 결정되면 각 색의 말을 나눈다. 문과는 빨간 말, 무과는 푸른 말, 남행은 누른 말, 군졸은 흰말 그리고 은일은 누런 바탕에 붉은 테를 두른다. 두 번째 말을 던진 사람은 나온 숫자로 자기 출신의 칸에서 벼슬살이를 한다.
놀이 규칙에는 대표적인 것으로 양사법과 은대법이 있다. 양사는 사헌부와 사간원을 말하는 것인데 이 자리의 사람이 미리 정한 수, 즉 2이면 2, 3이면 3을 얻게 되어 한 사람을 지목하게 되면 지목당한 사람의 말은 움직이지 못한다.
다만, 역시 정한 숫자가 5이면 5, 4이면 4를 얻어야 다른 데로 갈 수 있다. 은대는 승정원으로 이 자리에 있던 사람이 정한 수를 얻으면 당하(堂下)에 있는 모든 말들은 자기네들이 굴려서 얻은 수를 사용하지 못하고 모두 이 사람에게 줘야 한다.
결국 말을 굴려서 빨리 높은 자리(문과출신은 영의정, 무과출신은 도원수)에 올라간 사람이 이긴다. 문과는 영의정 자리를 거쳐 사궤장에 먼저 이르는 사람이, 무과는 도원수에 이른 다음 사퇴하는 편이 이긴다. 윤목의 끝수가 계속 1이 나올 경우 승진은커녕 강등, 파직에 이르게 되며 사약을 받게 되는 때도 있어 하루아침에 운명이 뒤바뀌는 스릴도 있다.

11장. 사람의 향기가 나는 장수, 후마니타스 리더십 • 277

선에서는 종정도가 언제 처음 시작되었는지 알 수 없다. 다만, 성현(成俔)의 『용재총화』에는 하륜(河崙, 1377~1416)이 처음 만들어 퍼트렸다고 기록되어 있다. 양반가에서는 이 놀이를 통해 관직 단계를 자연스럽게 외우고 장차 자신들이 올라가고 싶은 관직의 꿈을 키웠다. 요즘의 교육과 재미를 동시에 추구하는 에듀테인먼트(Edutainment)라고 할 수 있다.

  1596년 정유재란 이전까지 이순신도 이러한 종정도 놀이를 즐겨했다. 이미 이순신은 정2품이었기 때문에 도원수만을 바라보았을 것이다. 얼마나 희망에 차 있었겠는가. 주위 사람들이 실제로 그렇게 되시라고 추켜올리기도 하면서 종정도 놀이를 했을 것이다. 그러면 이순신은 환하게 웃었을 것이고 그렇게 말한 장수에게도 덕담을 했을 것이다. 이순신이 종정도 놀이를 할 때 항상 좋은 결과만 있었던 것은 아니었다. 때로는 도원수가 된 적도 있었겠지만, 파직을 당하거나 사약을 받는 경우도 있었을 테니 말이다. 실제 현실은 그것보다 냉혹하여 희망을 앗아가 버렸다. 이순신은 도원수가 된 적이 없으며 오히려 파직되었고 옥에 갇혔으며 사약을 받을 처지에 몰리게 되었기 때문이다. 또한 그와 종정도 놀이를 했던 전라우수사 이억기를 비롯한 몇몇 장수는 이순신보다 먼저 돌아오지 못할 곳으로 가기도 했다. 이러한 현실의 냉혹함을 경험한 때문인지 이순신의 종정도 놀이는 정유재란 때, 억울하게 문초를 당하고 옥에서 나온 뒤로는 보이지 않는다. 그런 벼슬 놀음이 무슨 의미가 있겠는가. 큰 공을 세워도 살아남지 못하는 처지인데 말이다. 그래서인지 이순신의 여유 있는 놀이의 모습도 일기에서 사라진다.

12장
바이오 필리아의 리더십

여림과 고독, 그 감성과 생명의 리더십

때마침 방천 안에 몽어 떼가 밀려들어 왔다. 이를 보고 그물을 쳐서 이천 마리를 잡았다. 참으로 장쾌했다. 그 길로 전선 위에 앉아서 술을 마시며 우후 이몽구와 함께 새봄의 경치를 바라보았다.

― 1592년 2월 1일(음력), 『난중일기』

몽어 떼의 광경에 감탄하고, 술을 마시면서 새봄의 경치를 보고 있는 감성적인 모습은 전장의 싸움꾼으로만 이순신을 생각했을 때는 의외의 모습이 된다.

- 1592년 2월 19일 비가 온 뒤라 산의 꽃이 활짝 피어 경치가 멋져 형언키 어렵다.

---

* bio(생명)+philia(사랑) : 인간은 쾌적하고 만족스럽게 살기 위해서 자연에 의존해야 하는 것이 절대적이다. 인간이 자연을 그리워하고 찾는 것은 본능적이라는 것.

- 1592년 2월 20일 늦게 떠나서 영주에 이르니 왼쪽과 오른쪽으로 산의 꽃과 들가의 봄풀이 한 폭의 그림 같다. 옛날에도 영주가 있다더니 역시 이와 같은 경치였던가.

지역 순찰을 나서다 꽃이 핀 경치를 보고 감동하는 모습이나 영주에 도착하여 경치를 바라보며 표현하는 모습들은 이순신의 감수성을 잘 나타내주고 있다. 그의 감수성은 단지 이러한 경치에 대한 탄복으로만 그치지 않는다. 그는 한밤에 자주 깨어 남해안의 달빛을 보고 그것에 크게 마음이 움직이고는 했다. 『난중일기』에는 유난히 바다 위의 달빛 이야기가 많이 나온다. 그리고 그 달빛 아래에서 사람들과 담소하고 음악을 듣는 모습이 보인다.

- 1594년 6월 9일(양력 7월 26일) 우수사가 와서 같이 이야기했다. 밤이 깊은데 피리 소리 가득한 바다, 거문고를 타며 장수를 기리는 소리를 들으며 조용히 이야기하다가 헤어졌다.
- 1594년 6월 11일(양력 7월 28일) 충청 수사가 와서 활을 쏘고 그대로 같이 저녁밥을 먹었다. 달빛 아래 같이 이야기할 때 옥피리 소리가 처량했다. 앉아서 오래도록 있다가 헤어졌다.
- 1594년 8월 13일(양력 9월 26일) 달빛은 비단결 같고 바람 없어 잔잔하여 해를 시켜 피리를 불게 했다. 밤이 깊어서야 그만 뒀다.
- 1595년 5월 13일(양력 6월 20일) 홀로 대청 가운데 앉아 있으니 온갖 회포가 끝이 없다. 배영수를 불러 거문고를 타게 했다. 또 세 조방장을 불러 오게 하여 같이 이야기했다.
- 1595년 6월 26일(양력 8월 1일) 오늘이 권언경의 생일이라고 했다. 그래서 국수를 만들어 먹고 술도 몹시 취하며 거문고도 듣고 피리도 불다

가 저물어서야 헤어졌다.
- 1596년 1월 13일(양력 2월 10일) 이날 저녁에 달빛은 낮과 같고, 바람 한 점 없다. 홀로 앉아 있으니, 마음이 어지러워 잠을 이룰 수가 없다. 신홍수를 불러 휘파람을 불게 했다. 밤 열시쯤에 잠들었다.
- 1596년 윤8월 18일(양력 10월 9일) 저물 무렵에 흥양현에 이르러 향소청鄕所廳에서 잤다. 어두워서 이지화가 제 물건을 뽑내려고 거문고를 가지고 왔다. 영杰도 와서 보고 밤새도록 이야기했다.

이순신이 거문고와 피리를 즐겨들었음을 알 수 있다. 거문고와 피리를 불게 하는가 하면 부하들에게 휘파람을 불게도 했다. 잠이 오지 않거나 달빛이 밝으면 거문고나 가야금, 피리를 연주하게 하여 듣고 사람들과 이야기하며 술을 나누고 있는 정경이 눈에 선하다. 이규보와 장자의 말에 따르자면 거문고나 가야금 소리는 사람에게서, 사람의 느낌과 감정에서 나오며, 이것은 사람이 사람을 이끌어가는 리더십의 기초다.

흔히 이순신의 리더십을 이야기할 때 그의 전략적 무장의 이미지와 기술적인 리더십만을 이야기하는 경우가 있다. 모함과 핍박에도 항상 백의종군하는 태도로 오직 국가와 민족을 위해 자신을 초개와 같이 던진 살신성인의 자세, 뛰어난 정보수집 및 활용능력, 조선 수군의 약점을 잘 알고 그중에서 강점을 최대한 활용할 수 있는 무적함대인 거북선을 만들어 항상 승리하는 탁월함을 이순신의 리더십이라고 한다. 또한 이런 리더십으로 명량 해전에서 12척의 배와 부족한 군사로 일본 정예 부대와 싸워 역사상 유례가 없는 승리를 이끌어내었고 임란 7년의 와중에도 『난중일기』를 남겼을 만큼 기록정신의 투철함, 무엇보다 정직하고 원칙에 충실한 리더의 모습을 보여주었다고 한다.

그의 리더십에서 21세기 무한 경제 전쟁의 생존전략을 찾을 수 있다고 주장한다. 이순신의 리더십은 정보력, 창의력, 살신성인, 전략가, 전술가라는 추상적인 단어에서 나오지 않았다. 그는 평생 외로움과 고독이 몸에 체화되었던 사람이다. 또한 그 속에서 그의 리더십이 나왔고 이루어졌다. 다음은 그러한 이순신의 분신과 조각들이다.

- 1592년 4월 초8일(양력 5월 18일) 객창에 홀로 앉았으니 만단의 회포가 어리어 온다.
- 1594년 4월 21일(양력 6월 9일) 혼자 봉창 아래 앉아 있으니 저녁내 아무도 오지 않았다.
- 8월 21일(양력 9월 24일) 저물 무렵에 사천 땅 침도針島에 이르러 잤다. 밤에 몸이 몹시 차갑고 마음이 쓸쓸하다.
- 9월 13일(양력 10월 15일) 다락에 기대어 혼자 앉았으니 마음이 불편하다.
- 9월 26일(양력 10월 28일) 홀로 온종일 배 위에 앉아 있다가 앉았다 누웠다 하니, 마음이 편치 않다.
- 11월 15일(양력 12월 15일) 아버지 제삿날이라 공무를 보지 않았다. 홀로 앉았으니 그리워서 마음을 달랠 길 없다.
- 1596년 5월 17일(양력 6월 12일) 혼자 읊조리며 수루에 기대어 있었다.
- 5월 25일(양력 6월 20일) 홀로 다락 위에 앉아 있으니, 온갖 생각이 다 일어난다.
- 1597년 5월 22일(양력 7월 6일) 혼자 앉았으니 비통하여 견디기가 너무 어렵다.
- 5월 25일(양력 7월 9일) 혼자 시골집에 기대어 있으니 회포가 그지없다. 슬프고 그리운 생각을 어찌 하랴!

- 6월 16일(양력 7월 29일) 혼자 앉아 있었는데 아무도 들여다보는 이가 없었다.
- 6월 17일(양력 7월 30일) 서늘한 기운이 쓸쓸하다. 밤경치는 한없이 넓기만 한데 새벽에 앉았으니 쓰라린 그리움을 어찌 다 말하랴!
- 7월 초1일(양력 8월 13일) 이날 밤 가을 기운이 몹시 서늘하여 슬프고, 그리움을 어찌하랴!
- 7월 3일(양력 8월 15일) 새벽에 앉아 있으니 싸늘한 기운이 뼈속으로 스민다. 비통한 마음이 한층 더했다.
- 7월 6일(양력 8월 18일) 홀로 빈방에 앉았으니 그리움과 비통함을 어찌 말로 다하랴! 저녁에 바깥채에 나가 앉았다.
- 7월 7일(양력 8월 19일) 오늘은 칠석이다. 슬픔과 그리움을 어찌하랴!
- 7월 11일(양력 8월 23일) 홀로 빈 대청에 앉았으니 그리움을 어찌하랴! 너무도 비통하다.
- 8월 초2일(양력 9월 12일) 홀로 수루의 마루에 앉았으니 그리움을 어찌하랴! 비통할 따름이다.
- 9월 11일(양력 10월 21일) 홀로 배 위에 앉았으니, 그리운 생각에 눈물이 흘렀다. 세상에 어찌 나 같은 사람이 있겠는가! 아들 회는 내 심정을 알고 심히 언짢아하였다.
- 9월 12일(양력 10월 22일) 봉창 아래서 심회를 걷잡을 수가 없었다.
- 10월 11일(양력 11월 19일) 초저녁에 달빛이 비단결 같아 홀로 봉창에 앉았으니 심사가 만 갈래였다.

이순신에 대해 깊이 빠져들수록 리더십을 발휘하기 위한 조건으로는 외로움과 고독 또한 큰몫을 하는 것 같다. 그런데 그러한 고독과 외로움은 일부러 만든다고 되는 것은 아니다. 외로움과 고독을 아는 사람은 사람살이가 어떤지 알고 있다. 삶이 얼마나 고독하고 어려운지 잘 알게 된다. 그것은 생명 자체, 그 본연이 그렇기 때문이다. 그래서 그런 사람일수록 예술가적 자질이 뛰어나다. 특히 창조적인 작업을 하는 사람들에게 이러한 공통점이 많이 발견된다.

또한 거꾸로 창조를 위해서 고독과 외로움 속에 있기도 한다. 그래야 독자적인 창조의 길에 들어서기 때문이다. 그러나 다른 사람들이 알아주는 것에 연연하거나, 그러한 관계 속에서만 머문다면 창조적인 작업을 할 수 없다. 실존적인 생명에 대한 고민이 있을 수 없는 것이다. 외로움과 고독이 단순히 창조적인 작업을 위해서 필요한 수단적 의미만 있는 것은 아니다. 외롭고 고독한 사람들은 자신들의 실존적 고민을 인간과 사람살이의 본질에 대한 고민으로 연결 짓는다. 그렇기 때문에 안으로, 안으로 자꾸 들어간다. 선(禪)에서 말하듯이 자신을 잘 알고 그것을 관찰해야 세계에 대해서 알고 다른 사람을 알 수 있다. 그것을 깨달음이라고 했다.

자신을 잘 알지 못하는 사람은 다른 사람도 잘 알지 못한다. 자기 자신도 모르는데 다른 사람들의 감정과 느낌, 그 연민을 어떻게 알고 남의 눈물과 슬픔을 어찌 알겠는가. 고통과 회한도 모르면서 어떻게 남의 고생, 고통과 공포를 알까. 외로움과 고독은 자신으로 도피하는 병리적 나르시시즘으로 안주하기 위해서가 아니라 다른 존재로 들어가고 그들을 향한 감수성이다. 그것은 인간의 초라한 실존적 한계이자, 생명의 근원적인 모습이다.

광화문의 이순신 동상처럼 늠름하게 서 있거나 해전도처럼 용맹스런 장수의 모습 아니면 영정에 보이는 당당한 모습보다 다음 장면들은 이순신을 더 인간답고 친숙한 모습으로 다가오게 한다.

- 1593년 2월 30일(양력 4월 1일) 봉창 아래에 웅크리고 앉아 있었다.
- 1593년 3월 초2일(양력 4월 3일) 배의 봉창 아래에 웅크리고 앉았으니, 온갖 회포가 가슴에 치밀어 올라 마음이 어지럽다.
- 1597년 6월 3일(양력 7월 16일) 아침에 떠나려다가 비가 이토록 오니 웅크리고 앉아 어떻게 할까 생각했다.
- 1597년 9월 3일(양력 10월 13일) 밤에는 된바람이 불었다.

봉창 아래에서 머리를 웅크리고 있으니 그 심사가 어떠하랴! 웅크리고 앉아 있는 이순신은 사람의 실존적 고민을 나타내는 모습이 아닐까. 위대한 인간이라고 하지만 인간은 언제나 웅크리고 두려움에 떨며 자연과 죽음, 역경에 대항해 왔다. 그러면서 극복했다.

- 1594년 1월 20일 추위가 살을 도려내는 같아 여러 배에서 옷 없는 사람들이 거북이처럼 웅크리고 추위에 떠는 소리는 차마 듣지를 못하겠다. 군량미조차 오지를 않으니, 더욱 민망스럽다.

고생을 경험해 본 사람이 그 심정을 안다고 했던가. 혹독한 추위를 경험하지 않은 사람, 고생을 모르거나 옥에 갇혀본 경험이 없는 사람, 절대 고독과 외로움을 모르는 사람이 추위와 굶주림을 알까. 그렇게 이순신은 때로 가냘프지만 인간이 바위를 뚫고 나아가는 듯한 모습을 우리에게 보여준다.

- 1597년 11월 1일 뱃사람들은 추위에 괴로워하며, 나는 선실에서 웅크리고 앉아 있으니, 마음이 무척 불편했다. 하루를 보내는 것이 일년 같았다. 비통함을 말할 수 없다. 저녁에 된바람이 세게 불어 밤새

도록 배가 흔들려 사람이 제대로 안정할 수가 없었다. 땀이 나서 몸을 적셨다.

이순신과 부하들은 하나의 몸을 가지고 같은 느낌과 생각을 공유하고 있는 것이었다. 타인의 느낌과 감정에서 시작하여 끝을 맺는 것이 이순신 리더십의 시작과 맺음이다.

『난중일기』를 보면 이순신은 매일같이 부하들과 이야기하고 있다. 반드시 전략적인 이야기만은 아닌 함께 밥을 먹거나 술을 마시면서도 이야기하기를 좋아했고, 한밤에 불러 밤새 이야기하거나 거문고, 피리 등을 뜯고 감상하면서 이런저런 이야기하기를 즐겼다. 장기나 바둑, 종정도 놀이를 하면서 이야기를 나눴고 활을 통해 인간적인 교류를 다지며 이야기를 나누기도 했다. 이러한 일련의 행동은 사람에 대한 애정이 없으면 할 수 없는 일이다. 다른 사람을 인정하지 않고 공통의 감정과 생각을 공유하지 않고는 이야기할 수 없는 것이다.

결국 이순신의 리더십은 자신이 누구인지, 사람살이가 무엇인지를 알기에 타인의 느낌과 감정을 함께 할 수 있었던 것이고, 마찬가지로 이런 깨달음으로 시작하여 그것으로 맺는다. 그는 죽음의 자리에서도 그냥 죽지 않고 "적들에게 나의 죽음을 알리지 말라"는 마지막 말을 통해 위협으로부터 다른 존재의 생명을 지키고자 했다. 그것은 단지 자신에 대한 나르시시즘이 아니라 생명에 대한 감수성과 연민이다. 그것이 있으면 아들을 걱정하고 어머니를 염려하며 아내를 생각한다. 종 김 개가 죽었을 때의 깊은 슬픔이나 어영담, 정운이 죽었을 때의 통곡이 그렇다. 그가 부하들을 위해 눈물을 흘릴 줄 아는 리더였던 것은 단순히 감수성이 문제가 아니라 고난스러웠던 삶 자체의 이력 때문이었다. 고난과 어려움을 겪지 않는 이는 리더가 될 수 없다.

그는 병이 많은 약한 인간의 몸이었기에 다른 이들의 돌림병을 염려했다. 또한 추위로 고생하는 사람들을 염려하며 백의종군하는 길에 민폐를 끼치지 않으려는 것으로 이어졌다. 수많은 사람들에게 피해를 주는 불합리한 일에 분개하고 그러한 사람을 벌준다. 무기를 들고 함부로 남의 강토를 짓밟고 사람들을 죽이는 왜적의 행동에 분노를 폭발시켰다. 수많은 병사를 상하게 할 수 있는 부산 공격을 원균과 조정의 끊임없는 요구에도 불구하고 물리쳤다. 그러한 마음은 무엇보다 자신에게도 엄격해진다. 자신의 행동이 얼마나 많은 사람들에게 피해를 줄 수 있는가를 알기 때문이다.

무장의 전략과 승리는 결국 생명에 대한 감수성과 인간의 실존적 고민에서 비롯한다. 생명을 지키는 것이 무신이며 생명을 보존하기 위해서 싸우는 것이 무장이다. 승리하기 위해서 싸우는 것은 무장이 아니라 살인자일 뿐이다. 그러니 그가 유교적 이데올로기에 따라서만 행동하는 인간이었다고 생각한다면 다음의 시들을 읽을 필요는 없다. 다음 시들은 이러한 생명과 인간에 대한 연민과 애정의 시각으로 읽어야 의미가 있다.

> 비바람 부슬부슬 흩뿌리는 밤, 생각만 번잡해 아물아물 잠 못 이루네.
> 강산은 참혹한 꼴 그냥 그대로, 물고기 나는 새들도 슬피 우는구나.
> 제갈량 중원 회복 어찌 했던고, 활개치던 곽자의가 그립구나.
> 긴 한숨 거듭하니 눈물만 주룩주룩 흐르는구나.
> 나라는 어지럽건만 바로잡을 이 그 누구인가.
> 몇 해를 배를 타며 해놓은 일들도 홀로 생각하니 임만 속였고,
> 수십 년 뱃전에서 해놓은 일들도 이제와 돌아보니 임만 속였네.
> ― 1594년에 지은 시

비바람 부슬부슬 흩뿌리는 밤,
생각만 아물아물 잠 못 이루고
긴 한숨 거듭하니 눈물만
주룩주룩 흐르는구나. …
쓸개가 찢기는 듯 아픈 이 마음
살을 에는 양 쓰린 이 가슴 나라가
태평한지 200년이요 문물의 화려함은 3000이라네.
몇 해를 원수막이 꾀뿐인 걸.
― 1594년에 지은 시

　이순신의 리더십에서 핵심은 한없는 생명에 대한 감수성이다. 추상적인 단어를 나열하는 리더십은 언제나 단기적인 결과, 승리만을 추구하는 수단에 불과하다. 왜 승리를 꿈꾸는가. 그것은 결국 생명을 더 편안하게 즐겁게 하기 위해서이지 생명을 파괴하고 없애기 위한 것이 아니다. 다른 사람을 살게 하고 모든 이들을 행복하게 하기 위한 리더십이다.
　단편적인 일면을 강조한 신화화와 리더십 평가는 이순신의 일상과 마음에서 어긋난 것이다. 이순신은 사람과 생명을 살게 하기 위해 살신성인을 했을 뿐이다. 경제 전쟁시대라며 우리는 무엇을 이순신에게서 얻으려 하는가. 그것은 다른 이들이나 생명력을 파괴하고 무조건 이기기만 하려는 죽음의 네크로필리아(Necrophillia)의 리더십은 아닌가. 자연을 파괴하고 다른 이들을 파괴하고 얻는 성공과 부를 위한 리더십은 아닌가. 그것은 또 하나의 매트릭스다.
　우리에게 필요한 것은 이제 삶의, 생명의 바이오필리아(biophilia)의 리더십이다. 모든 이들을 살게 하는 리더십이다. 그의 죽음에 대하여 위장 자살 또는 생존했을 것이라 생각한 사람들도 그러한 마음 때문이리라. 이러한 마음 때문에 그는 갔지만 생명의 바이오필리아는 계속될 것이다. 이 때문에 일본 토쿠토미 테이이찌로는 그의 저서 『조선역(朝鮮役)』에서 "그는 이기고 죽었으며 죽고 이기었다"라고 말한다.

13장
이순신의 꿈과 영성 리더십

꿈은 개인과 사회적 욕망의 무
의식적인 드러냄이다.
… 에리히 프롬(Erich Fromm)

이순신이 열여덟 살 때 활쏘기를 하고 산에서 내려오다 목이 말라 이웃 처녀에게 물을 얻어 마셨다. 처녀가 그릇에다 나뭇잎을 띄워서 주었는데, 이순신은 그것을 괘씸하게 여겨 처녀의 가슴에 활을 겨눴다. 그랬더니 처녀는 물에 체할까 봐 그랬다고 했다. 그 처녀는 이순신을 사모하고 있었으나 신분이 달라 감히 혼사 얘기를 꺼내지 못하고 상사병에 걸려 죽었다. 뒷날 패랭이를 쓴 노인이 찾아와 그 처녀의 죽음을 알려주었다. 이순신은 그 소식을 전해 듣고 처녀의 시체를 부둥켜안고 하룻밤을 잤다. 나중에 임진왜란이 일어나 전투가 치열할 때, 처녀의 혼령이 꿈에 나타나 울둘목에 진을 치라고 했다. 이순신이 울둘목에 가서 보니 정말로 진을 칠 만한 요새지였다. 바로 그곳에서 배 열두 척으로 적선 삼백 척을 무찔렀다.

— 「이순신 구전설화」에서

꿈을 대하는 동양과 서양인의 시각은 사뭇 다르다. 예컨대, 프로이트는 꿈을 억압된 욕망이 위장되어 나타나는 것이라 보았다. 평소에 하고 싶지만 현실에서는 할 수 없는 것들이 무의식을 통해 꿈으로 나타난다고 보았다. 이때 꿈은 억압된 욕망의 소산이다. 근본적으로 프로이트는 이러한 욕망이 성적인 욕망이라고 했다. 그러나 모든 꿈이 성적인 욕망에 따라 일어나는 것은 아니다. 칼 구스타프 융(Carl Gustav Jung, 1875~1961)은 꿈이 성적인 욕망의 소산이라는 프로이트에 의문을 품었다. 융은 아니마, 아니무스, 페르소나, 무의식의 그림자, 기타 원초적인 무의식들이 전체적으로 불균형한 것을 꿈을 통해 바로잡으려 한다고 생각했다. 아니마는 남성성 속의 여성성이고, 아니무스는 여성성 속의 남성성이다. 페르소나는 속의 본질과는 다른 겉으로 드러나는 여러 가지 성격을 말한다. 융은 한쪽이 불균형으로 되면 그 반대 혹은 부족한 부분을 채우려는 의지가 꿈으로 드러난다고 생각했다. 따라서 꿈을 잘 분석하면 지금 그가 바라고 있는 것, 부족한 것, 그렇게 여기고 있는 것을 다양하게 알 수 있다고 했다.

　예를 들어 한 여성이 다른 여성에 관한 꿈을 많이 꾸면 부족한 여성성에 대한 갈구가 있다고 본다. 남성이 여성에 대한 꿈을 많이 꾸면 여성성에 대한 그리움이 있다는 것을 알 수 있다. 꿈에 강한 말이나 사자와 같은 동물이 많이 등장하면 남성적인 성격에 대한 갈망을 뜻한다. 또한 융은 무의식에 축적되어 있거나 인류가 가지고 있는 여러 가지 이미지들 즉, 원형무의식이 꿈으로 나타난다고 보았다. 이처럼 꿈에 대한 서양의 견해는 주로 욕망과 소망, 무의식의 재현이다.

　그런데 동양에서는 꿈을 개인적 욕망의 발현이라기보다는 길흉에 대한 일종의 예언이나 계시라 보았다. 예를 들어 태몽은 아이가 앞으로 어떠한 사람이 될 것인지를 가늠하는 하나의 기준이 된다. 서양의 꿈 이론은 산모의 성적 욕망이라거나 무의식의 발현이라 볼 것이다.

중국을 비롯한 동양의 해몽은 몽혼 관념에서 꿈을 해석한다는 것이다. 리우원잉(劉文英)은 이러한 시각에서 꿈을 분석하고 있다. 영혼이 일단 밤이면 밖으로 나온다는 것인데, 영혼이 육체를 떠나 바깥으로 다니는 것은 귀신의 지시에 따른 것이라 보고 꿈은 이때의 경험이라는 것이다. 영혼이 귀신을 만나 계시나 신령스런 존재가 앞일을 미리 알려주는 걸 보는 게 꿈이다. 따라서 길흉을 점칠 수 있거나 꿈과 같은 상황이 현실에서도 나타날 수 있다고 보았다.

이규보는 『몽험기(夢驗記)』에서 "꿈에 진실로 영험이 있어서 우리의 생활에 여러 가지 도움을 준다면 그것을 이야기한들 무엇이 해롭겠는가"라고 했다. 이규보도 꿈을 앞일의 예지나 계시로 생각한 셈이다. 한편으로 꿈은 무의식이나 욕망의 반영이기도 하고, 현실의 어려움을 극복하려는 의지의 반영이기도 하다. 이런 점을 생각한다면, 이순신의 꿈을 살펴보는 것은 많은 의미를 지닌다. 그렇다면 이순신은 어떤 꿈을 꾸었고, 그 꿈의 의미는 어떤 것이었을까?

이순신도 꿈을 어떤 징조·예시라고 여겼다. 실제로 그 꿈의 조짐이 때때로 현실에서 들어맞기도 했다. 그렇지만 모든 꿈이 앞일에 대한 예시였던 것은 아니었다. 당시의 시대적인 상황이나 이순신의 개인적 욕망, 무의식이 상호작용을 통해 꿈으로 혼합되어 나타났다. 그런데 이 꿈은 영성(靈性) 리더십 관점에서 볼 수도 있다.

영성은 영(靈)스럽고 총명한 품성 또는 그 성질을 말한다. 靈은 알 수 없는, 보이지는 않지만 정신적으로 매우 중요한 근본의 힘이다. 일찍부터 동양의 사상가들은 하늘의 도를 실현하는 자신을 통해서 영적으로 많은 사람들을 이끌고자 했다. 자신이 하늘과 영적으로 교감하는 존재이고자 했고, 그렇게 해야 한다고 여겼다. 사람들의 정신적 세계를 하나의 도의 경지에 이르게 하면서 세상을 경영하려 했다. 이 과정에서 자연에 대한 순응과 알 수 없는 세상의 도에 의지하려 했고, 그것이 치세를 이루는 명분이 되었다. 인간이 알 수 없고 가늠할 수 없는 영성이 세상을 움직이고 있고 인간도 그 안에 있다고 믿었다.

이순신은 보이지 않는 어떤 힘을 믿으며 현실에 대응하고자 했다. 스스로 보이는 행동으로 보이지 않는 영의 힘으로 자신이 할 일과 타인에게 할 일을 모색했다. 자신을 낮추고 절제하며 겸양의 태도를 보이는 것도 영성의 경영이다. 맑은 정신과 기운으로 보이지 않게 조직 구성원이나 그들에게 영향을 받은 사람들까지 이끌어가려 하기 때문이다. 조직을 이끌어 가는 사람의 앞에는 아무도 없다. 위로는 있어도 자신을 대신할 사람은 없다. 자신의 앞에, 옆에 아무도 없다는 것은 참으로 외롭고 힘든 일이다. 그의 행동과 말을 지켜보는 사람은 많고 원하는 것도 불평하는 것도 많다. 그 역할이 크기 때문에 부담에 따른 고민과 고통도 크다. 자기 스스로 떳떳하지 않으면 견딜 수 없으며 스스로 엄격하지 않으면 그것을 헤쳐 나갈 수 없다.

사적인 욕망이 없는 사람일수록 영기(靈氣) 있는 꿈을 꾼다. 직관적 통찰이 꿈을 통해 나타나는 것이다. 스스로 그것을 믿는 사람들은 도덕적 의무와 윤리적 절제를 잘 수행하면서 공과 사를 합일하려 했다. 그것이 이순신이 일기에서 꿈을 자주 언급하는 이유다. 그는 꿈을 통해서 앞으로 할 선택과 행동을 가늠하고, 꿈을 통해 자신의 태도를 되돌아보며 반성하고 성찰했다. 사실 이러한 점은 현대인들이 많이 잃어버린 것이다. 단순히 리더십에 관한 몇 가지 원칙을 숙지하고 실천해 이룰 수 있는 경지는 아닐 것이다.

이제 이순신의 꿈을 요모조모 살펴볼 참이다. 이순신은 1597년에 가장 많은 꿈을 꾼다. 1597년은 이순신이 옥에서 풀려나 백의종군하고 다시 삼도수군통제사에 오른 해이다. 그만큼 고통이 많은 해였다. 억울하게 모함을 당하고 그동안의 모든 직위와 명예가 물거품이 된 상태에서, 어머니는 돌아가시고 아들이 죽는 등 개인적인 회한과 심리적 갈등이 어떠했을까 생각하면 꿈이 많았던 이유를 짐작할 수 있다.

그 다음으로 꿈을 많이 꾼 것은 1594년이다. 1594년은 조선과 명나라 군대가 합세해 경상도 지방의 왜적을 몰아치던 해였다. 본격적인 반격으로 아군이 우세한 전황을 갖게 된 것이다. 하지만 이러한 상황은 이순신 개인에게도 좋지 않았다. 부산 공격의 명령이 이순신에게 빗발쳤지만, 당시 불리한 전략상의 이유로 명령을 따를 수 있는 상황이 아니었기 때문이다. 그가 이러한 딜레마 속에서 많은 갈등과 고민에 싸였음은 물론이다. 이것이 꿈으로 여러 차례 나타났으리라.

- 1595년 2월 9일 꿈을 꾸니 서남방 사이에 붉고 푸른 용이 한 쪽에 걸렸는데, 용의 모양이 굴곡을 이루고 있었다. 내가 홀로 보다가 붉고 푸른 용을 가리키며 남들도 보게 했지만, 남들은 볼 수 없었다. 머리를 돌린 사이에 벽 사이로 들어와 그림 용이 돼 있었고, 내가 한참 동안 어루만지며 완상하는데 그 빛과 형상이 움직이니 특이하고 웅장하다 할 만했다.

홀로 진실을 본 사람의 무의식을 반영하고 있는 듯한 꿈이다. 역학에서 서남방은 땅, 어머니를 뜻하는 곤방(坤方)을 의미한다. 붉고 푸른 용은 일종의 진리이다. 그 용을 이순신만 보고 있다. 혼자 진리를 보았지만 다른 사람들은 그것을 보지 못하는 상황을 반영해주고 있는 듯하다. 그 진리라는 것은 결국 실제가 아니라는 말인가. 부산으로 진격하지 않는 것이 좋은데도 불구하고 이순신에게는 계속 공격의 압박이 가해지고 있는 상황이었다. 그 상황에서 다른 사람들은 본질을 보지 못하고 있는 것이다. 정말 그 본질은 실제가 아니라는 것일까? 끊임없이 성찰하고 되돌아보는 이순신의 모습이 떠오른다.

이순신은 누구보다도 꿈을 통해 적극적으로 앞일을 짐작하고 분석하려 하였다. 꿈을 꾼 뒤에는 반드시 그 꿈이 어떤 조짐을 보이는지 곰곰이 따져보았다.

- 1592년 8월 28일 새벽에 앉아 꿈을 생각해보니, 처음에는 나쁜 것 같았으나 도리어 좋은 것이었다.
- 1594년 2월 3일 새벽 꿈에 눈 하나가 먼 말을 보았는데, 무슨 조짐인지 모르겠다.
- 1596년 7월 10일 새벽 꿈에 어떤 사람이 멀리 화살을 쏘았고, 어떤 사람은 갓을 발로 차서 부수었다. 이것을 점쳐보니, 멀리 활을 쏘는 것은 적들이 멀리 도망하는 것이요, 갓을 차서 부수는 것은 갓은 머리 위에 있는데 발길에 채였으니 이는 적의 괴수를 모조리 잡아 없앨 징조라.

더 나아가 이순신은 꿈의 징조에 따라 실제로 군사를 움직이기도 했는데, 1593년 8월 25일 일기를 보면, 꿈에 적의 조짐이 있었다고 하여 꿈에서 깬 뒤 새벽에 각 도의 대장에게 알려서 바깥 바다로 나가 진을 치게 했다는 기록도 보인다. 꿈의 조짐을 믿었던 탓이기도 하지만, 적과 대치한 긴장 상태에서 꾼 꿈일지라도 항상 세밀하게 살피고자 했다. 신인(神人)이 나타나 앞일을 알려주는 경우도 있었는데, 그것도 중요한 해전을 앞두고 나타나곤 했다. 1592년 5월 29일, 백발노인이 나타나 이순신을 발로 차면서 "일어나라, 일어나라, 적이 왔다"고 소리치는 꿈을 꾸었다. 곧바로 일어나 장수들을 이끌고 노량 앞바다로 가보니 과연 적이 나타났다. 꿈속의 일이 현실로 나타났던 것이다. 이 꿈을 꾸고 나서 이순신은 옥포 해전에 출전하여 왜군을 처음으로 격파했다. 이 꿈에 나타난 신인은 1597년 명량대첩 하루 전날의 꿈에도 등장한다.

- 1597년 9월 15일 조수를 타고 여러 장수들을 거느리고 우수영 앞바다로 진을 옮겼다. 벽파정 뒤에 울돌목이 있는데 수가 적은 수군으로는 명량을 등지고 진을 칠 수 없기 때문이다. 여러 장수들을 불러모아 놓고, "병법에 '반드시 죽고자 하면 살고 살려고 하면 죽는다, 한 사람이 길목을 지키면, 천 사람이라도 두렵게 한다'는 말은 지금 우리를 두고 한 것이다. 여러 장수들은 살려는 생각을 하지 마라. 조금이라도 명령을 어기면 군법으로 다스릴 것이다. 조금이라도 용서하지 않을 것이다" 하면서 여러 번 엄중히 약속했다. 이날 밤 신인이 꿈에 나타나, "이렇게 하면 크게 이기고, 이렇게 하면 지게 된다"고 일러주었다.

백의종군의 몸으로 있다가 다시 삼도수군통제사로 기용된 이때 이순신에게 남겨진 배는 겨우 12척, 나중에 급히 수리한 배까지 합쳐도 13척이었다. 더구나 수군이 궤멸되었으니 차라리 육군에 가세하라는 말까지 전달되었다. 이러한 절망적인 상황에서 그는 아직 열두 척이 남아있다(尙有十二隻 微臣不死)는 장계를 보낸다. 그러나 조선 수군이 궤멸된 공포감은 남은 군사들을 짓누르고 있었을 테고, 더구나 이순신의 어머니는 아들을 보러오다가 객사하고 만다. 그때 신인이 꿈에 나타난 것이다. 간절한 영적 바람의 결과일 것이다. 무슨 수로 수백 척의 적선을 물리칠 수 있을지, 꿈속의 신인이 가르쳐준 전술이 어떠했는지 구체적으로 알 수 없다.

그런데 전투를 앞두고 이순신이 주목한 울돌목은 해남의 우수영과 진도의 녹진 사이를 잇는 해협이다. 바다의 폭은 한강 너비 정도인 294m 내외이고, 물의 속도는 11.5노트로 동양 최대이다. 수심은 20m이고 바닥에는 암초가 곳곳에 깔려 있다. 바다라기보다는 홍수가 난 강물쯤으로 보일 만큼 소용돌이가 20리 밖까지 바다울음 소리로 뒤흔드는 곳이다.

전투에 앞서 이순신은 치밀한 대비를 하였다. 이견이 있지만, 울돌목 바다 밑에 쇠사슬을 설치한 후 적을 혼란시키기 위해 녹진 뒤 백토지의 흙을 쌀뜨물인 것처럼 바다로 흘려보내, 독굴산에 짚 이엉을 엮어 노적가리를 만들고, 망금산 자락에서 군세를 과시할 목적으로 부녀자에게 강강술래를 시켰다고 전해진다. 조선 수군 열두 척은 싸우는 척하면서 도망하여 울돌목으로 적을 유인하였다. 왜군의 배가 적당한 지점을 지나자 쇠사슬을 들어 올려서 반격하여 왜선 300여 척을 침몰시켰다는 것이 저 유명한 명량대첩인데 1594년 3월 4일 당항포 해전 이후 무려 3년 만에 얻은 대승이었다. 이순신이 처녀 출전한 옥포 해전, 그리고 백의종군에서 복귀한 직후의 첫 해전을 앞두고 예의 신인이 나타나 상서로운 조짐을 보여주었다. 이를 다른 관점에서 보면 이순신이 개인적으로 옥포와 명량의 해전을 앞두고 얼마나 긴장하고 있었는지를 추측해볼 수 있다. 그러나 이순신의 꿈에 반드시 좋은 일만 나타난 것은 아니었다.

• 1597년 10월 14일 밤 두 시쯤 꿈에, 내가 말을 타고 언덕 위로 가는

데, 말이 발을 헛디뎌 냇물 속으로 떨어졌지만 쓰러지지는 않았다. 막내아들 면이 끌어안고 있는 듯한 모양이었는데 곧 꿈에서 깨었다. 무슨 징조인지 모르겠다.

⋮

그날 저녁 천안의 집에서 편지가 온다. 이순신은 봉한 것을 뜯기도 전에 벌써 살이 떨리고 정신이 아찔해지는 걸 느낀다. 순간 지난밤에 꾸었던 꿈이 뇌리를 스쳐갔기 때문이었다. 대충 겉봉을 뜯고 둘째아들 열이 보낸 편지를 보니, 겉에 '통곡' 두 글자가 씌어 있었다.

　내용은 우리가 잘 아는 바와 같다. 셋째아들 면이 왜군과 싸우다 전사한 것이다. 아비로서 가슴 찢어지는 소식이 아닐 수 없다. 길흉의 여부를 떠나 이 또한 꿈의 정확한 예시였다.
　이순신의 꿈에는 개인의 세속적 욕망이 드러나기도 하는데 1593년 8월 1일, 대궐에 들어가 임금을 만나 일을 논의하는 꿈을 꾼다. 그 자리에는 영의정이 와서 이순신에게 인사를 건네기도 하고, 좌우의 뭇 신하들이 구름처럼 몰려들어 큰 관심을 보이기도 한다. 큰 공을 세우고 조정으로 돌아가 임금에게 인정받기 바라는 보통 사람의 욕망을 보여주는 꿈이라 하겠다.
　지금 현재 내가 소외당하고 있다는 생각이 들 때, 뭇 사람의 관심을 끌고 자신의 능력을 인정받기를 바라는 욕망이 꿈으로 표출된 것이다. 그것은 어쩌면 사적인 욕망만이 아니라 자신의 분투와 노력에 대한 정당한 평가를 바란 것일 수 있다. 옳은 것에 대한 정당한 인정을 받고 싶었을 것이다. 이순신은 탁월한 공을 세웠음에도 선조의 인정을 받지 못한 상황이었다. 조정 대신들도 마찬가지였다. 그에게 인사를 하거나, 신하들이 몰려와 관심을 보인 것은 현실과는 거리가 있는 일이었다. 그런 까닭에 임금이 그를 오해하게 되었으리라는 안타까움에 대한 무의식의 반응이 아닐까 싶다.

- 1594년 2월 5일 꿈에 좋은 말을 타고 바위가 첩첩인 산마루로 올라가니 아름다운 산봉우리가 동서로 뻗쳐 있고, 산마루 위에는 평평한 곳이 있기에 거기에 자리 잡으려다가 깨었다. 무슨 징조인지 모르겠다. 또 어떤 미인이 홀로 앉아 손짓을 하는데, 나는 소매를 뿌리치고 응하지 않았으니 우스웠다.

부산 진격을 명령 받은 시기에 꾼 꿈이다. 전략적으로 우월한 곳을 점유하고 싶은 심리가 그대로 나타나고 있다. 여기에서 미인은 부산으로 가라고 유혹하는 제안과 압력들을 말한다. 흔히 이순신은 단호한 원칙주의와 자기주장이 일관된 사람으로 평가되지만 그의 예민한 감수성을 생각할 때 마음으로야 얼마나 인간적인 고민이 많았을까 말할 필요도 없을 것이다. 이렇게 1594년에는 두 가지의 딜레마가 이순신을 괴롭히고 있었다. 조정의 압력과 공을 세워야 자신이 인정을 받는다는 이중적인 고민이 있었다.

자신의 행동이 정당한 것이라는 자기확신과 전세가 불리한 상황에서 부산을 공격하라는 조정의 압력 사이에서, 이순신은 깊은 고민이 없을 수 없었다. 이러한 딜레마에서 빠져나오고자 하는 소망은 또 다른 꿈으로 나타난다.

- 1594년 9월 20일 꿈에 바다 가운데 외딴 섬이 달려오다가 눈앞에 와서 주춤 섰는데, 소리가 우레 같아 모두들 놀라 달아나고, 나만은 우뚝 서서 끝내 그것을 구경하니, 참으로 장쾌하였다. 이 징조는 곧 왜

놈이 화친을 애걸하고 스스로 멸망할 징조다. 또 나는 준마를 타고 천천히 가고 있었다. 이것은 임금의 부르심을 받아 올라갈 징조다.

한편 이순신의 꿈에는 자신에게 호의적이었던 사람과 적대적인 사람이 나타나기도 한다. 호의적인 사람으로는 영의정 유성룡이 자주 등장한다. 유성룡이 무너지면 자신도 무너지는 것은 자명한 이치이다. 그에게 유성룡이라는 존재가 가지는 의미, 위태로운 자신의 위치, 이런 것이 복합된 불안한 심리 상태가 꿈으로 나타난 것이 아닌가 싶다. 반면, 이순신에게 적대적인 사람 가운데 가장 대표적인 인물은 이일(李鎰)과 원균(元均)이다. 이들에 대한 꿈은, 이들에 대한 현실의 불만이 꿈으로나마 대리 표출된 무의식의 발로라 할 수 있을 것이다. 먼저 이일에 관한 꿈을 보자.

- **1594년 11월 25일** 새벽 꿈에, 순변사 이일과 만나 내가 많은 말을 했다. "이같이 나라가 위태하고 혼란해져 무거운 책임을 지고서도 나라의 은혜에 보답하겠다는 생각은 하지 않고 뱃심좋게 음탕한 계집을 끼고 관사에는 들어오지 않고 성밖 여염집에 머물면서 남의 비웃음을 받으니 대체 어쩌자는 것이오? 또 수군 각 고을과 포구에 할당된 육전의 병기를 독촉하기에만 겨를이 없으니, 이 또한 무슨 이치요?" 순변사는 대답하지 못했다. 하품하며 기지개 켜다 깨고 보니 한바탕 꿈이었다.

비록 꿈속의 일이지만 얼마나 통쾌했을까? 이 꿈의 기록에서는 긴장하고 경계하던 다른 꿈들과는 달리 여유와 느긋함마저 느껴진다. 한바탕 꿈이라니 약간의 아쉬움도 남았을 것이다. 이일은 이순신이 조산보 만호로 있을 때 함북병마절도사로 있던 인물로 당시 이순신이 녹둔도 사건에서 공을 세우고도 오히려 옥에 갇히는 데 결정적인 역할을 한 인물이다. 당연히 그에게 원한이 맺힐 수밖에 없었을 터였다. 그런 이일이 임진왜란 때는 경상도 관찰사 겸 순변사를 맡고 있었다. 경상도 수군이 무너지지만 않았으면 임진왜란이 더 크게 확대되지 않았다고 생각한 이순신이 이일에게 임진왜란의 책임을 추궁하고 싶은 마음이 간절했을 것이다. 그러나 현실에서는 불가능한 일. 그것이 꿈에서 통쾌하게 실현된 것이다.

이순신을 몰아내고 삼도수군통제사에 오른 원균은 1597년 7월 5일 부산을 치러 간다. 이순신이 비겁하여 부산을 치지 못하는 것이라고 큰소리 쳤던 그가 마침내 부산을 치러 가는 것이다. 이때 이순신은 모함을 받고 백의종군하고 있었는데, 1597년 7월 7일 원균을 꿈에서 만난다. 원균과 같이 회합했는데, 자신이 원균의 윗자리에 앉아 음식상을 받자 원균이 기쁜 빛을 띠더라는 꿈이었다. 부당하게 자기의 자리를 빼앗은 원균에 대한 반감과 비웃음이다. 이날 원균은 다대포 앞바다에서 왜선 8척을 쳐부수었다. 그러나 승리의 기쁨도 잠시, 곧이어 벌어진 전투에서 크게 패하고 만다. 그 책임을 물어 도원수 권율은 원균을 태형, 즉 매로 다스렸다. 원균은 삼도수군통제사인 자신의 엉덩이를 때린 것에 자존심이 구겨졌다. 그 분함을 참지 못하고 반항하듯이 그대로 칠천량에 머문다. 그러나 그곳은 전략상 최악의 위치였다.

이러한 정황을 잘 알지도 못했을 텐데 이순신은 또 이와 관련한 꿈을 꾸는데 1597년 7월 14일이다. 꿈에 체찰사 유성룡과 어떤 곳에 이르니 송장들이 쫙 깔려 있었는데, 혹은 밟기도 하고 혹은 목을 베게도 했다는 꿈이었다. 이 꿈을 꾼 다음날인 7월 15일은 칠천량 해전이 있었던 날이다. 왜 수군은 도도 다카토라(藤堂高虎)와 와키자카 야스하루

(脇坂安治), 가토 요시아키(加藤嘉明)가 전함 수백 척을 이끌고 칠천량 바다로 진격했고, 고니시 유키나가(小西行長), 시마즈 다다유타(島津忠豊) 등이 이끄는 육군은 육로로 진격했다. 바다에서 패한 조선 수군이 육지로 도망칠 것을 미리 계산한 수륙 양면작전이었다. 결국 원균은 수륙 양면 공격을 받아 대패하고 육지로 탈출하다가 전사하고 만다. 이 칠천량 해전의 승리로 왜군은 제해권을 장악했다. 이 해전을 하루 앞두고 이순신은 꿈에서 송장이 많이 널려 있는 곳으로 갔다고 했다. 그 시체들은 다름 아닌 조선의 병사들이었던 것이다. 결국 그 꿈은 조선 수군이 대패하는 꿈이었다. 이 전투가 일어난 며칠 뒤인 1597년 8월 2일에는 임금의 명령을 받을 징조가 있는 꿈을 꾼다. 이순신이 다시 삼도수군통제사에 오르는 꿈인 것이다. 원균의 패배 소식을 전해 들었을 터이니, 자신이 다시 기용될지도 모른다는 생각이 미쳤을 것이다. 그것이 꿈으로 나타난 것이리라.

구체적인 내용은 없지만 불안한 징조를 담은 꿈도 종종 보인다. 1597년 5월 5일 일기를 보면 "새벽 꿈이 몹시 어수선했다"고 했다. 특히나 이 정유년에는 어수선한 꿈이 많았다. 이순신의 불안한 위치와 회한이 반영된 것이다. 더구나 이 해에는 어머니까지 세상을 떠나셨으니, 그의 불안이 더욱 가중될 수밖에 없었다.

1597년 5월 6일 꿈을 꾼 뒤 일기에는 죽은 두 형이 꿈에 나타나 서로 붙들고 울면서 말했다. "어머니 장사를 지내기 전에 천리 밖으로 떠나와 군무에 종사하고 있으니, 대체 모든 일을 누가 주장해서 한단 말이냐. 통곡한들 어찌하랴!" 이 꿈에는 당시의 비통한 심정이 절절히 배어 있다. 가족에 대한 근심 걱정이 유난했던 이순신이었다. 가족 중 누군가에게 무슨 일이라도 있을라치면 어김없이 꿈자리는 사나웠다. 아들과 어머니의 죽음이 있었던 1597년에는 더욱 심했다. 잦은 전투로 늘 긴장에 싸여 있을 수밖에 없는 장수의 현실에 가족의 불행까지 연이어 일어나니, 심리적으로 매우 불안정할 수밖에 없었던 것이다. 그렇다고 전장에 출전한 장수로서 가족을 보살피러 돌아갈 수도 없는 노릇이니 이 고통과 회한이 꿈이 되어 나타난 것이다.

- 1597년 5월 8일 이날 새벽 꿈에 사나운 범을 때려잡아서 가죽을 벗기고 휘둘렀다. 이건 무슨 징조인지 모르겠다.
- 1597년 6월 21일 새벽 꿈에 덕과 율온과 대가 꿈에 보였는데, 다들 나를 보고 좋아하고 뵙고자 하는 기색이 많았다.

아마도 다시 나라에 공을 세우고 자신의 무죄를 증명하고 싶은 마음이 반영된 것으로 보인다. 이는 결국 가족을 보살피지 못하고 죽을 수도 있다는 심리를 반영한 것으로 보인다.

- 1595년 정월 12일 삼경자정쯤에 꿈을 꾸니 돌아가신 아버지께서 오셔서 분부하시기를 "13일에 회이순신의 맏아들를 초례醮禮: 전통 혼례해 장가보내는데 날이 맞지 않는 것 같구나. 비록 4일 뒤에 보내도 무방하다"고 하셨다. 이에 완전히 평소와도 같은 모습이어서 이를 생각하며 홀로 앉았으니, 그리움에 눈물을 금하기 어려웠다.

이 일기는 아버지가 등장하는 흔하지 않은 꿈으로, 아버지에 대한 그리움이 묻어나고 있다. 1595년 7월 1일 『난중일기』에는 "내일은 아버지의 생신인데, 슬픔과 그리움을 가슴에 품고 생각하니, 나도 모르게 눈물이 떨어졌다."(明日乃父親辰日, 悲戀懷想, 不覺涕下)라는 대목이 있다. 평소에 어머니에 대한 꿈이나 그리움을 생각하면 자연스러운 일이다. 어떻게 보면, 당시 시대적 배경은 남자다움을 강조했기 때문에 아버지는 안길만한 살가운 대상은 아니지만, 항상 마음속으로 그리는 존재이고 겉으로는 어머니에게 더욱 의존해야 하는 점을 이러한 꿈들이 나타내고 있는지 모른다. 노산 이은상이 아들 면의 비석에 새긴 꿈 이야기에는 이순신이 아들에 대한 죄책감이 얼마나 깊었는지 알 수 있다.

> 어느 날 이순신이 어슴푸레 낮잠이 들었는데 잠깐 꿈을 꾸었다. '아버님, 포로들 중에서 저를 죽인 왜적을 잡아 죽여주십시오.' 자세히 살펴보니 아들을 죽인 왜적이 있어 목을 베었다.

이 이야기가 사실인지는 알 수 없지만, 이순신이 아들을 죽게 만들었다는 죄책감에서 벗어나려한 무의식을 대변하고 있다. 기록에 따른다면 1598년 11월 8일 이순신은 생의 마지막 꿈을 꾼다. 밤 두 시쯤 물에 들어가 물고기를 잡는 꿈을 꾸고 십여 일이 지난 음력 11월 19일 노량 앞바다에서 큰 전투가 벌어졌다. 이순신의 마지막 전투인 노량해전이다. 그는 이 해전에서 대승을 거둠으로써 많은 전공을 세우고, 조선과 일본 사이의 기나긴 7년 전쟁을 마무리한다. 그러나 그 자신 또한 다시는 땅을 밟지 못하고 선상에서 생의 마지막을 맞이한다. 꿈에서처럼 왜적을 상징하는 많은 물고기를 잡지만, 그 자신은 물에서 나오지 못하고 만 것이다. 꿈속에서도 그토록 갈구하던 욕망이 성취되기 바로 직전에, 그 기쁨을 맛보지 못하고 갈등과 회한의 생을 마감한 것이다. 2009년 3월 노승석 교수가 발굴한 칠언율시에 이순신이 바라는 진정한 꿈이 있지 않을까?

시골에 산다 해서 어찌 반드시 서울과 다르랴

곳곳의 화평함이 제 집마다 있구나

만나는 곳엔 금방 마음의 불이 움직이는 것 같으니

그것을 바람이 귓전에 스치듯 하는 게 제일

악을 없애려면 반드시 풀을 베듯이 하고

아름다움에 취해 보면 모두가 꽃이로세

옛 곡조 높고 출렁거리는 산수 밖에서

창랑의 한 가락을 그대들을 위해 노래하네

居鄕何必異京華 (거향하필이경화)

隨處和平在自家 (수처화평재자가)

所遇如今心火動 (소우여금심화동)

其方莫若耳風過 (기방막약 이풍과)

惡將除無非草去 (오장제 무비초거)

好取看來摠是花 (호취간 래총시화)

古調峨洋山水外 (고조아 양 산수외)

滄浪一曲爲君歌 (창랑일 곡위군가)

번다한 서울을 떠나 찾은 시골도 마찬가지다. 화평함은 결국 집집마다에 있는 것이다. 만나는 곳마다 불같은 갈등이 있지만 그것을 바람결 스치듯이 대하는 것이 제일 좋다. 악을 없애려면 풀 베듯이 해야 하지만 아름다움으로 보면 모두가 다 꽃과 같다. 옛 노래 높고 출렁거리는 산수 밖에서 그대들을 위해 아름다운 노래를 부르네. 이순신은 그렇게 우리 곁을 떠나 번다한 세상에서 부대끼고 있는 우리들을 위해 영원히 노래를 부르고 있다.

에필로그

이순신과 매트릭스

많은 사람들이 단순히 자신들의 편견을 되새기면서
자신이 스스로 생각하고 있다고 여긴다.
— 윌리엄 제임스(William James)

영화 〈매트릭스〉는 우리 자신이 진실 아닌 것에 스스로 중독되어 있음을 일깨운다. 우리는 이순신에 관해 타당한 생각들을 가지고 있다고 여긴다. 그러나 고정관념이거나 편견인 경우가 많다. 우리가 직접 찾아보고 생각하게 된 것이 아니라, 이순신을 통해 무언가를 이루기 위한 프로그램에서 비롯한 결과다. 처음부터 이 프로그램은 우리의 동의나 필요에 따라 만들어진 것이 아니다. 우리는 이순신이 프로그램화된 일종의 매트릭스 안에서 그것이 실제 이순신이라 믿고 있다. 이순신 매트릭스가 우리의 요구와 필요에 따라 만들어진 것은 아니지만, 그 매트릭스에서 벗어나기를 두려워하고 있는지도 모른다. 매트릭스가 실제 현실이 아니라는 걸 어쩌면 우리는 잘 알고 있다. 이순신을 진정으로 우리 속에서 살리고 싶다면 모피어스, 트리니티, 네오는 아닐지라도 일종의 매트릭스 깨기가 필요하다. 따라서 지금까지 읽은 책의 내용도 끊임없이 부정의 대상이 되어야 한다. 또 하나의 매트릭스가 될 수 있기 때문이다. 시선은 다양할수록, 다면적일수록 진실은 얼추 가까워질 가능성이 클 것이다.

괴팅겐 심리학회에서 한 가지 실험을 한 적이 있다. 세계적으로 정확한 관찰자로 이름 높은 학자들을 연회 장소에 초청했다. 분위기가 무르익을 무렵 두 사람이 갑자기 한 사람을 쫓아와 총을 쏘고 폭행하고는 달

아니는 장면이 벌어졌다. 그리고 경찰이 수사를 위해 필요하다는 이유를 들어 현장에 있던 학자들에게 진술서를 요구했다. 사람들은 그것이 실제로 벌어진 일인 줄 알고 있었다. 하지만 그 장면은 실험을 위해 연출한 것이었다. 연출을 실제인 것으로 여긴 학자들은 정확하게 관찰을 했을 것이다. 더구나 세계적으로 이름 높은 관찰자들이 아닌가! 최종 40개의 진술서가 제출되었다. 그런데 이 가운데 단 6개를 제외하고는 모두 틀린 내용이었으며, 10개는 완전히 창작된 내용이 많았다. 이른바 '소설을 쓴 것'이다. 소설 『나생문』의 작가 아쿠타가와 류노스케(芥川龍之介: 1892~1927)의 단편 「덤불 속」에서도 이와 비슷한 광경이 벌어진다. 살인 사건 목격자들의 진술이 달랐다. 이를 '사람마다 보는 현상이 다르므로 진리를 하나로 말할 수는 없다'는 철학적인 해답으로 결론 내릴 수도 있다.

과연 최고의 관찰자라는 사람들이 사실과 다른 진술서를 쓰게 된 원인은 무엇일까? 눈앞에서 벌어진 일을 이렇게 사람마다 다르게 이야기하고, 있지도 않은 일들을 창작해서 진술하는 것은 무엇을 의미하는가? 그 사람들이 의도적으로 지어냈을까? 그 이유는 사람들이 자신들에게 있는 고정관념 또는 고정 이미지를 통해 사물과 현상을 보기 때문이다. 기존의 관념이나 인식, 이미지로 사건을 해석했기 때문에, 시간이 지날수록 자신이 직접 본 것보다 기존의 생각이나 이미지를 실제의 현실로 착각하는 것이다. 자기 생각의 잣대로 해석하기 때문에 있지도 않았던 장면이 있었던 것으로 진술된다. 위의 실험에서도 자신의 고정된 생각으로 현장을 관찰하고 해석하기 때문에 사람마다 다른 평가와 진술서가 나왔다. 이렇게 각 개인이 다른 진술을 하게 되는 경우는 차라리 문제가 덜한지도 모른다.

사회 현상에서 미묘한 문제일 경우 사태는 더욱 심각해지기 일쑤이다. 다수의 고정관념을 가진 사람들이, 고정관념 없이 객관적으로 평가한 사람들의 의견을 오히려 다수결의 원칙으로 압도하는 일이 벌어지는 데서 알 수 있다. 이른바 세 사람이 멀쩡한 한 사람을 바보로 만드는 삼인성호(三人成虎)의 현상이 벌어진다. 우리는 우리의 생각이나 이미지에 익숙한 것들은 잘 보고 그것을 긍정적으로 평가하지만, 그것에 어긋나는 것들에 대해서는 평가절하하거나 아예 외면하는 경우가 많다. 이러한 경향이 강할수록 새로운 것, 창작, 변화에 수동적이며 거부감을 노골적으로 드러낸다. 이것을 정치나 정책적인 관점에서 보면 보수적인 사람이라 일컫는다. 심지어 누가 진실을 이야기해도 그것이 진실일 리 없다고 한다.

버트란트 러셀은 독서를 하는 사람에는 크게 세 가지 유형이 있다고 했다. 자신이 알고 있는 것을 확인하려고 읽는 사람, 단지 필요나 의무에 따라 읽는 사람, 새로운 것을 창조적으로 얻으려는 사람이다. 이 가운데는 자신이 알고 있는 것을 재확인하고 위안을 삼으려는 경우가 상당한데 특히 신문이나 잡지의 경우에는 이러한 경향이 더 강하다. 자신이 품고 있는 경험이나 지식, 경향에 맞는 신문을 계속 구독하는 경우가 많다. 거꾸로 신문들은 독자들의 요구에 따른다는 이유로 변화와 창조를 능동적으로 받아들이기보다는 과거지향의 지식이나 인식에 기대어 발행 부수를 유지하려고도 한다. 우리는 아름다운 풍경에 대한 이미지를 가지고 있다. 이러한 이미지는 대개 실제 자신이 겪은 것이라기보다는 책이나 그림, 미디어를 통해 얻은 것이다. 그래서 그러한 이미지에 가까울수록 아름답다고 생각한다. 그렇지 않을 경우에는 아름답다는 판단을 내리는 데 머뭇거리며 주저할 것이다.

이러한 현상은 이순신을 바라 볼 때도 자주 나타난다. 대표적으로 이순신을 범접할 수 없는 영웅으로, 신적인 존재로 생각하는 경향을 들 수 있다. 우리가 가지고 있는 이순신 이미지들과 생각들은 이미 혼자만의 생각은 아니다. 한국 사회에서 한국인으로 나서 자라고 생활한 사람이라면 누구나 가지고 있는 사고이자 이미지들이다. 그러나 그것은 당연히 자기가 직접 얻은 것이 아니다. 어린 시절 읽었던 위인전이나 만화영화에서 얻은 이미지이고, 학교에 들어가서 배운 단편적인 지식과 그림들로 굳어진 스키마(Scheme)와 사고이다. 이렇게 만들어진 이미지, 스키마와 사고는 어린 시절이나 청소년기를 지나 성인이 되어 학교를 졸업하고 사회에 나와도 달라지지 않는다. 그 결과 우리는 이순신 하면 어떤 특정하게 고정된 이미지와 생각들을 떠올리면서 거의 자동적인 반응을 보이곤 한다. 누구도 부정할 수 없는 진리로 여긴다. 이순신과 그를 둘러싼 맥락들이 실제로는 다른 측면들을 가지고 있다는 지적에 대해 많은 부분을 받아들이지 못하고 거부 반응을 보일 것이다. 심지어는 그러한 지적보다는 기존에 알고 있고, 가지고 있던 이미지와 사고를 굳게 지키거나 정당화하려 할 것이다. 고정관념에 사로잡힌 사람이 많으면 많을수록 그 다수의 논리를 따를 가능성이 크다.

이순신에 관련한 획일적인 생각과 고착된 이미지가 제도 교육의 주입 때문이라는 외부환경론을 이야기할 수도 있다. 국가 체제를 유지하기 위해서 학교 교육을 비롯한 주류 질서는 이순신을 끊임없이 신화화했다는 것이다. 그래서 끊임없이 사람들은 그러한 주입에 수동적으로 따라갈 뿐이라는 것이다. 그러나 이는 대중을 수동적인 존재로만 취급하는 과거의 대중문화론에 가깝다. 대중은 능동적이다. 대중의 사고는 지배 질서에 순응만 하는 것이 아니라, 능동적으로 그 이데올로기를 만들어낸다. 외부의 이순신 신화가 계속 존재하는 것은 대중 내부의 승인이나 용인이 있기 때문에 가능한 것이다. 외부의 강제는 내부, 즉 사람들의 동의 없이는 단기간에 그친다. 독재적 통치가 단기간에 끝나듯이, 진정으로 무서운 것은 외부의 독재가 아니라 그 독재를 내부적으로 용인, 인정하는 심리이다.

오히려 이순신의 신화, 그것이 사실이 아니라 해도 상관없다는 심리가 광범위하게 굳어진 지 이미 오래다. 자신들의 권력이나 이데올로기, 체제를 합리화하거나 재생산하기 위해 만든 이순신 매트릭스는, 그 속의 사람들이 내부적으로 상응해서 더욱 굳어졌다. 이순신은 대한민국, 한민족의 민족적 정체성이자, 자존심의 중심이기 때문이다. 이렇게 이순신에 대한 신화적 이미지에서 안온함을 느끼는 것은 어쩌면 새로운 사실에 대해서보다는 기존의 이미지나 사고가 편하고 안락감을 주는 측면이 강하기 때문일 것이다. 영화 '매트릭스'의 사이퍼처럼 다시 매트릭스로 돌아가 가상이 현실이 아님을 알면서도 가상을 즐기는 데 안주하려는 마음과 같다. 현실은 빈약하고 고달프며 비참하기 때문이다.

이순신이 인간이 아니라 성웅 이순신이라는 우월한 존재, 신적인 존재일수록 그 이미지 자체는 우리 자신과 동일시된다. 힘없고 우월하지 못한 개인들이 이순신을 통해 우월한 존재가 되는 듯이 느껴진다. '이순신=한민족=나'와 같이 연결된다. 그것을 파괴하는 것은 우리 자신을 파괴하는 것이다. 그 때문에 이순신 매트릭스에서 쉽게 빠져나오지 못하기도 한다. 러·일전쟁의 영웅 도고 제독이 이순신을 극찬하는 등 일본의 높은 평가도 한몫해 왔다. 그래서 이순신은 배타적 민족주의의 산물이라는 비판이 있어왔다. 한국인들이 떠받드는 이순신의 승리는 일제 식민지의 역사를 감추고 일본보다 한국이 우월하다는 점을 내세우려는 목적성을 갖는다.

혹자는 이를 '일본에 대한 콤플렉스를 이순신이라는 코드로 방어하려는 것'이라 지적하기도 한다. 강한 일본을 쳐부순 이순신이라는 존재는 일종의 한국 민족의 자존심과 우월성을 드러내주는 상징적인 이미지이기 때문이다. 일본이 현실에서 한국보다 강할수록 언제나 이순신은 신화화 될 것이다. 그럴수록 인간 이순신보다 맹장이나 성웅이란 코드로 신화화된 이순신이 한국인의 내면세계에 보편적으로 자리 잡는다. 그렇지만 그것은 엄연히 고정관념이며 현실의 왜곡일 수도 있다. 일종의 매트릭스로 우리의 의식을 배타적으로 가두어버린다. 이는 자유로운 사고의 박탈이자, 행동과 판단의 구속이다. 자유가 버거워서 다시 독재를 갈구한다는 에리히 프롬의 지적처럼 영화 〈매트릭스〉에서 배신한 사이퍼가 다시 매트릭스 안으로 돌아가고자 하는 것은 이러한 이유 때문이기도 하다.

  우리가 알고 있는, 인식하고 있는 이순신 이미지는 현실에서 존재한 적도, 존재할 수도 없다. 이순신이 겪었던 고통과 눈물은 파묻히고 체제와 통치를 위해 존재해야 할 전과만이 이순신의 실제 고민보다 중요하게 계속 남았다. 또한 인간으로 가지는 그의 고민을 보지 않으면 영원히 이순신과 같은 사람은 다시는 나올 수 없다. 가상에서 나와 현실에 적응할 수 없기 때문이다. '매트릭스'를 확인하고 토하는 네오처럼. 이순신의 수많은 전과 이면에는 가려져 보이지 않는 인간의 욕망과 한계가 숨겨져 있다. 그것을 찾아냄으로써 우리는 이순신의 진정한 영웅성을 찾을 수 있을 것이다. 그것에서부터 다시 그의 리더십은 출발할 것이다.

미주

- 4장— 1) 구인환 역, 『난중일기』, 신원문화사, pp.473-474
- 6장— 1) 이순신역사 연구회, 『이순신과 임진왜란』 1, 비봉출판사, pp.20-21

그림 출처

- www.encyber.com _도1, 도4, 도6, 도8, 도9, 도11, 도12, 도14, 도16~19
- http://blog.naver.com/sudony, 과학사 발굴, 조명제, _도2
- www.arrow.or.kr '영집궁시박물관' _도3
- www.ocp.go.kr '문화재청' _도5
- www.kyohaku.go.jp '동경국립박물관' _도7, 도10
- www.http://cafe.naver.com/hcstoyyu4r, 재인용 _도13
- 여수시청 _도15

참고문헌

- 김산호, 『쥬신제국사』, 동아출판사, 2000
- 이외수, 『감성사전』, 동숭동, 1994
- 정해구, 『이노부의 답사』, 민족문제연구소, 1999
- 『삶에서 신화까지 - 충무공 이순신』, 국립진주박물관, 2003
- 장학근, 『짧은 생애 빛나는 삶』, 한국해양전략연구소, 2002
- 남천우, 『유물의 재발견』, 학고재, 1997
- 최두환, 『이충무공의 생애』, 우석, 1999
- 최두환 옮김, 『원문 초서체 진경일기』, 우석, 1999
- 이민수 옮김, 『난중일기』, 범우사, 1987
- 이은상 옮김, 『난중일기』, 현암사, 1969
- 『국역조선왕조실록』, 민족문화추진회, 1992
- 『임진전란사 (上,中,下)』, 임진전란사 간행위원회, 1974
- 『대동야승』, 「난중잡록」, 민족문화추진회, 1971
- 남만성 옮김, 『징비록』, 현암사, 1969
- 신채호, 『이순신전』, 독립기념관 한국독립운동사연구소, 1989